园南中学

如花绽放

上海市园南中学
“满园春”课程开发与实施

史晓燕◎编著

华东师范大学出版社
·上海·

图书在版编目（CIP）数据

如花绽放：上海市园南中学“满园春”课程开发与实施 / 史晓燕编著. —上海：华东师范大学出版社，2020

ISBN 978-7-5760-0925-5

Ⅰ.①如… Ⅱ.①史… Ⅲ.①课程—教学研究—中学 Ⅳ.①G632.3

中国版本图书馆CIP数据核字（2020）第201156号

如花绽放

——上海市园南中学“满园春”课程开发与实施

编　　著　史晓燕
责任编辑　谢慧华
审读编辑　陆易蓉
责任校对　余慧萍　樊　慧　时东明
装帧设计　卢晓红

出版发行　华东师范大学出版社
社　　址　上海市中山北路3663号　邮编 200062
网　　址　www.ecnupress.com.cn
电　　话　021－60821666　行政传真 021－62572105
客服电话　021－62865537　门市（邮购）电话 021－62869887
地　　址　上海市中山北路3663号华东师范大学校内先锋路口
网　　店　http://hdsdcbs.tmall.com/

印 刷 者　上海盛隆印务有限公司
开　　本　787×1092　16开
印　　张　19
字　　数　302千字
版　　次　2020年12月第1版
印　　次　2020年12月第1次
书　　号　ISBN 978-7-5760-0925-5
定　　价　68.00元

出 版 人　王　焰

目　录

如花绽放

“满园春”课程的开发历程、理论基础与实践价值

上海市园南中学是一所公办初级中学，创办于1994年9月，因与上海市植物园毗邻而得名。建校以来，在上级领导与社会各界的关心与帮助之下，学校锐意进取，一方面积极了解国内外教育改革发展趋势，深入领会党和国家关于完善教育体制机制改革的意见和建议；另一方面立足于独特的办学空间，不断优化育人环境，大力开展课程开发与建设工作，倡导"有氧教育"。

经过20多年的发展，上海市园南中学的办学质量得到了社会各界的广泛认可，先后获得20余项国家级和市级荣誉。如今，园南中学师资精干，课程新颖，学风浓郁，已跻身上海市新优质集群发展校行列，并且已经成为徐汇区长华学区化办学主任单位。

近几年来，学校大刀阔斧地推进新课程改革，全力培育与发展学生核心素养。园南中学自主开发的六大类"1+X"特色学科课程群尤其值得称道。该课程群由基础型课程、拓展型课程与探究型课程组成，既强调学科核心素养培育、跨学科综合学习，重视综合素养评价，又尊重生命成长的多样性，可以多维度满足学生的学习需求，有利于学生学习潜能的释放与个人特质的发展。这六大类课程与园南中学紧凑的办学空间、先进的办学设施相辅相成，相得益彰，为这里的学生和教师构筑起别样的成长空间。园南中学的师生也乐在其中，将这些课程亲切地称之为"满园春"课程。

"满园春"课程彰显了上海市园南中学的软实力，是这所学校推行新课程改革的重要成果，也是立德树人的新举措。它们可以让园南人"自由呼吸，如花绽放"，也可以为其他学校的教育教学改革提供行之有效的经验和借鉴。

"满园春"课程的整体架构

"满园春"课程从课程性质上看，可以划分为基础型课程、拓展型课程与探究型课程三种类型。其中，探究型课程以及拓展型课程中的绝大部分专题、班团队活动、全部的社会实践活动不再根据学习目标加以细分，都以主题活动或专题研究为主，通过社团乃至校队等形式完成，旨在统整各门学科知识，打破学科界限和专业壁垒，追求跨学科综合学习，提升综合素养。

根据学习目标加以区分的课程类型主要是基础型课程和拓展型课程中的学科

类或活动类课程。园南中学将它们划分为六大类，即语言交流系列课程、艺术审美系列课程、人文涵养系列课程、理工创意系列课程、思维益智系列课程、运动健康系列课程。

1. 语言交流系列课程以语文、英语两大基础学科为基础，开发出相应的课程群。语文学科系列课程包括文言诗文课本剧、话剧表演、外国文学阅读、悦读、电影与文学、诗词鉴赏、诗中有画、中西古诗文本比较阅读、“品音韵之美，诵中华经典”、走进戏剧等；英语学科系列课程包括Side By Side英语听与说、英语影视欣赏、SSP英语报刊读与说、英语语音正音、英语词汇巧记、英语多维畅读、英语写作训练营、小小英语演说家、德语、日语、畦田英语等。相应的专题或班团队活动主要有校园文化读书节和校园文化英语节。

语言交流系列课程能够结合不同年龄段学生的身心特点，引导学生广泛接触各类文学作品，提高学生的文学素养，培养学生的阅读欣赏、交流协作能力，实现情感熏陶、形象感染，最终使学生成为精神丰富、人格高尚的人。

表1-1　语言交流课程群

<table>
<tr><th rowspan="2">课程类型
学习目标</th><th rowspan="2">基础型课程</th><th colspan="4">拓展型课程</th><th rowspan="2">探究型课程</th></tr>
<tr><th>学科类、活动类</th><th colspan="2">专题与班团队活动</th><th>社会实践</th></tr>
<tr><td rowspan="2">语言交流园</td><td>语文</td><td>文言诗文课本剧、话剧表演、外国文学阅读、悦读、电影与文学、诗词鉴赏、诗中有画、中西古诗文本比较阅读、“品音韵之美，诵中华经典”、走进戏剧</td><td rowspan="2">校园文化读书节、校园文化英语节</td><td rowspan="2">升旗仪式；主题班会；晨会，午会；队庆，换巾仪式，十四岁生日主题活动；开学典礼；毕业典礼；青年节，祭英烈等</td><td rowspan="2">雏鹰小队志愿者活动；场馆学习；校园小岗位体验；社区志愿服务；小脚丫走大社区等社会实践活动</td><td rowspan="2">校园创意小设计、为雨伞找个家、校园雨棚设计探究；课题研究通过社团或校队等形式完成；目前学校社团有扎染、合唱、棉纺、欣云社团棉田种植、书法、足球、机器人</td></tr>
<tr><td>英语</td><td>Side By Side英语听与说、英语影视欣赏、SSP英语报刊读与说、英语语音正音、英语词汇巧记、英语多维畅读、英语写作训练营、小小英语演说家、德语、日语、畦田英语</td></tr>
</table>

2. 艺术审美系列课程包含音乐课程群、美术课程群、艺术课程群，还包括校园文化艺术节活动，主要涉及美术、音乐等艺术领域。音乐学科系列课程包括合唱、古筝；美术学科系列课程包括扎染、色粉画、绘画设计、创意美术；艺术学科系列课程包括剪纸、中国结、书法。

这些艺术课程内容丰富，以基础型课堂教学和拓展型社团活动相结合，可以自主选择修习科目，更可以激发学生对艺术的热爱，提高艺术教养与审美能力。

表1–2 艺术审美课程群

<table>
<tr><th rowspan="2">课程类型
学习目标</th><th rowspan="2">基础型课程</th><th colspan="4">拓 展 型 课 程</th><th rowspan="2">探究型课程</th></tr>
<tr><th>学科类、活动类</th><th colspan="2">专题与班团队活动</th><th>社会实践</th></tr>
<tr><td rowspan="3">艺术审美园</td><td>音乐</td><td>合唱、古筝</td><td rowspan="3">校园文化艺术节</td><td rowspan="3">同上表</td><td rowspan="3">同上表</td><td rowspan="3">同上表</td></tr>
<tr><td>美术</td><td>扎染、色粉画、绘画设计、创意美术</td></tr>
<tr><td>艺术</td><td>剪纸、中国结、书法</td></tr>
</table>

3. 人文涵养系列课程包括社会、历史、道德与法治学科，开发出社会、历史学科系列课程与道德与法治学科系列课程。前者包括"成语看历史　文物讲中国"、衣被天下——黄道婆、中国传统节日、"四史"教育；后者包括宪法征文演讲、时事政治等。

表1–3 人文涵养课程群

<table>
<tr><th rowspan="2">课程类型
学习目标</th><th rowspan="2">基础型课程</th><th colspan="4">拓 展 型 课 程</th><th rowspan="2">探究型课程</th></tr>
<tr><th>学科类、活动类</th><th colspan="2">专题与班团队活动</th><th>社会实践</th></tr>
<tr><td rowspan="3">人文涵养园</td><td>社会</td><td>环保小卫士</td><td rowspan="3">心灵维生素</td><td rowspan="3">同上表</td><td rowspan="3">同上表</td><td rowspan="3">同上表</td></tr>
<tr><td>历史</td><td>"成语看历史　文物讲中国"、衣被天下——黄道婆、中国传统节日、"四史"教育</td></tr>
<tr><td>道德与法治</td><td>宪法征文演讲、时事政治</td></tr>
</table>

4. 理工创意系列课程包括科学或生命科学、地理、物理、化学、劳动技术和信息技术学科，开发出相应的系列课程。科学或生命科学系列有科学小实验、植物探究、格林部落、感受生命、跟着节气去探究等；地理系列课程有防震减灾、校园地理等；物理系列课程包括物理小实验、乐创工坊、科乐思、机器人探究、动手学物理等；化学系列课程有化学小实验和生活中的化学等；劳动技术系列课程细分为手工小制作、航模制作、桥梁承重、剪纸、黄道婆手工棉纺织技艺、创意手作等；信息技术系列课程则有网页制作、动画制作、PS课程等。理工创意系列课程还包括校园文化科技节与逃生演练、防震减灾，前者涵盖全部理工创意系列课程，后者主要针对科学或生命科学与地理系列课程。

通过探究活动，引导学生发现问题、提出质疑、探索反思，激发学生对科学研究的兴趣，掌握基本的科学研究方法，让学生在实践中解决问题、增长智慧，为学生提供广阔的科技实践研究平台，促进学生创新精神与实践能力的发展。

表1-4　理工创意课程群

<table>
<tr><th rowspan="2">课程类型
学习目标</th><th rowspan="2">基础型课程</th><th colspan="5">拓展型课程</th><th rowspan="2">探究型课程</th></tr>
<tr><th>学科类、活动类</th><th colspan="3">专题与班团队活动</th><th>社会实践</th></tr>
<tr><td rowspan="6">理工创意园</td><td>科学或生命科学</td><td>科学小实验、植物探究、格林部落、感受生命、跟着节气去探究</td><td rowspan="2">逃生演练、防震减灾</td><td rowspan="6">校园文化科技节</td><td rowspan="6">同上表</td><td rowspan="6">同上表</td><td rowspan="6">同上表</td></tr>
<tr><td>地理</td><td>防震减灾、校园地理</td></tr>
<tr><td>物理</td><td>物理小实验、乐创工坊、科乐思、机器人探究、动手学物理</td><td rowspan="4">无</td></tr>
<tr><td>化学</td><td>化学小实验、生活中的化学</td></tr>
<tr><td>劳动技术</td><td>手工小制作、航模制作、桥梁承重、剪纸、黄道婆手工棉纺织技艺、创意手作</td></tr>
<tr><td>信息技术</td><td>网页制作、动画制作、PS课程</td></tr>
</table>

5. 思维益智系列课程以数学学科为基础，重视逻辑和思维训练。此类课程包含思维大爆炸、数学高阶思维、几何画板数学实验设计、初高中衔接、数学探秘、益智思维等。科技节部分活动也隶属于这类课程。这类课程可以提升学生逻辑思维能力，也可以增强学生数学意识，提升数学学习质量，使数学与生活、学校与社会、课内与课外互补共进。

表 1-5　思维益智课程群

<table>
<tr><th rowspan="2">课程类型
学习目标</th><th rowspan="2">基础型课程</th><th colspan="5">拓 展 型 课 程</th><th rowspan="2">探究型课程</th></tr>
<tr><th>学科类、活动类</th><th colspan="3">专题与班团队活动</th><th>社会实践</th></tr>
<tr><td>思维益智园</td><td>数学</td><td>思维大爆炸、数学高阶思维、几何画板数学实验设计、初高中衔接、数学探秘、益智思维</td><td>无</td><td>校园文化科技节</td><td>同上表</td><td>同上表</td><td>同上表</td></tr>
</table>

6. 运动健康系列课程主要有体育与健身两个系列，包括快乐足球、棒球、旱地冰球、虚拟运动训练、快乐篮球、羽毛球、乒乓球、田径、射击、帆船、冰壶等体育类课程，以及红十字急救与包扎、心理辅导等，还包括校园文化体育节活动以及社团活动，可以提升学生身心素养，为学生终身体育意识的形成奠定基础。

表 1-6　运动健康课程群

<table>
<tr><th rowspan="2">课程类型
学习目标</th><th rowspan="2">基础型课程</th><th colspan="4">拓 展 型 课 程</th><th rowspan="2">探究型课程</th></tr>
<tr><th>学科类、活动类</th><th colspan="2">专题与班团队活动</th><th>社会实践</th></tr>
<tr><td>运动健康园</td><td>体育与健身</td><td>快乐足球、棒球、旱地冰球、虚拟运动训练、快乐篮球、羽毛球、乒乓球、田径、射击、帆船、冰壶等体育类，红十字急救与包扎、心理辅导等</td><td>关爱心灵，表达自我</td><td>校园文化体育节</td><td>同上表</td><td>同上表</td></tr>
</table>

涵盖以上六大课程群的拓展型课程有升旗仪式、主题班会、晨会、午会、队庆、换巾仪式、开学典礼、毕业典礼等，还包括小队志愿活动以及社会实践活动。

这些特色学科课程群充分考虑学生兴趣爱好和秉赋特长，基础型课程和限定拓展课程面向所有学生开放，其余课程以自主拓展和选拔为主。学生可以根据自己的爱好选择合适的教师和合适的拓展课，也可以通过自主报名并参加考核选拔的方式进入社团和校队，接受专业指导与训练，代表学校参加相关比赛。

表1–7　上海市园南中学“满园春”课程总结构

<table>
<tr><th rowspan="2">课程类型
学习目标</th><th rowspan="2">基础型课程</th><th colspan="4">拓展型课程</th><th rowspan="2">探究型课程</th></tr>
<tr><th>学科类、活动类</th><th colspan="2">专题与班团队活动</th><th>社会实践</th></tr>
<tr><td rowspan="2">语言交流园</td><td>语文</td><td>文言诗文课本剧、话剧表演、外国文学阅读、悦读、电影与文学、诗词鉴赏、诗中有画、中西古诗文本比较阅读、“品音韵之美，诵中华经典”、走进戏剧</td><td rowspan="2">校园文化读书节、校园文化英语节</td><td rowspan="8">升旗仪式；主题班会；晨会，午会；队庆，换巾仪式，十四岁生日主题活动；开学典礼；毕业典礼；青年节，祭英烈等</td><td rowspan="8">雏鹰小队志愿者活动；场馆学习；校园小岗位体验；社区志愿服务；小脚丫走大社区等社会实践活动</td><td rowspan="8">校园创意小设计、为雨伞找个家、校园雨棚设计探究；课题研究通过社团或校队等形式完成；目前学校社团有扎染、合唱、棉纺、欣云社团棉田种植、书法、足球、机器人</td></tr>
<tr><td>英语</td><td>Side By Side英语听与说、英语影视欣赏、SSP英语报刊读与说、英语语音正音、英语词汇巧记、英语多维畅读、英语写作训练营、小小英语演说家、德语、日语、畦田英语</td></tr>
<tr><td rowspan="3">艺术审美园</td><td>音乐</td><td>合唱、古筝</td><td rowspan="3">校园文化艺术节</td></tr>
<tr><td>美术</td><td>扎染、色粉画、绘画设计、创意美术</td></tr>
<tr><td>艺术</td><td>剪纸、中国结、书法</td></tr>
<tr><td rowspan="3">人文涵养园</td><td>社会</td><td>环保小卫士</td><td rowspan="3">心灵维生素</td></tr>
<tr><td>历史</td><td>“成语看历史，文物讲中国”、衣被天下——黄道婆、中国传统节日、“四史”教育</td></tr>
<tr><td>道德与法治</td><td>宪法征文演讲、时事政治</td></tr>
</table>

课程类型 / 学习目标	基础型课程	拓展型课程					探究型课程
		学科类、活动类	专题与班团队活动			社会实践	
理工创意园	科学或生命科学	科学小实验、植物探究、格林部落、感受生命、跟着节气去探究	逃生演练、防震减灾	校园文化科技节			
	地理	防震减灾、校园地理					
	物理	物理小实验、乐创工坊、科乐思、机器人探究、动手学物理	无				
	化学	化学小实验、生活中的化学					
	劳动技术	手工小制作、航模制作、桥梁承重、剪纸、黄道婆手工棉纺织技艺、创意手作					
	信息技术	网页制作、动画制作、PS课程					
思维益智园	数学	思维大爆炸、数学高阶思维、几何画板、数学实验设计、初高中衔接、数学探秘、益智思维					
运动健康园	体育与健身	快乐足球、棒球、旱地冰球、虚拟运动训练、快乐篮球、羽毛球、乒乓球、田径、射击、帆船、冰壶等体育类，红十字急救与包扎、心理辅导等	校园文化体育节				

“满园春”课程的开发历程

1. 主动求变，勇于创新

学校课程管理团队具有明确而敏锐的改革意识。我们敢为人先，眼光高远，未雨绸缪，勇于突破自我，积极探索有效方略，认真落实党和国家教育方针，不断寻求教育教学改革的新路径与新方法。

我们注意到，近几年来，大数据与人工智能成为时代关键词。大数据改变了人们的生产生活观念，人工智能改变了就业形态，增加了就业压力，甚至重新定义了人才标准。为了应对时代新变化，不折不扣地完成立德树人的伟大使命，学校课程管理团队开始积极主动地思考，分析大数据与人工智能对教育的可能影响，以及未来教育的特点及走向。

在思考教育的未来走向之时，我们还密切关注国家和地方教育政策的变化，关注这些变化对教育教学理念与实践产生的影响。为了适应新时代对人才培养的新需求，中国正在进行自上而下的教育综合改革。这些改革旨在深化教育体制机制改革，推进大中小幼一体化德育，培育与发展关键能力，切实加强和改进体育，改变美育的薄弱局面，深入开展劳动教育，加强心理健康教育和国防教育。就上海本市而言，2017年已经采用新高考模式，综合素质评价成为高考招生录取的重要依据；2022年，上海市的中考也将全面实行改革后的考试模式和招生录取方式。此变化意味着，中小学校需要早做准备，切实转变育人方式，着力推动课程改革与创新。

园南中学在课程开发与实施方面用心用力，既重视把握时代脉搏，精准预判，面向未来；又稳稳立足于现实，不因循守旧，不急躁冒进。在《上海市园南中学课程开发情况调查方案》中，可以看到我们严谨求实的科学态度：

> 鸡蛋从外部打破仅仅能够成为一道菜而已，若是从内部打破就是一个鲜活的生命。课程发展若能激发广大师生和家长的内驱力，其实现就水到渠成，若是外部强加给他们则很容易流于形式。因此，在国家课程校本化实施和特色课程建立时，需要对课程落实、承载育人目标、课程评价等现实情况了解透彻，也需要了解广大师生以及家长的需求。故此次调查目的为：在课程体系构建之前，我们通过全校教师、学生及其家长全员问卷调查，在了解目前课程现状的同时，挖掘家长课程资源，力求通过科学评估和选择，继续丰富和完善我校校本课程设置，促进学生身心两健，全面发展。

2017年12月，校长室统筹规划，各职能部门协同落实，在专家指导下，制定方案，编制调查问卷。经过两周的努力，2018年1月完成网络问卷编制，并向全校师生员工和学生家长公布。在信息学科教师、各年级组长与全体班主任的协助之下，园南中学58名教职员工、760名学生及其家长全部接受了此次无记名问卷调查。一周之后，数据统计分析工作完成，调查报告同步出炉。

调查数据显示，其一，上海市园南中学教师职称情况良好，呈正态分布，但是从学科教师比例上看，语文、历史和地理学科教师人数相对较少。未来，在全国范围内，语文学科都将受到更多重视，园南中学需要早做准备，储备语文学科师资，提升既有语文教师的专业水平；上海中考改革后，历史、道德与法治学科将纳入计分科目；综合理科的跨学科综合分析能力测试又将以地理、生物为主，这四门学科的师资也需要加以补充与整合。

其二，在职教师对教育综合改革的态度十分积极，98.28%的教师表示，会积极主动适应改革，参与改革；89.66%的教师非常关注正在进行的教育综合改革，并且已经在尝试改变自己，即使感觉到转变过程中存在困难，也仍然表示会被动适应。没有人选择“难以适应”的选项，也没有人对教育综合改革持无所谓态度。另外，全体教师一致赞成学校建立创新实验室，重构学校课程体系，加强师资队伍建设。

不过，受调查的教师普遍感受到了压力，一种压力来自课程观念的更新，一种是向来存在的升学压力。同时，他们对自身知识与技能储备缺乏信心，渴望得到更多的专家引领，也希望学校能够完善绩效考核与评价机制，能够通过制度杠杆提升全校教师投身校本课程开发的积极性。

其三，从学生和家长的反馈中可以看到，园南中学的教师备课认真，教学兢兢业业，课堂表现较好。学生及家长对师生互动情况、课堂中临时生成性问题的处理、课堂教学的针对性与有效性等评价较好，远远高于教师的自我评价。

更进一步，在校本课程开发的侧重点方面，教师、学生与家长的看法不尽相同。相同之处在于，三方对课程的实用性和可操作性的认同度都在80%左右。其他方面的差异则非常明显：学生和家长对学习兴趣的关注度高于教师20个百分点；对学科知识拓展的关注度高于教师10个百分点；家长对学校文化特色的关注比在校师生低了近25个百分点。

学生最希望开设的课程类型是语言与表达类和艺术与审美类，家长则为语言与表达类和人文与社会类；教师既关注人文与社会类，又关注科学与探索类。相对而言，三方对逻辑与思维类和运动与健康类课程的关注程度都不是很高。

基于调查结果所显示的广大师生家长的需求，也基于教育综合改革对学生综合素质培养的需求，园南中学立即着手开展“基于‘有氧教育’的‘满园春’课程构建与实施研究”，并以此为工作重心，梳理开发校本课程，构建学校课程体系。

2. 因地制宜，合理规划

上海市园南中学的这次课程改革既有内在驱动力，也有来自外部的推动、支持与监督。2017年6月，园南中学课题组正式组建。同年11月，成功申报徐汇区教育科研项目“基于‘有氧教育’的‘满园春’课程构建与实施研究”，项目编号为B2017-14。在徐汇区教育学院的指导下，课题组正式展开研究工作。

课题组运用文献查阅、调查研究等方法，结合学校的硬件和软件设施，围绕学校课程文化整体建构，几经讨论易稿，最终于2018年4月26日完成了学校课程三年规划。从学校背景分析、课程目标、结构、实施和评价、课程设置与课时安排、计划实施步骤、领导与管理、实施保障等八个方面系统架构了学校基于“有氧教育”的“满园春”课程。丰富和发展了课题设计之初“五园课程”的具体内涵，切实定义了什么是“有氧教育”，并就“有氧教育”的架构提出了初步设想。

此后，又经过多次研讨与打磨，课程纲要的编写工作终于在2018年6月完成。编写人员利用暑期时间，完成了各科课程纲要的编制，并对纲要以及相关案例进行了第一轮审核，提出修改意见和建议。根据多元智能理论，学校课程被规划为语言与文学、人文与社会、科学与探索、逻辑与思维、艺术与审美、运动与健康系列课程六大类，具体为语言交流园、人文涵养园、理工创意园、思维益智园、艺术审美园和运动健康园六园课程。各类课程均是在基础学科层面建立起“1+X”特色学科课程群，多维度满足学生的学习需求，为学生的潜能释放和特质发展提供课程基础。

在释放学生潜能之前，园南中学首先释放的是全体教师的潜能，先从教师身上下功夫，推进特色发展。各教研组共同参与，自行申报并开展了子课题研究。子课题总共有六个，分别是“初中地理和生命科学‘有氧教育’的实施研究”、“初中理化学科‘有氧教育’的实施研究”、“初中生数学探究学习能力培养的实践与研究”、“基于‘有氧教育’的‘语言交流园’英语学科课程构建与实施研究”、“初中体育学科‘有氧教育’的实施研究”与“初中语文古诗文校本拓展课程的开发与实施”。

2019年2月，园南中学举行了“满园春”课程子课题中期汇报。在此之前，共编写课程纲要60门，已开设出大部分的课程，并且完成了《“满园春”课程》数字故事视频制作，从课程理念、课程结构和课程内容等多维度介绍学校正在不断完善的课程体系。

旨在推行“有氧教育”的“满园春”课程体系特点鲜明。首先，教育教学目标饱满，教师“导”的思路清晰，学生“学”的目标明确；体现知识与技能，注重过程与方法，切实培养情感态度价值观。其次，教学内容丰富，教学环节设计合理，课前有准备，课后有拓展，课堂学习重点突出，层次分明，追求切实的获得感和潜移默化的效果。第三，教学过程立体，有效整合三维目标，时刻抓住重点难点，切实把握好教学容量，以人为本，充分发挥教学机智，不断提升教学智慧。第四，教学方法灵动多样，既注重学生参与、师生互动，又给了学生自由思考和反省评价的空间与时间。第五，教学评价多样，对学生而言，评价的主要目标不是遴选淘汰，而是激励、关怀和引导；对于教师而言，评价结果一定要能够促进对教育教学的反思与调整。做到上述五个方面，“有氧教育”的第六个特点便随之而显现，那就是尊重学生的主体性，关注学生多方面、多层次需要，因材施教，师生和生生之间平等和谐，共同进步，形成自由、平等、民主、和谐的校园文化和以鼓励为特色的教学文化。

为了推行“有氧教育”，园南中学着手建设“有氧学科”，推进学科特色课程的全面落实。为了让每一个学科都充满生机与活力，学校要求，各学科都要基于学生与家长的明确需求与现有的师资力量、硬件配套，实事求是地展开分析论证，提出发展规划。从学科课程、学科教学、学科学习以及学科团队等四个维度，考虑学科理念、发展目标、发展途径和策略等学科建设的重要问题，在学科层面建立起“1+X”特色学科课程群，建设“有氧学科”。

在开发“有氧学科”的同时，园南中学还积极组织“有氧之旅”，推进实践活动课程的实施及评价。学校要求各年级都要依据德育目标，整合德育课程资源，对接“有氧学科”，系统建构符合学生实际且能够促进学生成长的综合实践活动课程。学生的学习表现包括是否有学习兴趣、能否真诚投入、有没有责任感与合作意识、有无沟通能力等，正是判断教育“有氧”或“无氧”的重要指标。学习能力与实践能力都是在此基础上的相应表现。

与“有氧之旅”相对应的，还有“有氧节日”与“有氧社团”，三者都是课程实施的形式，体现了“满园春”课程之间的张力，推进了教学过程的立体化。“有氧节日”就是开发具有时尚、艺术、娱乐等元素的校园节日，将德育和团队活动通过一个个校本节日展现出来。以艺术节、科技节、读书节、体育节、英语节等丰富多彩的节日活动为载体，引导学生在喜庆的节日氛围中学习。把主题学习与传统节日结合起来，开展写生活动、志愿者服务活动、社会考察活动，通过多种形式提升学生核心素养，提升学校文化品位，让丰富多彩的大型节日活动吸引学生，给学生的校园生活留下美好的回忆。

“有氧社团”旨在推进兴趣爱好类课程的实施，共有体育、逻辑、语言、音乐、美术、科技六大类别，内容丰富，活动多样，学生可以按需选择，寓学于乐。

在“有氧学科”、“有氧节日”与“有氧社团”的支撑之下，园南中学的“有氧教育”初步实现了设想，以课题研究的方式聚焦课程变革，以有氧德育圈、有氧智育圈、有氧美育圈、有氧文化圈建构打造“有氧教育”文化特色，以空间课程领导的理念建构校园微生态地图，建设“有氧校园”。

“有氧校园”并非口号，而是园南中学因地制宜推动教育改革的具体表现。校方继承与发扬了杜威与陶行知等先贤的理念，笃信“教育即生长”，积极抓落实。“有氧教育”既是生态教育，又能促进教育生态的修复。此举充分利用了园南中学毗邻植物园的优势，用氧气充足的美好自然环境来影响人、教育人、尊重人的天性，也捍卫师生自由发展的权利。

这是对学校特色发展之路的探求，也是极具个性化的教育教学改革与实践。这种个性化实践尊重教育规律，为学生和教职员工的自由发展提供了肥沃的土壤、清新的空气、充足的阳光和适合的雨露，有利于师生们自由呼吸，自由成长。

3. 保障有力，目标明确

园南中学高度重视“满园春”校本课程体系建设，希望借此既能实现国家课程校本化，又能转变教育教学观念，提升教师课程意识与课程建设能力，推动教师专业发展，进而提升教育教学质量，形成属于园南中学的特色与优势。在“满园春”校本课程体系开发与实施的过程中，学校提供了很多人力与物力方面的支持。

人力方面，最突出的保障体现在邀请多位校内外专家登上讲坛或进入教育教学改革现场，针对“满园春”校本课程体系建设中的困难或问题进行专题研讨和切实指导。通过这样的交流，增进了课程开发者对课程的理解，提升了开发和实施"满园春"校本课程的能力。

2018年8月28日，园南中学邀请上海市教科研室普教所专家到校指导，就如何撰写课程纲要问题与全校教师做了深入交流。课程研究专家的讲解高屋建瓴，深入浅出，既有理论方面的点拨，又能提供相应的开发工具，为本次课程开发助力最多。

2018年10月22日，园南中学拓展课教研组邀请到市教委教研室、区教研员、区科研员、区科研室专家，开展了主题为"基于'满园春'课程体系建设的特色校本课程开发与实施"的校本教研活动。为了展示真实的校本教研模式，促进拓展课程体系的开发与建构，我校朱鳞老师在向日葵手作社展示了"土布纺织"课程，石峻丞老师在蓝韵坊展示了"扎染课程"中的"塔型染"技法。两位老师向专家和同仁报告了各自对于课程开发的思考，以及在课程建设中遇到的问题与困惑。与会者基于现实问题，聚焦执教者的困惑，展开坦诚而深入的讨论。大家群策群力，集思广益，最终商讨出解决问题的办法。

2019年1月23日，学校又邀请到教师专业发展研究专家为全体教师开展《校本课程的开发与实施》专题培训。培训以课程开发为抓手，目标明确，教师参与度较高，培训效果较为明显。

当然，在引进外援的同时，园南中学也没有忘记自身优势，积极挖掘校内课程资源。通过同仁间的合作探究，推动教育教学观念的转变，提高课程研究能力与建设能力。

园南中学是上海市首批"非遗进校园十佳传习基地"。这是学校特色办学的坚实基础，也一直是校本课程研发的重要依托。早在2009年，学校就专门开发了一门名为"乌泥泾（黄道婆）手工棉纺技艺"的校本课程。本次开发"满园春"校本课程群，当然不能丢掉自身优势。课程管理团队召集相关学科的教师，在既有课程的基础上，持续进行课程统整，不断挖掘区域资源，拓宽社会实践活动渠道，充实黄道婆棉纺文化的内涵，将黄道婆棉纺文化融入"满园春"校本课程体系之中，同时融入校园文化建设中。如此一来，原本单纯的技艺传承就逐渐发展为常态化的、独具特色的系列课程和文化活动。

2017年10月，园南中学成功举行"蓝韵坊"揭牌暨长华学区非遗项目"一校一品”启动仪式，棉纺特色课程的2.0版正式诞生。

2018年3月，学校又推出“半畦棉田”系列活动，将黄道婆棉纺文化与二十四节气以及学校实际相结合，打造出了黄道婆棉纺文化特色课程的3.0版。根据节令推出相应的活动，让学生从棉花的生长开始体验，进而对黄道婆棉纺文化有比较完整的了解。

同年10月17日，学校与徐汇区文化局、教育局和长桥街道办事处联合主办“帛·文——园南中学‘半畦棉田’采摘节暨‘向日葵’手作坊启动仪式”，结合社会多方力量，利用各方资源，共同助力徐汇区“非遗进校园”工作。

至此，园南中学棉纺特色课程群的开发建设工作初步完成。目前，这个系列的课程已形成“体验式学习，多学科整合，课内外贯通”的模式，展现了本校特色，弘扬了黄道婆棉纺文化，又将国家课程目标中的民族精神教育落到了实处，有利于扎实开展立德树人工作，培育与发展学生核心素养。

为了进一步推动“满园春”校本课程的开发与实施，园南中学还加大投入，美化校园环境，优化教学空间，更新教学设备，建立创新实验室，为课程开发提供硬件支持。上述各种工作开展之初，都要经过多次商讨，确定预案。学校在设计上尤其下功夫，积极渗透课程开发与实施意识，主动配合课程开发与实施需要，展现全方位育人的空间视角，建构校园微生态地图。如今，园南中学已经被打造成为设计比较合理，环境非常优美，能够充分展现人文精神和艺术品位的现代化“有氧校园”。有了这样的硬件设施，“满园春”校本课程的开发和实施才能得到切实的保障。这些硬件设施不仅实实在在地拓展了教育情境，提升了空间育人的能力，而且激发了课程开发与实施的灵感。“校园雨棚设计探究”活动与“为雨伞找个家”活动就是园南人在美化校园、优化教育空间过程中的最能引人注目的杰作。这种课程可以推动项目化学习，也可以是综合性实践活动，堪称园南中学特色办学的典型。

保障有力，行动积极，为的就是立德树人。目标清晰，狠抓不懈，体现了园南中学的另一办学特色。“满园春”校本课程的目标非常明确，于学生而言，就是要培养他们在“有氧校园”中自强，自觉，自主，自信，自育，“向阳而立”；对于教师来说，就是希望他们在这里能够快乐成长，追求更高的专业素养，更强的责任意识和奉献精神，获得更全面的发展，“各美其美”。

为了学生的自由成长，学校制定了分年级课程育人目标。

表1-8　园南中学课程育人目标

课程目标 育人目标	六年级 具体要求	七年级 具体要求	八年级 具体要求	九年级 具体要求
自强不息 长志气	初步养成良好的行为习惯，乐于参加集体活动和班级劳动，友善待人，融于团队，有明确的学习目标	养成良好的行为习惯，自觉参加公益活动，有主动合作的意识，对学习充满期待	懂得为人处事的基本准则，关心他人，诚信负责，乐于合作，善于合作，共同成长，对学习和未来有期待	具有团队观念和基本的合作交流能力，有良好的社交能力，对未来充满希望
自觉磨练 露朝气	积极参与体锻活动，感受运动的快乐，提高不怕吃苦的意识	养成坚持参与体锻的习惯，发扬吃苦耐劳的精神	养成坚持参与体锻的习惯，发展体锻兴趣项目，初步具有坚韧不拔的意志	爱护生命，形成健康的体锻习惯和生活方式，形成乐观、坚韧的生活态度
自主探究 显灵气	培养多方面的兴趣爱好，喜欢探究	兴趣持久，坚持梦想，始终如一	愿意接受新事物，保持对新生事物的兴趣	有主动性，有创新意识，有坚韧不拔精神，有独立意识
自育向善 扬正气	遵守校纪校规，有集体荣誉感	学法懂法，道德与法治意识不断增强	明辨是非，弘扬正道	有目标、有追求，一身正气
自信发展 透才气	具有基本的阅读、表达和运算能力，养成良好的学习习惯，有学习兴趣	具有基本的分类、推理、归纳、演绎和价值判断的能力，初步掌握正确的学习方法，有较强的学习兴趣	具有实验动手能力和基本的科学探究能力，有正确的学习方法有自主学习的愿望	具有初步的创新精神和实践能力。有正确的学习方法和思辨能力，主动学习

教师专业发展方面，诚如上述，园南中学一向重视开展基于问题与需求的专题培训和专业指导。一方面，尊重教师自身的个性与特长；另一方面，根据教育形势的不断发展变化，为教职工积极搭建各种平台，鼓励教职工各尽其能，各展所长，百花齐放。

基于此种目标而组织的所有培训和指导都是计划先行，过程组织合理，活动开展有条不紊。在专家指引、团队合作共进的前提之下，园南中学努力探索教师教育新模式：新手教师培训与专业能力提升工作坊相结合，集中学习与分散学习相结合，个人研修与团队研修相结合，一对一辅导与多对一辅导相结合，并经常以联合教研、全方位研讨的方式，让教师充分理解当前时代教育面临的机遇与挑战，多角度感受相邻年段以及相邻学科的教学特点,努力打通学科壁垒,转换教育教学观念。

培训和研讨的内容丰富多样,除了个人职业生涯规划指导、班主任工作方法指导、课堂教学常规指导、观课与评课指导、教材分析指导等以外,还有教研组、备课组活动的共同参与策划指导。在促进教师专业发展的过程中,园南中学不拘泥于形式与具体学科,不只重视学科教学能力、班级组织管理能力和个人职业规划的质量,还特别重视教师身心全面发展以及家庭与事业之间的平衡。

教师身心全面发展,能够做到家庭和事业之间的平衡,这是“满园春”校本课程开发的基础,也是“满园春”校本课程的重要目标。园南人坚信,所谓课程,不只为了学生,也为了教师;不只能够发展教师的专业能力,也可以发展教师的核心素养,帮助教师追求个人的幸福生活。

“满园春”课程的理论基础与应用价值*

学校在《〈基于“有氧教育”的“满园春”课程构建与实施研究〉中期报告》中曾经这样表示:

> 学校虽然初步打造出了比较完整的课程系统,但是其科学性、时效性、匹配度都有待时间和实践的考验。学校课程的目标与育人目标的内在逻辑关系、学校课程的内容体系与现行的国家课程和地方课程体系的关系,学校课程的实施途径与课程评价等方面的问题还有待研究创新。

这展示了园南人精益求精的专业态度与持续创新的改革意志,并不意味着“满园春”课程系统存在结构性问题。实际上,“满园春”校本课程目标清晰,始终追求以人为本,将立德树人当作最根本的育人目标。这个校本课程体系既是国家课程校本化的表现,也是地方课程积极融入国家课程的成果。

更重要的是,“满园春”课程体系架构有坚实的理论基础,即如中期报告所言,“根据多元智能理论,学校课程被规划为语言与文学、人文与社会、科学与探索、逻

* 沈章明对此部分内容亦有贡献。

辑与思维、艺术与审美、运动与健康系列课程六大类，具体为语言交流园、人文涵养园、理工创意园、思维益智园、艺术审美园和运动健康园六园课程。”这个理论同样以人为本，为“满园春”课程开发者提供了搭建课程体系的框架，也进一步明确了园南中学立德树人目标的具体内涵。

1983年，著名教育心理学家霍华德·加德纳（Howard Gardner）提出了广为中国教育界人士所熟知的“智能（human intellectual competence）”概念和“多元智能（multiple intelligence）”理论。“多元智能”包括语言智能、音乐智能、逻辑–数理智能、空间智能、动觉智能。[1]后来，他又将这组智能拓展为“八又二分之一种智能”，增加了人际智能、自然观察智能和存在智能，存在智能就是那“二分之一”。[2]

“满园春”校本课程体系中，语言交流类课程与人文涵养类课程重在发展学生的语言智能与人际智能；艺术审美类课程重在发展音乐智能、自然观察智能；理工创意类课程与思维益智类课程主要关注学生的逻辑和数理智能；运动健康类课程主要发展动觉智能。

以上述智能为学生发展的主要目标，就是以人为本；成功发展上述智能，就是立德树人，能够培养当前时代迫切需要的核心素养。换言之，上海市园南中学的“满园春”校本课程体系是对当前时代的积极回应，更是准确解读和忠实执行党和国家教育方针政策的具体表现。

1.“满园春”课程是对当前时代的积极回应

习近平总书记在党的十九大报告中指出，“经过长期努力，中国特色社会主义进入了新时代，这是我国发展新的历史方位”。新时代开启了新征程，教育界也要有新作为。教育改革，特别是课程革新首先要准确理解中国特色社会主义进入新时代的具体表现和现实需求，深刻把握新时代的主要特征与发展方向。

就中国国内而言，新时代是中国特色社会主义的一个阶段，有着比较鲜明的时代和社会特点；从国际层面看，中国新时代契合人类社会正在发生的巨大变化和根本转型。人类社会已经进入后工业时代，信息化程度日益加深，因而具有比较突出

1 Gardner H. Frames of Mind: The Theory of Multiple Intelligences[M]. New York: Basic Books, 1983: 77–292.

2 霍华德·加纳.多元智能理论二十年——在美国教育研究协会上的演讲[J].沈致隆，译.人民教育，2003(17): 10.

的技术特点。随着科学技术的发展进步，特别是信息通讯技术的发展，人类社会一体化不可避免。中国国家领导人倡导构建人类命运共同体，主张相互尊重与平等协商，契合时代主题，引领世界潮流。中国的教育者也要积极响应党和国家的号召，紧跟时代步伐，立德树人，不辱使命。

新时代对教育教学改革与研究工作提出了新要求，教育工作者要抓住要害，把握关键。有人认为，新时代的教育基本矛盾已经转化为人民群众对教育的多样化、个性化需求与教育的单一、粗放供给之间的矛盾，主要矛盾则转化为教学育人与全程育人之间的矛盾。破解基本矛盾，必须加快建成适合每个人的教育，努力使不同性格禀赋、不同兴趣特长、不同素质潜力的学生都能接受符合自己成长需要的教育；破解主要矛盾，必须大力弘扬教育与生产劳动和社会实践相结合的思想方法，扎根中国大地办教育，增强学生的综合素质，强化社会共同责任。[1]也有人认为，当今世界已经进入信息化、人工智能时代，信息化必然会引起教育的变革。世界各国都在研究未来教育的发展及人才培养模式的转变，中国的教育工作者也不能无视这种变革。[2]

上海市园南中学扎根植物园之南，用实际行动回应时代需求。“满园春”系列课程既重视因材施教，追求自由自主的成长，追求自育，又重视培养合作精神，强化合作意识。六年级的“小脚丫走大社区”活动就是这方面的典型。这个活动要求每位学生只允许带一元钱作为启动资金。六人组成一个小组，需要充分利用好六元钱，顺利完成所有任务，收获相应的积分，并在时间节点前回到起始点。活动开始后，作为志愿者的家长和教师只是旁观者，不建议，不帮助，不共情。学生参与这样的活动，自由自主，但也需要自主思考，自行解决难题；没有教师和家长的指导，他们需要在矛盾、碰撞、协同中蜕变和成长，增强合作意识与合作能力。

活动具有挑战性，参与活动的学生却可以享受到风光旖旎的“有氧之旅”，于上海乡土文化之中挖掘人性资源，在美丽的城市故事里呈现人情温暖，从故乡文化历史中寻觅人文遗产。当然，这也需要学生对数据和信息保持高度的敏感性，练就挖掘、收集、融合、分享、存储信息的能力。对数据和信息敏感，才能产生理解，增长智慧，提升创新创造能力。

---

1 葛道凯. 从矛盾变化看新时代教育改革发展的基本走向 [J]. 教育研究，2018，39(12)：4–8.
2 顾明远. 新时代比较教育的新使命——纪念改革开放40周年 [J]. 比较教育研究，2018(08)：4.

这也是新时代对教育综合改革提出的新要求。

人类社会已经从工业时代进入后工业信息时代。后工业信息时代，国际化和全球化发展迅猛，人类开始重视具体情境的独特性，广泛接受系统科学、新型的相互因果关系、动态复杂性和生态取向，积极使用高科技拓展认知、交际、系统规划和设计能力，重视收集、组织、存储、发展相关信息和知识。

美国系统科学家巴纳锡（Banathy）很早就开始关注时代变化这个课题。他在1993年发表的文章中指出，当前这个时代应该有“新学习议程”，学习者应该“转向高阶学习”，学会管理和塑造变革，提升解决实际问题和创新创造能力，具备交流合作、系统思考与行动的品格与能力。[1]如今，他强调的这些品格与能力都已经成为中国人强调的必备品格与关键能力，业已进入世界其它国家和地区遴选出来的“核心素养”框架，成为其中的主干。

表1–9 巴纳锡版“核心素养”框架

能力范畴	必备品格或关键能力	备　　注
职业能力	灵活性	
	服务能力	价值观与社会意识
	重建和创造能力	解决实际问题能力
合作能力	公平与共同体意识	价值观与社会意识
	社会文化智能	
	合作能力与分享精神	
	调动和组织全员参与的能力	解决实际问题能力
自我实现	身心和谐	可持续发展观
	学习能力	元认知能力
	审美能力	
	休闲能力	
	系统思考能力与批判性思维能力	多元视角；智力能力
	搜索、处理、存储与传播信息和知识	知识观；解决实际问题的能力

1 Reigeluth, C. M., Banathy, B. H., Olson, J. R.. Comprehensive Systems Design: A New Educational Technology [M]. Heidelberg: Springer, 1993: 18–23.

培育与发展学生核心素养，也就是立德树人，成为教育教学工作的主要目标。要想切实开展工作，完成这个主要目标，就必须关注人类社会转型，理解时代变迁。只有深入了解中国新时代的特征及其对教育教学变革的根本要求，才能探寻教育教学改革之道，完成立德树人大业。举例而言，十八届五中全会提出了“共享发展”理念以及公正、分享价值原则，[1]分享精神与能力正是巴纳锡看重的品格与能力，要探讨这种品格与能力的发展路径与方法，就必须像巴纳锡那样把握时代特征，找准时代变化的关键点及其主要原因。

巴纳锡将学习内容（learning content）分为五个方面，除数据、信息和知识之外，还有理解和智慧。[2]在他看来，当代学校教育中48%的课程关注的是数据，38%的课程关注的是信息，28%的课程关注的是知识，关注理解的课程只占极少数，关注智慧的课程更是少之又少。[3]这种课程设置难以满足新时代对教育的要求，教育亟需转型，学习内容需要进行大幅度调整。

“转向高阶学习”，就是要构建学习内容的金字塔，使之变得深刻和实用（convey a sense of increasing complexity and utility）。在获取数据、信息和知识的基础之上，还要追求理解和智慧，理解自我，理解生活环境与系统，理解经历的情境；将这些理解与务实、道德、伦理和情感问题联系起来，增长智慧。[4]

在转向高阶学习的过程中，还要推进其他四项学习议程。其一，“发展适应技术时代需求的能力”。这个议程的行动目标指向表1-9中的“学习能力”以及“重建和创造能力”，也是“满园春”课程体系意欲重点培养的能力。“学习能力”培养体现在“满园春”课程的方方面面，“重建和创造能力”突出表现在“为雨伞找个家项目化学习”“校园雨棚设计探究”之上。巴纳锡重视的是学习过程，特别重视学习知识获取和利用的过程，这有利于培养学习能力。有了学习能力，才能从容掌握和应用新技术，培养创新创造能力。上海市园南中学

1 刘方喜．当“分享”成为“主义”：物联网开启新时代[J].读书，2016（01）：9.

2 Reigeluth C M, Banathy B H, Olson J R. Comprehensive Systems Design: A New Educational Technology[M]. Heidelberg: Springer, 1993: 22.

3 Reigeluth C M, Banathy B H, Olson J R. Comprehensive Systems Design：A New Educational Technology[M]. Heidelberg：Springer, 1993：22.

4 Reigeluth C M, Banathy B H, Olson J R. Comprehensive Systems Design: A New Educational Technology[M]. Heidelberg: Springer, 1993: 22.

也十分重视学习过程，在具体过程中培养学生的创新创造能力，提升信息技术素养。

其二，“学会管理和塑造变革”。这个议程要求学习者能够积极主动面对变革，进行创造性学习。创造性学习的目的就是为了解决实际问题，习得表1-9开列出来的解决实际问题的种种能力。“满园春”课程体系中的“小脚丫走大社区”活动就是将学生推进现实生活，让他们在有限的条件中学会生存，学会自我管理，能够自主或合作化解难题，有效处理棘手的问题，体验现实生活的复杂性，锤炼品格，发展关键能力。

其三，是“获取合作能力”。合作能力包含很多义项，这一点表1-9可以证明。不过，在巴纳锡看来，它只是“一种学习方法”。[1]园南中学的课程开发者与实施者们也都相信这一点，将合作视作学习方法。不仅通过各种课程的开发与实施，促进校内的生生合作、师生合作，而且勇敢打开校门，积极迎进来、走出去，与家长合作，与其他学校的师生合作，与社会上的志愿者、陌生朋友合作，锻炼园南人的合作能力，提升园南中学课程的包容度与开放度。

其四，是“培养系统思考和行动能力”，使新时代的人能够形成人类一体化的观念和全球意识（learn to appreciate the oneness of humanity and ascend to global consciousness），[2]推动人类一体化和共同体建设。一体化成为现实，学校教育系统将不再孤立，可以与社会建构出新型关系，共同进步，协调发展。中国具有家国天下的古老传统，中国政府积极提倡建构人类命运共同体，教育领域又在积极推动教育领域的一体化改革，如大中小幼一体化德育、五育融合、学科内容整合等。这些都可以表明，巴纳锡希望培养的系统思考与行动能力也正是中国教育改革的目标。学校在开发和实施“满园春”校本课程的过程中，也充分体现了这一点。六大园课程自成体系，每一类课程都着眼于培养学生系统思考与行动能力。

---

1 Reigeluth C M, Banathy B H, Olson J R. Comprehensive Systems Design: A New Educational Technology[M]. Heidelberg: Springer, 1993: 22.

2 Reigeluth C M, Banathy B H, Olson J R. Comprehensive Systems Design: A New Educational Technology[M]. Heidelberg: Springer, 1993: 22–23.

表1–10　巴纳锡“新学习议程”

学习议程	具体内容	目标能力
转向 高阶学习	将学习内容区分为数据、信息、知识、理解、智慧	理解能力 智慧
发展适应技术 时代需求的能力	重视过程的学习，学习知识获取和利用的过程，培养创新创造能力	学会学习 创新创造能力
学会管理和塑造变革	积极主动面对变革，创新性学习	解决实际问题能力 创新创造能力
获取 合作能力	是一种学习方法，也是合作互动技能。主张使用非暴力的方式处理和解决各种冲突	合作能力
培养 系统思考和行动能力	理解和管理复杂性，应对模糊性和不确定性，把握我们所属系统之间的联系和相互依存关系，形成人类一体化、万物一体化的观点	系统思考与行动能力

学校倾力打造“满园春”课程体系，旨在建构一个能够创造未来的创新而且开放的系统，既反映和解释社会，又通过不断改进的互动来塑造社会。这也是巴纳锡的主张，[1]他希望学习者在学习过程中能够兼顾这五项议程，掌握相应的技术，管理和塑造变革，能够与人合作，开展系统思考与行动。巴纳锡的诉求并非空想，他的分析与推断有理有据，切中时代脉搏。就在他提出这些诉求之后不久，经合组织DeSeCo项目组、欧盟“核心素养”遴选工作组甚至其他任何一个“核心素养”遴选机构或团体也都提出了这样的诉求。

由此回看学校的“满园春”课程体系，六大课程群分别指向语言交流能力、艺术审美能力、人文精神、科学技术创新创造能力、高阶思维培养、运动健康品质，其目的就在于引领师生转向高阶学习，追求理解能力和智慧；其目标就在于培养学生的交流能力、合作能力、创新创造能力。显然，这既与党和国家提出的发展关键能力的目标和德育目标高度一致，又与国际社会和国内外教育专家同调，积极应对技术变革时代的需求，大力培养人的自主行动能力与合作精神。

1　Reigeluth C M, Banathy B H, Olson J R. Comprehensive Systems Design: A New Educational Technology[M]. Heidelberg: Springer, 1993: 35.

2. “满园春”课程是先进教育理念的集中显现

在《〈基于“有氧教育”的“满园春”课程构建与实施研究〉中期报告》中，学校课程管理团队曾经这样表示：

> 目前学校的课程理念正处于提炼阶段，需要得到广大教师的认同。课程理念需要一定的课程实践基础，需要理顺办学理念、课程理念与课程运作之间的关系，构建个性化课程价值体系。这些工作需要耐心、细心，避免急功近利的短视行为。

此言不虚，课程理念需要广大教师的一致认同。可以得到一致认同的课程理念既要有理论高度与深度，又要有实事求是的品格与切实可行的课程实施方案。这两方面都受到了园南中学课程开发者的重视，在“满园春”校本课程体系中有所体现。关于“满园春”校本课程体系的可行性与实事求是的品格，我们可以从课程架构与具体方案中看出端倪，也可以从具体的实施记录中找到确证。这里先分析该课程理念的先进性。

园南中学重视生命教育，提出“有氧教育”的口号，并且做了清晰的界定：

> “有氧教育”是以人的自然天性为基础，让学生们自由发展的教育，是学校特色发展的个性化实践探索，是学校推进素质教育的价值观，落实特色办学的方法论。换言之，“有氧教育”是尊重教育规律，为学生的快乐成长、自由发展提供肥沃的土壤、清新的空气、充足的阳光和适合的雨露，而后就是等待花儿静静地绽放。

学校重视“有氧教育”，“满园春”校本课程体系以人为本，追求个性化。这些都是值得嘉许之处，最能体现我国正在开展的第八次基础教育改革的精神。

第八次基础教育改革又被称作新课程改革。所谓新课程，就是调整和改革基础教育的课程体系、结构、内容，构建符合素质教育要求的新的基础教育体系。具体而言，就是强调积极主动的学习态度，使学生在获得基础知识和基本技能的过程中，学会学习，形成正确价值观；追求课程结构的均衡性、综合性和选择性，追求课程整合，设置综合课程；加强课程内容与学生生活以及现代社会和科技发展的联系，关注学生的学习兴趣和经验；倡导主动参与、乐于探究、勤于动手，培养学生搜集和处理信息的能力、获取新知识的能力、分析和解决问题的能力以及交流合作的能力。[1]

这些新变化落到实处，就要因地制宜，因人而异。上海市园南中学地处植物园之南，于是提倡"有氧教育"，希望陪伴学生向阳生长，诚可谓因地制宜；园南中学的教育信条是尊重生命，尊重生命个体的多样性，为生命存在与延续保驾护航，大力推动个性化教育，可谓因人而异；园南中学教师自主开发的"满园春"课程体系由六大园课程组成，既包括基础课程，也包括拓展课程和活动课程；既有国家课程与地方课程，又有精心设计的各类校本课程，可谓百花齐放，满园春色。

学校课程管理团队认为，"激扬生命、舒展心灵是教育的神圣使命"，学校、教师和课程的根本任务就是，让生命自由呼吸，让人诗意栖居，道法自然，张扬个性。因此，"满园春"课程理念就是"在这里，自由呼吸"，课程实施者将"满园春"课程的功能定位于"激扬生命，舒展心灵"。

学校不仅将每一个学生都当作天使，为他们提供自由呼吸的地方，而且通过一门又一门校本课程的开发与实施，让学生自然成长，如花绽放。课程实施者坚信，课程不只是知识授受和技能提升，更是一种生命历程，是生活的一部分。教育者要捍卫学习者的自由，不刻意，不做作。课程不是对天性的压抑与束缚，不是做减法，学习者不能邯郸学步，学习也不是单调乏味的清苦自修，而是张扬个性，做加法。校本课程的开发与实施，可以让园南中学的学生、教师与家长都更加深刻地理解自己，理解他人，理解自然，理解社会，既能发挥个人的主观能动性，又可以接受任何生命个体都存在的局限，追求有智慧、有诗意的生存状态。

学校的教育哲学、教育信条和教育理念初看上去似乎是平常普通，实则不然，它们反映了园南人对新课程改革的深度理解，以及对个性化教育、智慧教育的积极追求。由此开发出来的"满园春"课程可以有效帮助学生提升理解力，增长智慧，谋求个人幸福，推动社会良好运转，让日常生活更有质量，更具美感。这正体现了园南中学"守正出新，久久为功"的学校精神。

1 崔允漷.新课程"新"在何处？——解读《基础教育课程改革纲要（试行）》[J].教育发展研究，2001（09）：6.

"满园春" 校本课程体系致力于发展学生的多元智能，如前所述，其本质就是发展学生核心素养，立德树人，也就是高阶学习。高阶学习重视理解能力，重视发展人的智慧，是当今世界备受重视的先进教育理念。

在近代科学思维出现以前，无论中西，都将理解和智慧视作最高学习目标。在西方，《理想国》中的苏格拉底坚信，"追求真实存在是真正爱知者的天性；他不会停留在意见所能达到的多样的个别事物上的，他会继续追求，爱的锋芒不会变钝，爱的热情不会降低，直至他心灵中的那个能把握真实的，即与真实相亲近的部分接触到了每一事物真正的实体，并且通过心灵的这个部分与事实真实的接近，交合，生出了理性和真理，他才有了真知，才真实地活着"[1]。这种真知包含理解，也体现人的智慧。在中国，以孔子为代表的先贤大哲同样不满足于掌握具体知识与技能，他们虽然掌握了多种生产与生活技能，即"多能鄙事"[2]，但是坚定主张"君子不器"[3]，强调"志于道，据于德，依于仁，游于艺"[4]。注重学习，推崇自觉与自强精神，追求智慧和美德。在这些方面，积累了非常丰富的经验。

西方人最先悬置了智慧和美德，转而追求科学知识。1607年，培根以极大的自信写出《新工具》。经过十二次修改之后，出版于1620年。[5]《新工具》的出版，使得人类开始相信"知识就是力量"。

培根在书中写道，"人类知识和人类权力归于一；因为凡不知原因时即不能产生结果。要支配自然就必须服从自然；而凡在思辨中为原因者在动作中则为法则"[6]。他直接批评了自苏格拉底以来的新学园派，尤其反对亚里士多德及其使用的三段论式的演绎逻辑，认为这种逻辑方法阻碍了科学的发展。[7]在他看来，归纳法才是有力量的逻辑方法，才是符合人类发展需要的新式思维工具。因此，他主张积极使用一切手工工具和新用的工具，[8]从感官和具体事物中发现"最普遍的原理"[9]，"使各

---

1 培根.新工具[M].许宝骙，译.北京：商务印书馆，1984：10.
2 朱熹.四书章句集注[M].北京：中华书局，1983：110.
3 朱熹.四书章句集注[M].北京：中华书局，1983：57.
4 朱熹.四书章句集注[M].北京：中华书局，1983：94.
5 翁植耘."科学的父亲"——哲人佛兰西斯·培根[J].图书展望，1936(6)：14.
6 培根.新工具[M].许宝骙，译.北京：商务印书馆，1984：8.
7 培根.新工具[M].许宝骙，译.北京：商务印书馆，1984：10.
8 培根.新工具[M].许宝骙，译.北京：商务印书馆，1984：8.
9 培根.新工具[M].许宝骙，译.北京：商务印书馆，1984：12.

门科学活跃起来”[1]，增长知识和智力。

这就是后来心理学家和教育学家重视观察和实验的一个重要原因。由此，人们开始否定古典教育，倡导平民教育，重视“做中学”。园南中学推许的杜威的“做中学”与“教育即生活”，便是这种教育思潮的产物。

培根明确反对不可知论或“不可解主义”，批判苏格拉底等人“认定法式或事物的真正区别性（那事实上就是单纯活动的法则）为人力莫及、不能找出”[2]，他转而信奉一切可知论，相信“事功是要靠工具和助力来做出的”[3]。这种乐观情绪从十七世纪蔓延至今。人们不仅积极发展科学，追求知识，而且相信知识可以有效传递，把有效传递知识视作学校教育的根本任务。比如，夸美纽斯（Jan Amos Komenský）相信，学校可以把一切事物教给一切人类；[4]斯宾塞（Herbert Spencer）推崇科学知识，主张教授最有比较价值的五类科学知识；[5]李·舒尔曼（Lee S. Shulman）主张，教师应该掌握学科知识、一般教学法知识、课程知识、学科教学法知识、有关学习者的知识、关于教育情境的知识、有关教育边界、目的和价值及其它们的哲学、历史背景知识。[6]

追求知识，获取知识，需要发展人的智力。斯宾塞重视科学知识，更重视智育，将德育、智育和体育并举，追求人的全面发展；皮亚杰（Jean Piaget）关注一般智力的个体差异，重视认识的发生发展过程，研究并描述了人类个体建构知识与发展智力的基本过程。[7]从此以后，人们普遍崇信智力，认为智力即实力。

讨论智力问题，追求知识，目的在于开发心智，“过一种完满的人生”[8]。后来，世界范围的大中小学乃至企业主都习惯于通过智力和才能测评（intelligence and aptitude test）来衡量学业成就，选拔优秀人才。那些在学业能力测试中表现优异的学生会受到重视和信任。人们普遍相信，这种测试的胜出者将会在工作和生活中取得同样的成功。

---

1 培根. 新工具[M]. 许宝骙，译. 北京：商务印书馆，1984：14.
2 培根. 新工具[M]. 许宝骙，译. 北京：商务印书馆，1984：53.
3 培根. 新工具[M]. 许宝骙，译. 北京：商务印书馆，1984：8.
4 夸美纽斯. 大教学论[M]. 傅任敢，译. 北京：教育科学出版社，1999：65–66.
5 斯宾塞. 教育论：智育、德育和体育[M]. 王占魁，译. 北京：中国轻工业出版社，2016：10.
6 Shulman LS. Knowledge and Teaching: Foundations of the New Reform[J]. Harvard Educational Review, 1987, 57(1): 8.
7 皮亚杰. 发生认识论原理[M]. 王宪钿，等，译. 北京：商务印书馆，1981.
8 斯宾塞. 教育论：智育、德育和体育[M]. 王占魁，译. 北京：中国轻工业出版社，2016：9.

这种观念深入人心，直到20世纪六七十年代才发生动摇。人们开始质疑智力和才能测试的有效性。面对这样的质疑，美国的考评机构官员曾经辩解说，他们在决定录取时，考虑学生的考试成绩，也考虑他们的其他素质（other qualities）。这种辩解非常无力，也就等于变相承认，智力和才能测评的有效性确实存在问题。质疑者当然不愿接受这样的解释，他们中有人自己动手，积极参与研究，希望通过扎实的科学研究来验证智力测试的有效。

美国心理学者麦克利兰（David C. McClelland）就是其中之一。1973年，他通过研究发现，智力测试的主要目的在于，测量那些不可改变且不可伪造的先天心智能力指数（index of innate mental capacity）。只不过，这个目的一般很难达成。人们常见的学业成绩测试意义极其有限，其结果与未来的职业成功没有必然的关联。因此，他呼吁，学业成绩测试应该从测量智力转向测量能力（competence）。

他指出，自己使用的这个"能力（competence）"并不是适用于具体领域的专业技能（specialized skills），而是在职业场所和社会中普遍适用的能力（general ability），具体包括交流能力、耐心、设定适当目标、自我发展的能力以及责任感等。[1]

这并非一个人的空想，而是一个时代的先声。麦克利兰振臂一呼，应者云集，引发了心理学领域的能力运动（the competency movement）。[2]这场运动就是时代的先声，为十余年后逐渐兴起的核心素养遴选与发展工作埋下伏笔。

核心素养出现的前夕，心理学者多为"能力运动"而奔忙，霍华德·加德纳也是其中之一。他关注"能力"，也没有忘记智力要素及其培养问题，1983年，他提出了"多元智能"这个概念。"多元智能"用英语表述就是"multiple intelligences"，看上去似乎与"素养运动"无关，实则不然，因为所谓"智能"在英语中的表述是"human intellectual competence"。很显然，他所说的"智能"是麦克利兰所说的"能力"的下位概念。

加德纳认为，人类一旦具备了多元智能，就可以在一种或多种文化环境中解决问题或创造有价值的产品，[3]尤其是可以经常地解决新问题，设计出新的可以被某一

---

1 McClelland, David C. Testing for competence rather than for "intelligence" [J]. The American Psychologist, 1973, 28(1): 1–14.

2 Spencer LM, Signe SM. Competence at work: Models for Superior Performance[M]. New York: John Wiley and Sons, 1993: 21.

3 Gardner H. The Theory of Multiple Intelligences[J]. Annals of Dyslexia, 1987, 37(1): 25.

领域知识人接受的产品。[1]智能的多元化拓展了能力观，有助于人生的完满以及社会的良好运转。这些也是后来出现的"核心素养"的历史使命。

1985年，澳大利亚发布中国人所说的核心素养框架，遴选出来的就是麦克利兰心仪的那种通用能力，英文术语用的是"general competences"。它们由卡梅尔委员会遴选，具体包括获取信息的能力、传递信息的能力、逻辑思考能力、独立完成任务的能力、合作完成任务的能力。这五项能力的通用性表现在功能和适用范围方面，它们既是工作和生活都需要的能力，又是普通教育和职业教育共同追求的目标。[2]

不过，卡梅尔委员会也冷静地指出，培育与发展核心素养并不是教育机构的全部任务。学校的日常工作还包括培养从事具体工作的能力、继续学习的能力、社交与活动能力、处理家庭关系的能力、保持个人身心健康的能力以及娱乐能力等。[3]之所以选择上述五项能力作为核心素养，是因为新技术的出现，特别是信息通讯技术的发展，改变了人类的工作与生活，工作形式和工作组织形式、生活方式和人际关系等都发生了很大变化。[4]信息制作、传播、接收方式变了，信息量呈几何级数增长，这些变化改变了工作方式和工作环境，对人类的能力提出了更高要求。要适应这种变化，各级各类教育和培训机构需要通力合作，积极调整培养目标、过程和方法，共同培育和发展"核心素养"。

园南中学的校本课程普遍强调信息技术素养，挖掘、搜集、处理数据和信息的能力备受重视。"生活中的化学"、"校园雨棚设计探究"、"关爱心灵　表达自我"以及"为雨伞找个家"等学习项目都特别强调了这一点。

随着时代的进一步发展，特别是随着信息通讯等新技术的出现，人们不再满足于单纯追求知识与智力，心理学界之外的人也开始重视麦克利兰所说的"能力"。

1951年，斯坦福大学计算机科学系主编的《人工智能手册》第一卷问世。这个手册将计算机中的知识表述细分为四层，即数据（data）、信息（information）、知识

---

1 Gardner H. Frames of Mind: The Theory of Multiple Intelligences[M]. New York: Basic Books, 1983: xxxvi.

2 Karmel, etc.. Quality of Education in Australia: Report of the Review Committee[R]. Canberra: AGPS, 1985: 70–72.

3 Karmel, etc.. Quality of Education in Australia: Report of the Review Committee[R]. Canberra: AGPS, 1985: 72.

4 Karmel, etc.. Quality of Education in Australia: Report of the Review Committee[R]. Canberra: AGPS, 1985: 57.

（knowledge）、智能（intelligence）。数据录入计算机之后，对数据进行加工，使之结构化，就变成了可以存储的信息；这些数据结构和解释程序的组合就是知识；对这些数据结构进行推理（make inferences）就是智能操作。[1] 1988年，美国组织理论家罗素・艾可夫（Russell L. Ackoff）在此基础上建构了一个日后广为人知的"知识金字塔"，表达了他对人类认知过程的理解。[2]在这个金字塔中，数据（data）位于最底部，向上排列，依次是信息（information）、知识（knowledge）、理解（understanding）和智慧（wisdom）。搜集和处理数据被当作认知起点，从数据到智慧，有明晰的线性发展过程。[3]

事实也确实如此。随着新技术的发展，越来越多的人开始重视数据和信息，关注理解和智慧，教育领域概莫能外。研究者注意到，知识并不是学习的起点，学习的起点是数据的搜集与处理。将数据结构化之后，就可以获得信息。再将信息加以转化，直接指导人类行动，就意味着已经有了知识。知识的确就是力量，有了知识，就可以有所行动。不过，收获了知识之后，人类的认知活动并没有停止，"情感态度与价值观"的发展还在继续。后续如何演变，不同的专家看法也不尽相同。

根据艾可夫的学生斯基普・沃特（Skip Walter）的解释，知识只是能够指导行动的信息（actionable information），理解则是观看模式（seeing patterns），能够对信息即结构化的数据（structured data）以及知识进行长时间关注，从而积累经验，做出预测。再进一步，扩大视野，能够对长远未来的行为和结果进行预测，学习者就具备了智慧。[4]也就是说，知识并不能给人带来能动性，有了理解和智慧之后，人的能动性才大大增强。

理解位于知识之上，而且是某种观看模式，这可能会令东方人感到困惑，西方学者对此却不陌生。在《理想国》中，苏格拉底将求知者比喻为"洞穴中的人"，要想摆脱蒙昧而认识真实世界，就必须转身，"整个身体不改变方向，眼睛是无法离开

---

1 Avron Barr, etc. eds.. The handbook of artificial intelligence vol. I[M]. Los Altos: William Kaufmann, 1981: 143.

2 Ackoff, R. L.. From data to wisdom: Presidential address to ISGSR, June 1988[J]. Journal of Applied System Analysis, 1989(16): 3–9；另见温伯格.知识的边界[M].胡泳，高美，译.太原：山西人民出版社，2014：3.

3 Ackoff, R. L.. From data to wisdom: Presidential address to ISGSR, June 1988[J]. Journal of Applied System Analysis, 1989(16): 3–9.

4 Walter. "Knowledge vs. Information", Extreme Productivity by Design blog, January 2, 2008, [EB/OL]. Http: //factor10x.blogspot.com/2008/01/knowledge-versus-information.html, 2015–10–7.

黑暗转向光明的”[1]，只有“转头环视，走动，抬头看望”[2]，才可以走出无知的洞穴，看见“善的理念”，看见“世界中创造光和光源者，在可理知世界中它本身就是真理和理性的决定性源泉”[3]。从那时起，理解就意味着目光转向和灵魂转向，形成新的观看模式。

艾可夫师徒强调目光转向的意义，却忽略了促使目光转向的力量。苏格拉底说得很明确，目光转向需要理性的力量，“理性‘看’大和小，不得不采取和感觉相反的方法，把它们分离开来看，而不是合在一起看”[4]。在理性的帮助下，跳出感觉的桎梏，才能实现目光转向，从可见世界转身进入可理知世界。教育学者托宾·哈特（Tobin Hart）注意到这一点，在知识和理解之间增添了智力目标，建构出新的认知金字塔。这个金字塔由信息、知识、智力、理解和智慧组成。信息模式化，变成知识。有了知识，可以发展智力，习得辩证地使用直觉和理性的能力，分割、形成及创造信息和知识。在智力的支持下，从根本上改变认知方式，运用心灵之眼而不是眼睛和大脑来观照自我和世界，就产生了理解。此时，若再把伦理上的正确和认知上的真实洞见融合，就生成了智慧。[5]

这个认知结构模型同样没有推尊知识，只是将其解释为“模式化的信息（the patterns of information）”[6]，与罗素·艾可夫师徒的观点相近。不同之处在于，托宾·哈特忽略了数据，对理解有了新理解。他将获取信息当作认知的开始，忽视了数据。这应该不是偶然的疏忽，它反映了教育学领域中某些根深蒂固的观念。《学习、教学和评估的分类学》中，知识就和“可以利用的信息”含混在一起，难以分别。[7]

另外，他还将观看模式（或目光转向）分成前后两个阶段。前一阶段注重运用理性，强调冷静旁观，发展出智力后一阶段从根本上转变认知方式，由冷静旁观变

1 柏拉图．理想国[M]．郭斌和，张竹明译．北京：商务印书馆，1986：280.
2 柏拉图．理想国[M]．郭斌和，张竹明译．北京：商务印书馆，1986：276.
3 柏拉图．理想国[M]．郭斌和，张竹明译．北京：商务印书馆，1986：279.
4 柏拉图．理想国[M]．郭斌和，张竹明译．北京：商务印书馆，1986：290.
5 哈特．从信息到转化：为了意识进展的教育[M]．彭正梅．译，上海：华东师范大学出版社，2007：6–10.
6 Tobin. From Information to Transformation: Education for the Evolution of Consciousness[M]. New York: Peter Lang Publishing, Inc., 2001: 7.
7 安德森．等，编著．学习、教学和评估的分类学：布卢姆教育目标分类学修订版[M]．皮连生．主译，上海：华东师范大学出版社，2008：35.

为亲密共情，主体与客观对象融为一体，从而达成理解。[1]冷静是一种态度，共情是另一种态度。一个受到科学的宠爱，抑制丰富的情感，体现客观；一个高度重视主观和客观的互动，追求合情合理，依赖丰富的情感，又推动情感的健康发展。在智力和理解的背后，挺立着完全不同的价值观。

托宾·哈特特意突出理解的特性和地位，据以反对客观主义认知论，反对过度的客观化和对象化。他指摘这种认知论过度膨胀、扭曲和制度化，“把世界降格为对象的积聚”[2]，让人变得过于理性，甚至冷酷无情。事实也的确如此。长期以来，人们过度重视知识，以知识为中心开展教育理论研究，推动教育实践。人与知识两分，客观主义认知论横行，影响人的全面发展，特别是情感态度与价值观的发展。只有超越知识，努力追求理解和智慧，人的全面发展才有可能，才可以促进人与自我、人与他人、人与社会、人与自然的互动与和谐。

这样做还有另一个好处，就是有望推动教育目标分类学的发展。传统理论一直将认知（cognition）、意动（conation）和情感（feeling）或思（thinking）、意（willing）和行（acting）分而论之，虽然也曾提及三者之间紧密联系，但是并没有讲清楚它们之间的本质关系。[3]托宾·哈特的认知金字塔将认知目标、情感目标、动作技能目标有机融合，既突出认知主线，又清楚指示了“情感态度价值观”和人的行动能力在这个过程中发生重要变化的节点。

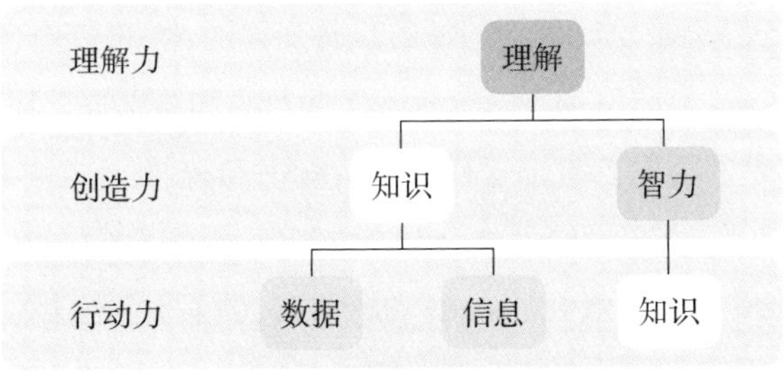

图 1–1　迈向理解的能力进阶

1　哈特.从信息到转化：为了意识进展的教育[M].彭正梅.译，上海：华东师范大学出版社，2007：75.
2　哈特.从信息到转化：为了意识进展的教育[M].彭正梅.译，上海：华东师范大学出版社，2007：78.
3　克拉斯沃尔，布卢姆，等.教育目标分类学–第二分册–情感领域[M].施良方，等，译.瞿葆奎，校.上海：华东师范大学出版社，1989：4–7.

在认知过程中，随着方法的调整，人的能力发展会出现三次明显变化。第一次变化产生知识或行动力，即收集、处理数据和信息的能力，把数据结构化，变成信息，再把信息模式化，变成知识，指导行动。第二次变化产生智力或创造力，能够摆脱感觉限制而使用理性，运用批判性思考和创造性思考、分析思考和综合思考以及想象力，分割、形成以及创造信息和知识。[1]第三次变化产生理解或理解力，可以充分调动情感态度与价值观以促进全面发展，解决复杂问题，“认知方式作根本的转变”，不再将世界两分，也不再冷眼旁观，“跨越‘置身事外’的内在界线走向亲密和共情”[2]，“缩小和消除了人我、物我之间的距离”[3]。

在这三种能力中，行动力和创造力都与知识有关，可以纳入知识与技能范畴；理解力需要情感态度与价值观的积极参与，反过来又促进它们的发展，可以用情感态度与价值观指代。中国第八次基础教育改革设定的“三维目标”应该重新加以阐释。“知识与技能”强调行动力和创造力；“过程与方法”注重体验，强调方法；“情感态度与价值观”则意味着理解的达成，意味着对“知识与技能”的超越。这三者尽管不在一个层面上，但是也没有超出认知范畴。

理解达成，冷静旁观就变为亲密共情，主体与所观照的对象融为一体。这将有助于增加对自我的理解，对我们生活的环境与系统的理解以及对我们经历的情境的理解。当此之时，麦克利兰所期许的交流能力、耐心、设定适当目标的能力、自我发展的能力、责任感不难生成。人的视野也将变得通达，可以由自我而及外界，由当下而及过去、将来，这将有助于对长远未来的行为和结果进行预测，增长艾可夫、巴纳锡等人所追求的智慧。有了这样的理解能力和智慧，卡梅尔委员会所说的五项通用能力或“核心素养”也便不难习得。

1990年，普拉哈德（C. K. Prahalqd）和哈梅尔（Gray Hamel）在《哈佛商业评论》上讨论企业核心能力（core competence），引发关注。他们认为，到了20世纪九十年代，重建、清理、剥离公司的能力不再是评定公司高层主管水平的主要指标，而要评

1 哈特.从信息到转化：为了意识进展的教育[M].彭正梅译，上海：华东师范大学出版社，2007：7–8.

2 哈特.从信息到转化：为了意识进展的教育[M].彭正梅译，上海：华东师范大学出版社，2007：75.

3 哈特.从信息到转化：为了意识进展的教育[M].彭正梅译，上海：华东师范大学出版社，2007：9.

价将他们识别、培养和发挥核心能力的能力。具体言之，就是组织中的集体学习，尤其要学习协调不同的生产技能以及集成多种技能流。它们与各种技术融合有关，也与工作的组织、价值的传递有关，是工作中跨越组织边界的交流、协同和深度认同，将各阶层的人和所有功能包括其中。[1]

公司核心能力与卡梅尔报告提出的核心素养一样，看重的是新学习议程中的其他四项议程以及相应的能力，而不是转向高阶学习，不是理解与智慧。不过，新时代已经来临，"核心素养"运动的大幕已经拉开，未来，艾可夫、巴纳锡等人强调的理解和智慧将会受到人们的重视。

最近十余年来，国际上后来开发的各种版本核心素养框架基本上没有超出这个范围。经济合作与发展组织于2002年公布的核心素养框架如此，欧盟委员会2006年底发布的核心素养框架也是如此。值得一提的是，后者还从知识、技能和态度这三个维度定义迈向终身学习的核心素养。[2]

可是，遴选者在确定核心素养时，最关心的是这组能力是否适应所有工作场合的需求，是否是普通学校教育和职业教育培训共同追求的目标，是否满足人的全面发展和社会良好运转，不太在意这些要素的本质属性，也不太在意诸要素之间的逻辑关系。偏重就业需求的核心素养框架虽然也包括知识、技能和理解或者态度与价值观，但是不太关注学习内容与认知过程，没有认真对待智力能力，也没有全面把握理解或态度的本质，核心素养框架内各要素之间的逻辑关联没有得到清晰的揭示，排列比较随意。

缺乏这方面的梳理，对核心素养的认识就难以深入，核心素养框架的调整升级和落实也就会遭遇困境。未来，应从认知角度界定、遴选和描述核心素养框架，尤其要根据认知规律排列相关能力要素。以中国的"关键能力"框架为例，可以将认知能力、合作能力、创新能力、职业能力包含的各细目重新排列，形成新的序列，分成探求、理解、实践和超越四个阶段。[3]

---

1 Prahalad C K, Hamel G. The Core Competence of the Corporation[EB/OL].[2018–09–20]. http: //www1.ximb.ac.in/users/fac/Amar/AmarNayak.nsf/23e5e39594c064ee852564ae004fa010/456e5a8383adcf07652576a0004d9ba5/$FILE/ATT4FBZG/CoreCompetence.pdf.

2 European Communities. Key Competences for Lifelong Learning: European Reference Framework[R]. Luxembourg: Office for Official Publications of the European Communities, 2007: 1.

3 沈章明.超越"核心素养"[J].湖北教育，2017(12): 13.

图1–2 中国“关键能力”进阶示意图

依照这种方式描述核心素养，不但可以凸现各要素之间的逻辑关系，而且可以找到不同要素的本质属性，进而找到发展学生核心素养的先后次序。从上图我们可以看到，核心素养诸要素作为教育目标，需要相应的学习阶段加以支持才能实现。首先，学习者需要不断探求；其次，要利用思维和想象，加深对各类知识和现实的理解；第三，就是要大胆实践，勇于合作，积极创新创造，解决实际问题；最后，才是自我超越，能够拥有自我管理能力，能够终身学习，爱岗敬业，精益求精，养成创新人格。就学校教育而言，保持好奇心，勇于探索，能够抓取、分析和加工数据最重要；在此基础上，再独立思考，开展逻辑推理，发挥想象力，加深理解。有了前几个阶段，再重视合作能力培养，提升解决问题的能力，就有望创新创造，实现自我超越。相对而言，探求与理解两阶段最重要性，它们有助于增长智慧。

探求阶段，需要重点培养数据和信息挖掘、处理能力。在此基础上，才能追求理解能力的提升。有了理解能力，最理想的目标是智慧得以提升。探求能力、理解能力和智慧是人类追求的三大学习目标，是培育与发展核心素养的关键所在，也是立德树人的工作重点。

园南中学开发的“满园春”校本课程，目标正与之相同。首先，这个课程体系最重视数据与信息的挖掘、处理能力的培养。例如，人文涵养园里的“成语看历史，文物讲中国”和“衣被天下——黄道婆”，理工创意园里的“物理小实验”，“科学小实验”和“植物探究”课等，都致力于激发和维护学生的好奇心，培育与发展学生的索求能力。其次，“满园春”校本课程体系中的每一种课程都追求理解能力的培养与提升。例如，“生活中的化学”和“文言诗文课本剧”等，都重在转换视角，追求新的理解。第三，一些项目化学习或专题学习类课程，例如“为雨伞找个家”与“校园雨棚设计探究”等，意在创新创造，开启学习者的智慧。

这些课程体现国内外先进教育理念，也合乎党和国家对教育改革与课程创新的要求。

3.“满园春”课程是新兴学校改革发展的榜样

园南中学历史并不悠久，创办之初也没有得到特别的扶持，真正是籍籍无名。在短暂的办学历史上，甚至还发生过新生班主任家访被拒之门外的事情。有些家长对这所新生的学校信任度不高，将原本对口就读的孩子另择他校。正是因为创始之初出现如此不利的局面，园南人才孜孜以求，自强不息，崇尚“守正出新，久久为功”，恪守正道，胸怀正气，步步为营，自强不息，不投机取巧，不浮华雕饰，勇于开拓，善于创造，懂得变通，不断推陈出新。如今，终于开拓出一片新天地，堪为其他学校尤其是新兴学校改革发展的榜样。

（1）园南人步步为营，自强不息，值得学习

1994年至1999年是“艰苦创业，勤俭建校”阶段。务实勤勉的老一辈园南人亲手拔草、运砖、植树，用汗水建起教学大楼，用心血培育园南学子。学校在“育人为本、培养健全人格的学生”的宗旨下，狠抓课堂教学改革，以素质教育在外语教学中的探索为突破口，全面提高教学质量，建设好学校自培基地，做好青年教师带教工作。学校自建校初期就注重抓好学生行为规范养成教育和学风教育、品格教育、心理健康教育，要求全体教师以学生发展为根本，力争做到对每一个学生负责，帮助每一个学生成功。老一辈园南人用实际行动书写下“务实勤勉、敬业奉献”的园南精神。

2000年至2004年是“务本求实，夯实基础”阶段。学校从艰难创业到稳步发展，将着眼点放在学校可持续发展上，以市级课题《校本教师专业发展的质性评价

体系的研究》为引领，通过开展“教师论坛”、“教研沙龙”，借助高校科研专家的资源，进行多校联合讲座举办学科技能大赛，狠抓教师队伍专业化建设。以“防震减灾”科普特色项目为抓手，积极探索学校特色创建之路。在课堂教学中坚持“以学生发展为本”，积极贯彻二期课改精神，开展教学视导活动，进行课堂教学实效性研究，大力推进素质教育，在高标准、高质量普及义务教育，培养合格的基础人才方面取得了可喜的成绩。

2005年至2009年是“真抓实干，提升水平”阶段。学校坚持“以人为本”的科学发展理念，狠抓制度建设和队伍建设，促进师德规范和教学规范。2007年学校对各条线管理制度进行了全面梳理、调整和完善，在全校教职工中树立“制度面前人人平等”的依法治校理念。通过开展“弘扬师德，铸就师魂”师德建设系列活动，外请先进，内树榜样，提升教师师德境界。把“聚精会神抓教学”作为学校的中心工作，教学中研究深度备课，促进教研组特色建设，致力于打造一支“智慧型”的教师队伍。2006年，学校成为上海市生命教育试点校。学校把“生命教育”的理念贯穿在各项工作中：以课堂教学为主阵地，研究在学科中渗透生命教育的有效方式，探究实施过程中“无痕德育”的难点问题；在以“防震减灾”科普活动为载体的生命教育活动基础上进一步开展以“生命教育OM”为科技特色的生命教育课题研究；通过班会课、主题实践活动等形式实施学校生命教育分年级目标，拓宽教育渠道，并辐射到社区、家庭，构建社区、学校、家庭“三位一体”的生命教育体系。

2010至2014年是“抓住机遇，凸显特色”阶段。学校作为区首批新优质校，把创建新优质学校项目贯穿在各项工作中，投入硬件设施，创造有利条件，确保硬件达标。学校有效结合校本特色，把健康发展的工作确定为关注生命安全、焕发生命活力、促进生命发展三个层次，并具体围绕“健身”、“强心”、“活脑”三个关键词组织开展相关的教育教学及课外活动。学校将聚焦课堂，关注有效教学作为提高学校教学质量的重要抓手，提出了“活化课堂，向40分钟要效益”的目标，并以项目管理为抓手，积极开展初中学生创新素养系统培育的探索和实践，明确教研组与备课组的各项职责，促进教研组特色建设及备课组深度、有效备课活动，在数学、物理等学科教学方面形成了鲜明的特色。

2015年至今是“改革创新，内涵发展”的阶段。学校抓住新一轮教育综合改革机遇，坚持以学生为中心，谋求学校永续发展。通过完善学校基础设施建设，创建涵盖自然科学、艺术人文和社会科学等领域的十余个创新实验室，精心构建"满园春"课程体系，为每一位园南学子提供丰富多元的课程选择和体验，全方面培育和发展学生核心素养。加强师资队伍建设，开展以"提高政治站位，各美其美，当好学生成长引路人"为主题的师德师风建设系列活动，启动"以学生为中心，当好新时代教师"为主题的教师培养计划，全方面提升教师师德素养和专业素养。坚守中华文脉，开展以黄道婆手工棉纺织技艺传承和"以书弘法"海派书法教育为核心的中华优秀传统文化系列教育活动，使文化自信成为园南学子健康成长、终身受益的精神底色。

（2）园南人勇于创新，开拓进取，值得学习

学校自1994年建校，历经20年的发展，奠定了比较良好的基础，但还存在很多发展空间。首先，在校园环境和设施方面，学校校舍、环境干净整洁，但是设施比较陈旧，学科专用教室非常少，尤其缺少现代化的硬件条件，与丰富和满足学生多元课程体验的教学实际需求存在距离。校园空间布局调整和软硬件环境建设亟待解决。近几年来，通过努力争取，学校得到了各方支持，已经按照规划的时序进度完成了既定的校园改造和环境建设的任务。其次，在教师培养与队伍建设方面，无论是学历、职称和教学观念、专业能力都有不俗的表现，但也存在不少问题：教师中依然存在重苦干轻方法，重规范轻创新、重操作轻理论的倾向；教育教学中形成的经验有待挖掘和提炼；教师的思考能力和效率意识有待加强，专业素养和课程开发能力有待提升；党员、两长、中层队伍的责任意识、担当意识和执行能力还有待提升，二线职工的奉献意识和责任意识还需不断强化。针对这些不足，学校调整了治校策略，重点开展了以解决问题为主要目的的项目研究工作，积极探索重点项目建设的有效途径与方法，取得了显著成效。学校以教研组为单位，以重点项目研究为引领，以改进课堂教育、教学方法为重点，构建了适应教师发展的民主、开放、有效的研究体系，使教师团队成为系列研究者，一方面加强对青年教师的培养，让每位教师都有明确的发展方向，得到具体深入的专业指导，一方面提升优秀教师在区域内的影响力，充分发挥学校骨干教师的影响力和辐射作用。第三，在校本课程建设方面，学校校本课程经过此前多年的建设，已经形成一定数量的学校特色课程，但是缺少顶层设计，需要进行系统化设计和思考，构建学校学生核心素养培养课程体系。为此，学校改进了校本课程的开发与管理方式，既注重顶层设计，又充分考虑

学生个性发展、教师专业发展、学校持续发展的需求，大胆下放课程开发权与管理权，积极推进绩效考核、课程评价的多元化，大大提升了全校教师开发课程的专业能力与积极性。相关举措有效推动了“满园春”校本课程的开发与实施。

上述三个方面的变化，改变了园南中学的课堂面貌。此前，学校教师对“深度备课”的认识和执行尚未到位，已有的《园南中学健康课堂观察表》使用率不高。如今，学校已经简化了课堂观察表，以便于教师的操作，同时为教师准备了专题培训和专门指导，提升了全体教师使用课堂观察表的能力。教师也不再消极对待深度备课，在多元化绩效考核标准的激发之下，广大教师积极主动地要求深度备课，经常自觉参与校内外举办的与深度备课有关的理论学习与讨论。

今天，园南中学开创之初的不利局面已经被彻底扭转。校园环境优美，学风醇正，生机盎然，成为区域内一流的公办初级中学。学校师资雄厚，近80%教师拥有中高级职称，超30%教师具有硕士学位，在职教师中获得上海市名师名校长后备、局学科带头人、局中青年骨干教师及市区级荣誉称号达百余人次。学校崇尚“有氧教育”的教育哲学，致力于课程与教学的改革实践，在课程设置上注重科学、人文和实践相融合，强化课程多样性、选择性和实效性，构建具有鲜明特色的“满园春”课程体系，形成共性与个性和谐发展的课程文化。学校从学生已有认知水平出发，重视发展学生核心素养，致力于学生永续发展。同时，有效结合本校教师特长，外聘课程专家、邀请家长志愿者、专业服务团队等，挖掘各类资源，不断拓展渠道，为学生精心构建“满园春”课程，通过内容丰富、形式多样的校园文化系列活动，为学生搭建展示自我、提升能力的舞台，积极组织引导学生开展课外系列主体实践活动，为促进学生人格完善、终身发展奠定基础。学生已经成为教学的主体，拥有日益增多的学习、实践和体验机会，可以从容享受学习过程，释放个体潜能，发展个人特质。

园南中学已经成为上海市新优质集群发展校，成为徐汇区长华学区主任单位，连续多年获得徐汇区学校办学绩效评估“综合优秀”奖。近年来，获得的荣誉称号有全国生命教育试点学校（2016年）、全国教育改革创新案例优秀学校（2017年）、全国青少年校园足球特色学校（2018年）、上海市平安示范单位（2015年，2016年，2017年）、上海市安全文明校园（2017年）、上海市校园文化建设“一校一品”特色学校（2017年）、上海市家庭教育示范校（2018年）、上海市中小学行为规范示范校

（2018年）、上海市书法教育实验学校（2018年）、上海市篆刻进校园试验学校（2019年）、上海市教卫系统文明单位（2019年）等。

面对荣誉，全体园南人一如既往地尊重并继承学校自开办以来形成的优秀办学思想及传统，“守办学之正、守道德之正、守学问之正、守处世之正、守行事之正”，与学生一起“守道德之正、守学问之正、守行事之正”，“在继承的基础上，敢于挑战，善于探索，正确看待失败，尊重个性发展”。从“满园春”系列校本课程中，可以看到，我们并没有躺在荣誉的功劳簿上，而是将既往的荣誉化作校本课程资源，拓展了校本课程的深度与广度。

不傍名人，不事虚夸，坦然面对不利局面，又不甘落后，不自怨自艾，始终实事求是，踏实肯干，持之以恒，最终水到渠成。这种精神可以称之为“守正出新 久久为功”的“园南精神”，它让园南中学从一所新兴学校走向强大，走向辉煌。这种精神可以鼓舞其他新兴学校，成为一种榜样和示范。只要有足够的耐心和坚持，有紧迫感，能够力学笃行，园南中学如今的成就也可以成为其他新兴学校未来的成就。

（3）新课程以人为本，尊重教师，值得学习

园南人推崇“做中学”与“玩中学”，也推崇专题学习和项目化学习，希望借此改变以往课程内容“繁、难、偏、旧”和过于注重书本知识的不良局面；改变以往课程结构过于强调学科本位、科目过多和缺乏整合的不良状况；改变以往课程实施过于强调接受学习、死记硬背、机械训练的不良方法，减轻学生的学业负担，减少教师的职业倦怠感。为此，我们自主开发了“满园春”校本课程体系。这个课程体系新颖别致，既有坚实的理论基础，又有实际的应用价值，在当今各种各样的校本课程中出类拔萃。这样的校本课程灵活多样，丰富有趣，让园南中学的教与学变得更加灵活多样，更加丰富有趣，每一位园南人都可以自由成长，如花绽放。

自主开发校本课程之前，学校现任领导班子充分征求了学生、家长和全体教师的意见和建议。在相关调查问卷中，广大教师发出呼吁，要求赋予充分的课程自主管理权，丰富课程评价方式与教师绩效考核方式。学校管理层对此做出了积极回应，充分尊重了各方不同的利益关切。赵运高、陈晓红副校长作为区级课题《基于“有氧教育”的“满园春”课程的构建与实施研究》的核心成员，全程参与学校“满园春”课程的建设和不断完善过程，撰写学校课程计划、“满园春”课程总纲要，等等，多场合介绍学校课程建设成果。黄强、金晔、唐宝文、吴燕萍老师作为课题组成

员，在积极参与学校“满园春”课程建设开发与实施的过程中，引导广大教职工落实立德树人根本任务，坚持育人为本、全员育德的教育思想，坚持“五育并举”。

学校始终将教师视作教育教学的主体，坚信优秀学生的培养靠教师，校本课程的开发与实施靠的也是教师。在教师专业发展方面，做出了富有成效的探索与实践，不仅通过邀请专家为教师专业发展提供智力支持和专业化指导，而且通过下放课程开发权切实提升教师专业发展的积极性与主动性，收效十分显著，值得其他学校借鉴。

参与语言交流园课程开发与实施的老师中，章雪老师堪为表率。章老师是英语教研组长，带领英语教研组的年轻教师开展了基于“有氧教育”的“语言交流园”课程构建与实施研究活动，为建设“有氧学科”做出了突出贡献。英语教研组以《牛津英语》教学为主阵地，开展了基于学生学情的各种课型的教学研讨，对学习内容和学习能力的拓展板块进行探索。其中，包括开设SBS课程，也包括开设“英语电影沙龙”“Let’s Sing Together!”“SSP英语报刊读与说”等拓展课，结合学生的认知特点和教师本身的特长，提升学生英语思维能力与表达能力。

在此基础上打造的校园文化英语节已经成为园南中学校园文化中不可或缺的华章。2016年，以“Show your English, fly your dreams（秀出你的英语，放飞你的梦想）”为主题，师生们收获了校园英语节的初次体验。从那之后，英语教研组便尝试将英语节做成有序列的课程，拟名为“Start Here, Towards the World（从这里出发，走向世界）”。2017年和2018年，学校以国际理解教育为主线，先后组织了主题为“Get to Know the United Kingdom(走进英国)”和“A Trip to Africa（走进非洲）”的两届校园文化英语节。学生们用英语作为工具语言，对英国和非洲进行了一系列的探究学习，再运用英语通过更丰富的活动形式展现了自身学习英语、运用英语的风采与风貌，体验了“英语带我看世界”的学习乐趣。2019年，学校则以“Inherit Chinese Culture, Embrace Diverse World（传承中华文化，拥抱多彩世界）”为主题，开展“用英语讲好中国故事”比赛和英文版中国传统特色故事绘本制作比赛。校园文化英语节为园南学子们搭建了一个个宝贵的平台，着眼学生多元智能的发展，彰显了园南中学“有氧教育”的理念，形成了具有园南中学特色的英语学习环境，加深了学生对祖国和世界的了解，提升了民族自信以及民族自豪感。如今，园南中学的学生与家长都已经深刻地意识到，英语不仅是沟通交流的工具，可以带领学习者看到广阔的世界，也可以成为传播伟大祖国优秀传统文化的桥梁与纽带！

语文教研组的季雯、臧云竹和史逸翔老师也是语言交流园课程开发的中坚力量。季雯老师，作为语文教研组长，带领语文教研组老师们开展了基于“有氧教育”的“人文涵养园”课程构建与实施研究活动，建设“有氧学科”。为提高语文教师教学能力，以区级课题《学习单分层在整本书阅读中的实践研究》为核心，在语文特级教师陈友勤老师的专业引领下多次组织语文研讨活动和区域性展示课，指导部编版课文的文本解读和教学设计，为年轻老师搭建成长的舞台，让老师们拓宽了眼界，提升了教学和研究能力。一批青年教师正在脱颖而出，在市级教学比赛中获奖、评上高级职称、承担市级空中课堂录课任务或是参加市区级骨干培训等。此外，季雯老师还多次组织丰富多彩、形式多样的校园文化读书节活动，激发了学生的阅读和课题研究热情，增强了校园的读书研修氛围。

臧云竹老师在潜心研究语文教学同时，积极参与学校“满园春”课程建设，开设拓展课。他开设了特色鲜明的戏剧课程，在对话和表演中培养学生的自信心，锻炼学生的思维能力和表达能力。2017年，他指导学生参加“军歌嘹亮，军旗飘扬——上海市中小学生纪念中国人民解放军建军90周年系列活动微电影创作大赛”，取得优异成绩，被评为“优秀指导老师”，学生作品《金灿灿的鱼钩》荣获三等奖。同一年度，由他指导的《遥思英烈》荣获徐汇区学生戏剧节校园剧、课本剧比赛初中组三等奖。臧老师有一颗善良的心灵，特别关爱学生身心健康发展，每一个特殊孩子在他班级中都能够得到关心尊重，健康成长，2018年，臧老师荣获上海市第十三届“金爱心教师”二等奖。2020年，他荣获徐汇区教育系统“荣昶耕耘奖”提名奖；又在第三届“语文报杯”全国语文微课大赛中取得佳绩，荣获初中组微课教学设计类国家级一等奖、视频类国家级二等奖。

史逸翔老师担任学校拓展探究型课程教研组长，参与“满园春”课程的管理工作。参与过多次市、区级跨学科教学培训，多年开设拓展探究型课程，积极实践跨学科研究型学习。作为语文教师的他善于在传统语文教学中寻找新的教学办法用以激发学生的学习兴趣和提高学生学习效率，最终促进学生语文核心素养的提升。结合市教委电影院线影视育人项目开设“电影与文学”拓展课，通过比较、感悟、体验等方式从不同角度加深对名著内涵主旨以及艺术表现手法的理解，从而提高学生的探究能力以及语文核心素养。

负责艺术审美园课程开发与实施的教师中，花汇老师值得称道。花老师既是学校的语文教师，也承担着书法、篆刻的特色课程和社团建设，并且兼顾着学校共青团工作。他致力于语文和书法跨学科研究，以此开展的艺术课程和活动独具特色，始终致力于将母语、德育和书法熔铸一炉，发光发热，造福学子。花老师曾经是市书法家协会最年轻的会员，问鼎过市青年书法篆刻艺术奖。他的教学技能也十分优异，曾经接连斩获市、区两级教师三笔字大赛一等奖、“笔墨中国——第二届诵写讲大赛”上海赛区第一名、首届“平复帖杯”上海市中小学师生书法展活动教师组一等奖。花老师指导的墨韵轩书法社团荣获徐汇区“优秀社团”荣誉称号。2019年，花老师还出版了《笔迹——上海市园南中学传统文化系列之书法课程》（合著）及《笔迹——花汇通临李邕〈麓山寺碑〉》（华东师范大学出版社），用不到两年的光阴为园南中学的学生“量身定做”了一本可以提升学生艺术审美能力的高品质读物。2020年，花老师荣获本年度徐汇区教育系统“荣昶骏马奖”，同时荣获上海市学校国防教育年度先进个人。

人文涵养园课程的开发者中徐英老师首屈一指。徐老师作为校办主任，也是中学政治高级教师，担任学校综合文科教研组组长，她注重日常课堂教学实践和反思，积极践行“有氧教育”理念，在相关课程开发与实施中不断提升专业能力，在教育教学工作中取得了优异成绩。徐老师在黄道婆棉纺文化课程建设中起到举足轻重的作用，在她的带领下，徐妍、石峻丞、朱麟、杨秋芸等年轻老师群策群力，共同参与筹建黄道婆棉纺文化系列特色场馆，如今，一期黄道婆陈列室、二期蓝韵坊、三期向日葵手作社都已经建成，业已组建棉纺文化系列学生小社团，如纺车、扎染、织布、布艺、植棉、手创等，开发出体现棉纺文化特色的一系列特色课程和网络互动平台，以丰富多样的形式开展黄道婆棉纺文化的学习和传承。这些课程和相关资源还向学区内所有中小学校开放，并且通过节假日向社区居民开放。十余年来，徐英老师团队开发的相关课程为学校赢得了不少荣誉，相关学生、团队更是传统文化受益者，曾经参与2010年世博会现场展演，《黄道婆》纪录片拍摄，多次获得上海市大中小学生中华优秀文化主题月系列活动“非遗小传人”团体金奖、个人银奖等。相关课程的开发与实施，让传统文化在孩子们心中生根发芽，民族文化自信不断增强。徐老师本人也获得了诸多荣誉。她参与学校多项市、区级教育科研课题研究，所领衔的课题《基于“体验”的生命教育——初中〈思想品德〉教学中开展生命教育的思考与实践》获得徐汇区第十届教育科研成果评选一等奖。如今，她已成为徐汇区政治学科中心组成员，区教育局道德与法治学科带头人，曾经两度获得区教育系统“荣昶骏马奖”，还曾荣获全国第四届思想品德教学评比二等奖。

理工创意园课程开发者杨燕文、曾玉琦与沈博维老师的专业成就也特别喜人。杨燕文老师专业悟性高，钻研能力强，作为综合理科教研组长，组织能力也十分优秀。杨老师率领教研组成员积极实践“满园春”课程，带头开设地生跨学科系列拓展课，开展地生跨学科综合案例分析研究，使得学校顺利成为市教委教研室中考改革项目研究实践基地学校。2019年6月6日，由杨老师执教的面向全市同行的“鸟鸣麦收”展示课取得巨大成功。杨老师与教研组其他老师一道扎根基础课堂，探索提升学生综合素养的方式方法。综合理科教研组杨燕文、张行云等老师开发的“跟着节气去探究”跨学科项目学习课程得到了校内外同行与专家的高度认可，以此为基础，成功申报徐汇区教育局2020、2021年度信息化重点项目《基于跨学科主题研究的项目协作学习平台建设》《基于项目式学习的校本化评价探究——创新精神与实践能力领域模型创建与数据分析》。

曾玉琦老师，作为理化教研组长，带领组员以《基于“有氧教育”的理工创意园构建与实施研究》的子课题为引领，参与学校“满园春”课程建设。他开设拓展课程，并注重日常课堂教学实践和反思，践行“有氧教育”理念，实践中专业能力不断提升。先后多次参加校内外教学公开课展示，积极参与教研员赵谊伶老师组织的中考第二轮复习研究，曾参与徐汇区教学质量监测考试命题工作。近年来，曾老师参加上海市中小学优秀作业、试卷案例评选活动初中物理学科获一等奖，参加全国中学物理青年教师教学大赛上海赛区比赛获三等奖，区内获“荣昶骏马奖”、物理青年教师教学评比一等奖、实验能力大赛二等奖。在新冠疫情防控期间，为了开展区域在线教学，积极参加区级网课的录制。参加赵谊伶名师工作室的学习，并被评为优秀学员。为了能更好成为学生成长引路人，曾老师还积极报名参加了徐汇区教育组织的《二级心理咨询师》的培训并取得证书。

沈博维老师是物理教师，开设的机器人课程独树一帜，获得学生与家长的广泛认可。通过拓展课程、社团、校队等层次分明的课程教学，近年来沈老师带领学生在各级机器人比赛中频繁获奖，连续多年在上海市家庭机器人挑战赛中获得足球机器人以及超级轨道赛的一、二、三等奖，在市、区级未来工程师大赛中斩获多项荣誉，在“火星救援”等新开发的科研项目中，也名列前茅，获得区级冠、亚军等荣誉。这两年，沈老师又积极将机器人课程的内容和物理教学结合，把机器人引入到物理实验中，突破传统物理实验教学。2019年，沈博维老师自己也在上海市青少年科技创新大赛的科技辅导员物理科教制作项目中获得一等奖。

思维益智园课程的开发者中，姚春花老师和傅登荣老师的表现最为突出。姚老师作为学校教科研负责人，以区级课题《基于“有氧教育”的“满园春”课程的构建与实施研究》为引领，全面组织与推动学校“满园春”课程建设。姚老师对“有氧课堂”以及“满园春”课程的本质有着准确的把握，在教学实践中始终坚持相关理念，课堂教学灵动多元，效果显著。

姚老师重视对教材的研究，关注课堂生成，逐步形成了高容量、快节奏、重启智、勤反馈的课堂教学模式。在教学中，她始终注重对学生兴趣的培养，以通俗易懂的语言或者与现实生活的巧妙结合来吸引学生的注意力，以自己对教学的热爱来提高学生的学习热情，以关注教学细节来调动学生的学习积极性，以多角度的思维训练来培养学习兴趣，以丰富的教学手段来激发学生兴趣，注重培养学生对数学问题的深度思维能力，将学生思维的数学化作为自己教学的长期目标，逐步形成了以问题解决为抓手推进高效课堂为特点的教学风格。

在思维益智园的课程建设中，姚老师积极发挥带头作用，主持的课题《初中生数学探究能力培养的实践与研究》成功立项为区级课题。她带领开发团队积极参与学校多门拓展课程的建设，提升了学校相关学科与课程的辐射能力，解决了课程内容与实施渠道的创新，实现由书本到生活的转变；解决了学习方法与教学方法单一机械的问题，使学习方式有机结合。课程的建设促进了教师们对教材的理解、处理能力以及教学实践能力。多位老师在不同层面进行教学展示，撰写教学案例和经验总结发表于市、区级刊物，调研报告《初中生数学探究学习能力的实践与研究》获2019年上海市中小学幼儿园运用调查研究方法优秀成果三等奖，科研成果获徐汇区第十三届优秀科研成果评选二等奖，姚老师本人也由局骨干教师快速成长为局学科带头人。

姚老师作为徐汇区教育系统学科带头人及初中数学学科中心组成员，在认真做好校内各类工作的同时，在校外积极发挥辐射引领作用，开设多个讲座，在与兄弟学校的骨干教师学习共同体中积极承担工作任务，如在上海市“1+11”基础教育互助成长行动计划学期课程统整项目中给云南省红河州教师开设培训课程、给徐汇区骨干教师开设关于如何进行教师培训课程制作与开发的讲座等。近年来，她在率先积极实践的同时，带教多位青年教师，参与多项课题研究，撰写的多篇论文得到发表并获奖。同时共同主持开发《基于学生推理能力提升的中学数学教学研究》等多个市区级教师共享课程并上线实施，在学校队伍建设中起到示范和引领作用。

傅登荣老师，曾作为数学教研组组长，带领数学教研组积极参与学校基于“有氧教育”的“满园春”课程的建设和研究，以培养学生的思维品质为目标，设置《数学探秘》《几何画板》《益智数学》《数学高阶思维》等系列益智课程，满足不同层次、不同需求的学生的数学学习，开发学生思维、建设“思维益智园”。开展“基于核心素养背景下的初中校本作业设计”教学实践研究，丰富学校数学校本作业设计的素材，进一步提升学生在情境化数学问题解决以及数学应用等方面的能力。作为学校骨干教师，傅老师带教青年教师，在教学实践中关注数学知识与方法生成的过程，关注学生的数学表达与数学思维品质的提升，积极进行区级公开课展示，多次参与校级、区级的课题研究并成功申报区级课题，也参与了《〈19章 几何证明〉的教材分析和教法指导》市级初中数学网训课程开发。2018年，她获上海市第十三届“金爱心教师”三等奖。

运动健康园课程的开发与实施由陈永华、柴明辉两位老师领衔，他们作为体育教研组的教研骨干，带领组内同仁合作开展基于“有氧教育”的运动健康园课程开发与实践。他们一贯坚持“健康第一”的教学理念，以校园体育为载体，普及体育基础知识和技能，使之成为学生能够获得终身受益的运动方式；建设校园体育文化，把体育作为立德树人的载体，增强学生体质，培养拼搏进取、团结协作的体育精神。在完成基础课程教学的同时，他们还根据每位体育教师的特长，合作开发了田径、篮球、排球、跳踢等拓展课，认真撰写篮球、足球、乒乓球、啦啦操、体育节等课程纲要。每年的阳光体育节成为学生展示自我的平台，足球社团活动让不少学生的特长得到发挥。近年来，他们积极引进国际体育文化之品格塑造之篮球、棒球课程，让学生明确体育教学目标，追求终身健康的体育活动，习得参与各种体育活动的必要技能，认同体育活动的价值以及对健康的生活方式的贡献。

几年来，体育教研组团队专业能力不断提高，为学校赢得了诸多荣誉，先后获得全国青少年校园足球特色学校、校园体育“一校多品”创建活动试点校、徐汇区体育特色学校、徐汇区足球联盟学校、篮球联盟学校等荣誉称号。

从这些老师以及他们取得的诸多荣誉中可以看出，学校尊重教师，尊重教师的自主发展，积极发挥骨干教师的引领作用。这些教师是学校成功开发与实施“满园春”校本课程的坚实基础，也是我们能够培养出深受社会认可和高一级学校赞誉的优秀毕业生的根本前提。

关心学生，首先要关心教师；开发课程，首先要提升教师的专业发展能力。尊重教师，给全体教师提供丰富多样的专业发展机遇与空间，教师的专业水平才能持续不断地提升。专业水平高的教师才能开发出科学合理的校本课程，才能做好校本课程的实施，为学生的个性化学习提供切实有力的保障，进而提升学校的社会影响力。

尊重教师，就是尊重学生；提升教师专业能力，就能够提升校本课程开发与实施的质量，提升学校的教育教学水平和社会影响力。这是上海市园南中学最值得推广的经验之一。其中真正体现了“守正出新　久久为功”的办学精神。

春色满园

园南中学“满园春”课程方案展示

“小小英语演说家”活动方案

一、活动背景

中国近年来的发展蓬勃向上，欣欣向荣。英语作为唯一的国际标准语言，在国际交流中起到至关重要的作用。作为中国人，用英语向世界介绍中国优秀传统文化是我们的责任和义务。

黄道婆是我国棉纺业的先驱，“黄婆婆，黄婆婆，教我纱，教我布，二只筒子，两匹布。”这是上海一带劳动人民世代相传的一首歌谣。这首歌谣表达了人们对黄道婆为我国棉纺织技术做出卓越贡献的感激。黄道婆对棉纺织技术的巨大贡献，极大推动了我国纺织业的发展。

上海市园南中学是上海市首批中华优秀传统文化暨非遗进校园十佳传习基地之一，又于2019年创设了黄道婆三期项目“向日葵手作坊”。非遗传习基地与手作坊相辅相成，在弘扬传统文化、继承传统技艺、领会黄道婆精神等方面发挥了重要作用，为我校开辟了立德树人新路径。为了充分推进跨学科学习，体现“满园春”课程特色，我校拟开展“小小英语演说家”跨学科活动，旨在通过相关活动，让学生深入理解中华传统技艺，增强文化自信，提升学生向境外传播优秀传统文化的能力，提升民族自豪感，发展英语学科核心素养。

二、活动目标

1. 掌握英语演讲的基本知识和演讲稿的撰写；

2. 了解英语演讲中的语言技巧及肢体语言；

3. 通过查阅英语教科书梳理出与棉纺文化有关的词汇、句型及相关单元，并能正确朗读与棉纺织工具和技艺相关的英语词汇；

4. 通过查阅黄道婆及棉纺文化相关资料，用英文进行表达，弘扬中国传统文化；

5. 结合黄道婆生平故事和棉纺知识，撰写英文演讲稿，弘扬黄道婆精神，增强民族自豪感；

6. 培养学生团队合作能力，增强学生自信心。

三、活动对象及指导教师

活动对象：七年级学生。

主要指导教师：非遗传承人、英语教师。

辅助指导教师：历史教师、信息科技教师。

四、活动内容

（一）准备阶段

1. 在“小小英语演说家”拓展课上让学生自主成立学习小组，每组3人，确定小组长；

2. 资料准备：

① 校本教材（六）：衣被天下——黄道婆；

② 校本教材（七）：学习纺车技艺 传承棉纺文化——黄道婆棉纺织技艺；

③ 牛津一至九年级英语课本；

④ 辅助学科资料包（英语课内棉纺文化相关单元合计10个）。

（二）第一阶段（一周时间）

要求：掌握英语演讲的基本知识、演讲稿的撰写，以及了解英语演讲中的语言技巧及肢体语言。

1. 学习与分析经典演讲稿，让学生了解英语演讲词的目的、基本要素、结构和功能；

2. 掌握英语演讲稿的写作格式；

3. 了解英语演讲中的语言技巧以及肢体语言；

4. 进行自定义命题演讲稿的撰写。

任务：课上进行自定义命题英语演讲。

评价：学生互评和老师对学生演讲表现分别进行评价（详见阶段一教师与学生评价表）。

（三）第二阶段（两周时间）

要求：了解与掌握与棉纺文化相关的基础词汇。

1. 各小组梳理并搜集牛津一至九年级英语课本中与棉纺文化相关的词汇和句型，并整理成一份以单元划分的课内学习清单；

2. 选择课内资料中的某个单元，将单元中涉及到与棉纺文化相关的主题词汇按照单词、词性、音标、含义及例句运用的顺序加以梳理，并运用到例句中；

3. 通过互联网查找该单元主题下的其他拓展词汇和句型，最后将资料整理为一份与该单元棉纺文化相关的主题词汇手册，用以辅助学习；

4. 通过互联网查找与黄道婆以及棉纺文化相关的英文资料与英文故事，作为演讲稿中的故事素材。

任务：通过晓黑板上传棉纺文化课内学习清单一份、棉纺文化相关主题词汇手册一份（资料需表明出处）、黄道婆以及棉纺文化相关的英文资料与英文故事合集（资料需表明出处）。

评价：详见阶段二教师评价表。

（四）第三阶段（一周时间）

要求：以“The Story between Huang Daopo and Me”或“Chinese Cotton Textile Culture in My Eyes”为主题，撰写演讲稿。

任务：通过晓黑板上传演讲稿。

评价：详见阶段三教师评价表。

（五）第四阶段（两周时间）

要求：进行自定义命题的英文演讲。

任务：每位同学限时演讲2分钟，随后进行“即兴问答”环节。

评价：详见阶段四教师与学生评价表。

五、评价方式

阶段一教师与学生评价表

Name ________	Eye Contact (20)	Be Confident (20)	Speak Loudly (20)	Smile (10)	Body Language (10)	Content *(Do you think it is interesting(I) / uninteresting(U)?)* (20)		My Grade (100)
						I/U	Grade	

阶段二教师评价表

指　标		内　容	评　价			
			优	良	合格	须努力
文本阅读能力	搜集筛选	完整搜集课内资料注 *				
	整理归纳	完成课内资料分类归纳，形成课内学习清单				
词汇整理能力	主题鲜明	根据单元特征，围绕主题编制手册				
	脉络清晰	讲究词汇分类，做到条理分明				
信息科技能力	收集能力	能基于给定的目标，实现课外资料较全面的收集				
	识别能力	在众多的信息中，判断、识别其内容，选择所需的信息				

* 牛津版中小学英语教材与棉纺文化相关的单元共计10个，其中一至六年级占7个。

阶段三教师评价表

评价要点	评价			
	优	良	合格	须努力
英语语法正确，行文流畅				
结构严谨，构思巧妙，引人入胜				
文字简洁流畅，具有较强的思想性				
思想内容能紧紧围绕主题，观点正确鲜明，见解独到，内容充实具体，生动感人				

阶段四教师与学生评价表

考评范围 Category	考评标准 Criteria	单项总分	得分 Score
内容 Content	内容充实，结构清晰，完整，有新意 Relevance, clarity, integrity, originality	20	
语音语调 Pronunciation & intonation	发音正确，清楚，表达自然 Correctness, clarity, natural expression	20	
流畅性 Fluency	表达流畅，语速适中 Fluent expression, appropriate speed	20	
交流能力 Communication skills	反应敏捷，正确，能够恰当地与他人沟通 Responsiveness, precision, properness	20	
整体表现 Overall performances	表现力强，有较好的台风并有生动的肢体语言 Expressiveness, manners, gestures	15	
演讲时间 Time of speech	演讲时间在3分钟以内 The time should be limited within 3 minutes	5	
总得分 Total marks			

（刘虹利）

附件 1

棉纺系列课程与义务教育阶段英语课程相关内容梳理

教材年级	教材单元	单元内容	具体内容	拓展相关内容
3A	Module 4 Unit 3	Plants	plant, leaves, branch, trunk, roots, flower, seeds	补充棉花的相关知识
			Look at the plant. It has ...It is ... They are ... The seeds are ... It's rainy. The seeds are...It's sunny. The seeds feel...	
3B	Module 3 Unit 2	Colours	white, green , yellow, red, orange,	介绍不同植物所能酿出的颜色 indigo 靛蓝色
			What colour is /are...?	
	Module 3 Unit 3	Seasons	spring, summer, autumn, winter	介绍棉花播种的季节以及在不同季节的变化 sow seeds in spring 春天播种 water plants in summer 夏天浇水 pick the flowers in autumn 秋天采摘
			What season is it? It's ... We can ...	
5B	Module 1 Unit 2	Watch it grow	This is ... It is ... It has... It likes ...	介绍棉花生长过程的变化
	Module 3 Unit 3	Changes	Many years ago, ... Today	介绍古今纺织业的变化，以及纺车变化的过程 hand spinning wheel 手摇纺车 three-spindle spinning wheel 三锭纺车
	Module 4 Unit 1	Museums	science museum, art museum, history museum, insect museum, car museum, railway museum	介绍校内黄道婆陈列室和校外黄道婆纪念馆并可组织实地考察 Huang Daopo Showroom 黄道婆陈列室 Huang Daopo Memorial 黄道婆纪念馆

续 表

教材年级	教材单元	单元内容	具 体 内 容	拓展相关内容
6B	Module 3 Unit 10	Forests and land	cotton We get cotton from plants. We can use cotton to make clothes. How does ... feel? It’s .... What is it made of? It’s made of cotton.	补充棉花的用途，介绍利用棉花变成线的纺织过程。 spin 纺线 spindle 锭子 cotton spinning 棉纺 cotton textiles 棉纺织品 cotton industry 棉纺织业
7B	Module 1 Unit 4	Let’s go shopping	the shirt with the long/short sleeves the dress with the blue/red spots the sweater with the V-neck/ round neck the trousers with the checks/stripes	介绍黄道婆织布而成的衣服款式 cotton-padded clothes 棉衣
8B	Module 1 Unit 1	Trees	natural, chemical, nature	介绍校园内的植物以及能够用来扎染的植物 radix isatidis 板蓝根
9A	Module 1 Unit 2	Traditional skills	traditional, skill	介绍传统棉纺织技艺以及织布技艺，以及操作流程 traditional cotton spinning craft 传统棉纺织技艺 loom 织布机 Hold the cotton string 手拿棉条 step on a pedal 脚踩踏板 turn the wheel 转动纺车 pull the string into thread softly 把棉条拉成棉线 spin with one spindle 一锭棉纺技艺 spin with two spindles 两锭棉纺技艺 spin with three spindles 三锭棉纺技艺

（杨秋芸）

附件2

演示文稿的制作课程与地图版初中信息科技课程相关内容梳理

教材年级	课题题目	演示文稿制作	教学指导
六年级	红色之旅	1. 插入幻灯片 样例《红色之旅》演示文稿只介绍了井冈山和延安的情况，现在要求增加两张幻灯片，分别介绍革命圣地遵义和上海的情况。 2. 使用项目符号 在演示文稿中，入股一张幻灯片中有几个并列的内容，如“井冈山精神”的内容可以分成三个方面，此时可利用项目符号，使得内容的表达更有条理。 3. 演示文稿的美化 新建演示文稿时，幻灯片一般都是白底黑字，要想摆脱单调的形式，我们可以为幻灯片设置适当的背景、选择应用设计模板、修改配色方案、设置对象格式来实现。 4. 演示文稿的动画效果和放映 在演讲时，幻灯片的内容能以一种适当的动画形式出现，往往能够更好地呈现演讲者的思路、节奏或情绪，更有助于提升演讲效果	1. 演示文稿是集成与展示多媒体信息的软件，也是信息表达和交流的工具，在演讲过程中配合使用演示文稿，适当地使用文字、声音和图像等多媒体，能够使信息的表达更加生动形象，更好地阐释主题； 2. 在《红色之旅》单元的教学过程中，学生学习利用演示文稿软件ppt制作更具有表达效果的演讲稿，学会插入幻灯片、使用项目符号、美化演示文稿、使用动画效果和放映等基本操作技巧，同时在制作的过程中了解革命圣地的风貌以及它们所体现的革命精神
	机器人 与我们的生活	1. 准备活动 搜集机器人资料、分组设计文稿提纲 2. 图片的修饰 样例中图片多为矩形，形状单调，可以用多种形状、自选图形的图片裁剪 3. 文稿的合成 如何把各组员已完成的幻灯片合并成一个演示文稿呢——可以采用超链接的方法来实现	1. 学会在演示文稿中根据布局需要对图片的裁剪和美化； 2. 学会在演示文稿内部、不同演示文稿之间、以及演示文稿与指定网站之间的超链接设置； 3. 学会在演示文稿中插入影片和声音，使你的演讲稿更有感染力

续　表

教材年级	课题题目	演示文稿制作	教　学　指　导
六年级	机器人 与我们的生活	4. 演示文稿中插入影片和声音 在《机器人与我们的生活》演示文稿中插入《贝多芬第五交响曲》，在《登陆火星》幻灯片中，插入一个“爆炸”效果的小影片，使效果更具有感染力。 5. 图形的组合和旋转 字体的美化可以让我们的演示文稿更美观，更具吸引力。利用艺术标题插入《机器人与我们的生活》，利用图形的组合和翻转实现进一步美化	
	科技创造 未来	1. 准备活动 资料搜集和整理、分组设计文稿提纲 2. 幻灯片的管理 小组合力制作的多媒体演示文稿，往往由多张甚至几十张幻灯片组成，那么怎样在演示文稿制作软件中管理这些幻灯片呢？ 3. 表格和标注 在进行《科技创造未来》的演示文稿制作时，为使显示更加简洁、直观、有逻辑，例如介绍二十世纪最伟大的发明时，可以引入表格的形式。有时我们需要引用来自网络或其他材料的文字和图片，为保护知识产权，应该在文字或图片中加入标注，说明来源，那么如何做标注呢？	1. 通过“科技创造未来”项目活动，了解前沿科学技术发展与应用情况，并思考科技将怎样影响我们的未来生活，拓展科学视野，提高科学素养。 2. 学会幻灯片的复制、删除，学会改变幻灯片的顺序，以及为幻灯片添加编号、日期和时间。学会在演示文稿中插入表格，并对文字和图片进行标注

（刘佳宁）

“文言诗文课本剧”活动方案

一、活动背景

文言文承载着璀璨的华夏文明，是先人留给我们的珍贵遗产，在母语教育教学中具有独特的价值。可是，在日常教学实践中，文言文教学经常成为教师的难题和学生的负担。教师过于追求“字字落实，句句过关”，重“言”轻“文”。学生则缺乏学习兴趣，课堂气氛沉闷，教学效果不佳。古文课本剧的编排表演是文言文学习的一种新形式。学生对编排表演的兴趣可以调动他们学习古文的积极性，也可以充分发挥他们的自主学习与合作学习能力，提升创新与创造能力。以演促学，文言文课堂教学就会鲜活起来，有效性也会大大提升。

戏剧是文学艺术的四大样式之一。它是艺术，也是一种教育形式。没有哪种教育形式能像戏剧一样万能。它引导学生走进内心世界，探索和他人的关系，认识自身和外部世界的关联；它释放天性，激发各种潜能，全面提高综合素质。学校教育中，戏剧具有天然的跨学科属性。它与写作、阅读、表达、手工、音乐、角色扮演、肢体律动等相关联；它也可以是问题式学习，是学习文学、历史、哲学的有效途径。

在欧美国家，戏剧是最有效的教学手段之一。英国在20世纪八十年代通过《教育改革法案》，将戏剧列入学校正式课程，强调通过体验促进审美与人格发展。美国的戏剧课程更加系统全面。1944年，联邦法律将戏剧纳入K12教育体系。教学大纲涉及剧本写作、舞台表演、舞美设计、历史与文化背景分析及戏剧批评。加拿大重视戏剧教育教师培训，开展教师进修班、戏剧教育专家与教师一对一结对、艺术家进驻学校设计课程计划等，提出“开发性戏剧”概念，即除K12戏剧课程外，戏剧作为教育方法被各学科教师掌握应用。

我国戏剧教育目前尚处于起步阶段。2015年，国务院办公厅发布《关于全面加强和改进学校美育工作的意见》，要求中小学在三年内逐步开齐开足包括音乐、美术、舞蹈、戏剧、戏曲、影视在内的美育课程，课本剧逐渐成为热门话题。园南中学积极响应国家号召，开发“文言文课本剧”校本课程，旨在引导学生深入了解语文学科必须学习的文言文本，拓展与所学文言文本密切相关的古代文化常识，发展学生的多元智能。

二、活动目标

1. 阅读中外剧本选段，了解戏剧历史和文言诗文课本剧的特点，掌握阅读剧本的基本方法；

2. 细读文言诗文，参照译文，改编剧本，掌握文言诗文课本剧剧本创作的基本方法；

3. 了解戏剧排演的相关知识，参与排练、演出，掌握文言诗文课本剧表演的基本技巧，并对戏剧演出和欣赏有自己的心得体会；

4. 结合文言诗文课本剧发生的时代背景和作者的经历，对剧本中的人物形象、戏剧冲突、剧本主旨等有自己的理解和体会，从中获得人生的感悟和启示。

三、活动对象及指导教师

活动对象：八年级学生。

主要指导教师：语文教师、美术教师。

辅助指导教师：历史教师、信息技术教师、音乐教师。

四、活动内容

课　程　内　容			建议课时	教学设计说明
第一单元	课本剧相关知识	戏剧的历史及特点	2	1. 了解戏剧的基本概念和中国戏剧发展史 2. 感受戏剧的艺术特点，领略戏剧魅力
		文言诗文课本剧的特点	1	了解文言诗文课本剧的基本概念及特点
第二单元	课本剧创作	古诗文课本剧剧本的编写创作	3	1. 比较学习剧本的创作方式（改写篇目） 2. 深入学习戏剧剧本创作（自主创作） 3. 点评总结戏剧创作的优秀经验（成果展示）
第三单元	课本剧欣赏	文言诗文课本剧的欣赏	3	欣赏优秀的课本剧表演
第四单元	课本剧模仿	文言诗文课本剧的模仿	4	模仿优秀课本剧（模仿表演、经典再现）
第五单元	课本剧排练	文言诗文课本剧排练	4	自主古诗文课本剧表演（学生作品）
第六单元	课本剧演出	文言诗文课本剧演出	2	1. 文言诗文课本剧汇报表演（优秀学生作品） 2. 回顾总结表彰
		回顾总结表彰	1	

五、课程实施

（一）准备阶段（一周时间）

1. 由学生自主成立戏剧小组，每组6人左右，确立组长；

2. 各小组去查找课本中的文言诗文，找出适合改编剧本并能表演的文言诗文；

3. 美术教师讲解美术课中各历史朝代的服饰特点。历史教师讲解历史课中文化礼仪特点；音乐老师讲解背景音乐的作用及选取；

4. 查阅、了解课本剧表演的相关资料：课本剧人物语气、语音、停读及舞台语言内容；美术课中各朝代的服饰特点；历史课中文化礼仪特点；背景音乐等。

任务：完成探究活动任务单一。

<table>
<tr><th colspan="5">任务单一</th></tr>
<tr><td>小组艺名</td><td></td><td>小组长</td><td colspan="2"></td></tr>
<tr><td rowspan="2">小组成员</td><td></td><td></td><td></td><td></td></tr>
<tr><td></td><td></td><td></td><td></td></tr>
<tr><td rowspan="4">寻找课文中适合表演的文言诗文篇目(至少找8篇)</td><td></td><td></td><td></td><td></td></tr>
<tr><td></td><td></td><td></td><td></td></tr>
<tr><td></td><td></td><td></td><td></td></tr>
<tr><td></td><td></td><td></td><td></td></tr>
<tr><td>朗读特点</td><td colspan="4"></td></tr>
<tr><td>不同时期，人们的服饰特点</td><td colspan="4"></td></tr>
<tr><td>不同时期，人们的生活礼仪特点</td><td colspan="4"></td></tr>
</table>

（二）第一阶段（两周时间）

要求："学一学"课本剧的相关要求及古文课本剧剧本的编写创作特点。

1. 下发九年级下语文课本中的话剧剧本《屈原》，各小组品读剧本，了解话剧剧本的主要特点，理解对话或独白的作用；

2. 各小组了解什么是舞台说明，了解其重要作用；

明确：剧本中的舞台说明主要有如下几种作用：（1）提示剧情发生的时间、地点、环境、道具、布景，有铺陈、渲染的效果，既能推动剧情发展，又有助于刻画人物性格；（2）提示人物上下场信息；（3）通过对人物在表演过程中的动作、情态的说明，来推进剧情发展，刻画人物性格，同时，也为演员提供了动作表演的依据。

任务：完成探究活动任务单二。

任　务　单　二			
小组艺名		小组长	
小组成员			
《屈原》中舞台说明内容		舞台说明的主要作用	
"东皇太一庙之正殿……时有大风咆哮"			
"靳尚带卫士二人，各蒙面，诡谲地由右侧登场"			
"靳尚与二卫士由左首下场"			
"郑詹尹立在神殿中，沉默有间……将屈原带出"			
"屈原手足已戴刑具……则拳曲于胸前"			
"命令士乙""迟疑地""惊异""含怒" "把面巾蒙上，向卫士"等			

（三）第二阶段（两至三周时间）

要求："找一找"文言课文，"写一写"课本剧本。

1. 各小组梳理并搜集小学和中学语文课本中适合戏剧表演的诗歌及课文，整理成一份戏剧表演清单；

2. 选择课内资料中的某一首诗歌或课文，进行课本剧剧本的编写创作；

3. 通过网络或其他方式查找该剧编写的故事发生在哪个朝代，该朝代的服饰特点是什么，该朝代又有哪些文化礼仪等相关内容，最后将资料整理成一份该戏剧表演的补充介绍文稿。

任务：完成探究活动任务单三。

任　务　单　三				
小组艺名		小组长		
小组成员				

续　表

任　务　单　三	
选取文言诗文篇目名称	
文言诗文原文	
文言诗文翻译	
设置课本剧角色 （包括道具组，音效组）	
课本剧剧本创作 （包括舞台说明）	

（四）第三阶段（三至五周时间）

要求："演一演" 经典剧本，"排一排" 课本剧本。

1. 各小组先模仿优秀课本剧，再从戏剧表演清单中选择本小组表演的课本剧；

2. 各小组针对编写的课本剧剧本的内容讨论并修改剧本；

3. 各小组根据剧本角色、舞台音效、灯光、服饰等进行小组人员分配；

4. 信息技术教师讲解多媒体技术的作用及运用；

5. 各小组学生体验舞台剧排练的流程；在排练中深入理解并实践演员注意事项；深入解析剧本，挖掘人物个性，为后期的舞台剧排练做好准备。

明确：（1）角色、旁白、音效声音创意表达；（2）探讨声音创作的合理性；（3）讲解舞台表演注意事项；（4）标记、制作音效点；（5）每次走排后，揣摩调整节奏、音效等。

任务：模仿经典表演剧目清单一份；本小组表演的课本剧清单一份；小组人员分配及职务清单一份。

评价：完成阶段三评价表。

（五）第四阶段（一周时间）

要求：汇报演出，回顾与分享。

1. 设计自己小组课本剧演出的宣传海报；

2. 舞台剧呈现，正式演出汇报；

3. 回顾与分享，教师与学生共同梳理、总结本学期文言文课本剧的情感体验和收获。

任务：完成探究活动任务单四。

<table>
<tr><td colspan="5">任 务 单 四</td></tr>
<tr><td>小组艺名</td><td colspan="2"></td><td>小组长</td><td></td></tr>
<tr><td rowspan="2">小组成员</td><td></td><td></td><td></td><td></td></tr>
<tr><td></td><td></td><td></td><td></td></tr>
<tr><td>指导老师</td><td colspan="4"></td></tr>
<tr><td>演出剧目名称</td><td colspan="4"></td></tr>
<tr><td>演出地点</td><td colspan="4"></td></tr>
<tr><td>参演人员</td><td colspan="4"></td></tr>
<tr><td>灯光、舞美、音效等场务人员</td><td colspan="4"></td></tr>
<tr><td>所选剧目的意义</td><td colspan="4"></td></tr>
<tr><td>角色的性格特征和背景</td><td colspan="4"></td></tr>
<tr><td>剧情进展情况总结回顾
友情提示：
1.这个角色，我印象最深
2.台词可以这样说
3.肢体语言很重要
4.音效的重要性
5.配角也很重要
6.“好戏”出自团队配合
……</td><td colspan="4"></td></tr>
</table>

评价：完成阶段四评价表。

六、研究主题建议原则

1. 本课程适用于八年级，总计20课时。

2. 以限定拓展课——整班必修的形式开展，每周一课时，老师课堂教学与学生活动相结合进行。

3. 与语文学科相关原则。

拓展型课程要和语文课程有一定的相关性，要为学生提供符合他们年龄特点的学习内容，使学生能运用在语文课程中学到的知识和技能进一步拓展自己的学习内容和研究领域，以满足他们发展的需求。

在课程开发和教学中要研究拓展型课程与语文基础型课程的整合问题，要多考虑在语文基础型课程上进行知识和能力迁移的拓展型课程。

4. 与美术、历史、音乐学科相关原则。

文言课本剧是指在坚持历史事件真实性的基础上，对课本中的书面知识进行改编，将其以戏剧的形式展现出来，从而以简单、形象的形式来体现课堂教学的重点和难点，又要关注不同历史时期的文化礼仪，风俗人情及服饰特点，所以与历史、美术等学科关联性较强；舞台剧离不开音效，势必与音乐学科联系密切。

5. 趣味性和合作性原则。

拓展课程要以激发学生的学习兴趣为首要条件。拓展型课程不能增加学生的学习负担，学生的学习必须是建立在兴趣基础上的自主拓展。

学会合作是当今社会所必备的能力，在拓展课的课程开发和教学中也应该培养教师和学生的这种能力。这里的合作包括两个方面：一是学生通过合作学习，在展现个性特长的同时，学会与其他同学的合作学习，感受到集体智慧的魅力。二是教师通过合作教学教研活动，在发挥各自专长的同时，整合不同学科的内容，通过课前研究、组合教学、整合教学等方式拓展教学模式，最大限度地在课堂上传授全面而准确的知识。

七、课程评价

1. 评价内容

(1) 文言文课本剧及戏剧教育知识、技能的掌握程度;

(2) 学生兴趣、爱好的发展程度;

(3) 学生自主学习能力的提高程度;

(4) 创新、合作、实践能力的增长。

2. 阶段三评价表评价方法

评价标准:主要综合以下几个方面来评价学生拓展课的学习水平。

评 价 角 度	分数(10分)	总分(50分)
不抢戏,角色能充分发挥,推进剧情发展		
注意音量的大小,确保观众能听清台词		
表演的时候面朝观众,让观众看清演员表演		
注意舞台站位,尽量在舞台中心表演		
将角色留在舞台,上台入戏,下台出戏		

按总分在评价图标里打钩(√)。

(1) 学生自评:教师确立评价项目和评价方法,由学生自评。

学生 自评	40-50分 □ 30-39分 □ 20-29分 □ 19分以下 □

(2) 学生互评:根据教师提供的标准,进行交流,互相评价。

学生 互评	40-50分 □ 30-39分 □ 20-29分 □ 19分以下 □

（3）教师评价：教师对学生作出评价。

教师评价	40-50分 □	30-39分 □	20-29分 □	19分以下 □

（4）班级分组综合评价：教师对班级所分小组作出评价。

班级分组评价	40-50分 □	30-39分 □	20-29分 □	19分以下 □

3. 阶段四评价表评价方法

评价标准：主要综合以下几个方面来评价学生拓展课的学习水平。

（1）学生的出勤情况：拓展课出勤率必须达到80%以上方可给予合格；

（2）学生的上课情况：教师在教学或活动中对每位学生的参与程度和水平进行观察和记录后给出评价；

（3）学生的课本剧表演情况：每学期末根据小组表演的程度给予等第；

（4）如果学生在参加拓展课学习期间，参加学校或区市级比赛，将在基本评价上给予等第的提升；

（5）综合评价的结果将采用等第制。分为“优”、“良”、“合格”。考虑到拓展型课程要对学生有一定的激励机制，因此在评价上适度从宽。但其中“优”和“良”的比例不得超过50%；没有特殊原因，原则上对所有参加学习的学生均给予“合格”。

评价指标	分值	评价					
		自评（20%）	互评（30%）	师评（50%）	加分项	综合	等第
出勤情况	20分						
课堂表现	30分						
表演自然、落落大方	10分						

续 表

评价指标	分值	评价					
		自评（20%）	互评（30%）	师评（50%）	加分项	综合	等第
动作手势熟练，富有表现力	10分						
感情充沛，表情丰富	10分						
吐字清晰，语言流利，语速、语调恰当	10分						
团队合作，与其它角色配合默契	10分						

（臧云竹）

附件1

初中语文教材文言文课本剧一览

课文	出处	人物	服饰	舞台道具
《伯牙鼓琴》	《吕氏春秋》	伯牙、钟子期、旁白等	战国	古琴、课桌、课椅等
《书戴嵩画牛》	《苏轼文集》	杜处士、牧童、旁白等	宋朝	字画、课桌、放牧鞭子等
《学弈》	《孟子》	弈秋、两个童子、旁白等	战国	围棋、棋盘、鸿鹄等
《两小儿辩日》	《列子》	孔子、两个小儿等	春秋	大小太阳各一、圆形车盖、盘盂、盛热水的罐子等
《咏雪》	《世说新语》	谢太傅、儿女二人、兄子胡儿、兄女等	汉朝	书桌、书本等
《陈太丘与友期》	《世说新语》	陈太丘、友人、陈元方等	汉朝	牛车、儿童玩具等
《狼》	《聊斋志异》	屠户、两匹狼、旁白等	清朝	担子、骨头、麦垛模型、刀模型
《穿井得一人》	《吕氏春秋》	丁氏、传闻者、宋君等	春秋	汲水用具、担子等
《杞人忧天》	《列子》	杞人、晓之者等	战国	书桌，席子等

续　表

课　文	出　处	人　物	服饰	舞台道具
《木兰诗》	《乐府诗集》	木兰、集市卖东西的人、天子、爷娘、阿姊、小弟、伙伴等	汉朝	织布机、军帖、马鞭、朝堂道具、镜子等
《卖油翁》	《归田录》	陈尧咨、卖油翁等	宋朝	弓箭、靶子、葫芦、铜钱、勺子
《河中石兽》	《阅微草堂笔记》	僧人、讲学家、老河兵等	清朝	石兽、小周、铁耙等
《记承天寺夜游》	《苏轼文集》	苏轼、张怀民等	宋朝	寺庙投影、圆月、水草,竹柏等
《愚公移山》	《列子》	愚公、妻子、子孙诸人、童子、智叟、天帝、夸娥氏二子等	战国	山的模型两个、担子、箕畚、土石等
《周亚夫军细柳》	《史记》	皇上、将军、士兵、使者、群臣等	汉朝	武器、马车模型,弓箭模型等
《桃花源记》	《陶渊明集》	渔人、桃花源中人、太守、差役、刘子骥等	汉朝	舟、渔网、桃花林、山的模型、桃花源布景等
《庄子与惠子游于濠梁之上》	《庄子》	庄子、惠子等	战国	桥模型,鱼儿等布景
《石壕吏》	《杜诗详注》	吏、老翁、老妇、杜甫等	唐朝	村落投影、书信等
《卖炭翁》	《白居易集》	卖炭翁、黄衣使者、白衫儿等	唐朝	牛车、文书、红纱、绫等
《醉翁亭记》第三段	《欧阳修全集》	负者、行者、太守、宾客等	宋朝	宴请宾客的场景布置,投壶、下棋等
《湖心亭看雪》	《陶庵梦忆》	作者、两人、童子、舟子等	明朝	湖心亭的场景布置、毡子、烧酒炉道具等
《三顾茅庐》	《三国演义》	诸葛亮、刘备、张飞、关羽、童子等	三国	草庐的场景布置、画轴等
《唐雎不辱使命》	《战国策》	秦王、安陵君、唐雎等	战国	朝廷投影布置
《曹刿论战》	《左传》	鲁庄公、曹刿、乡人、将士等	春秋	朝廷投影布置,战场投影布置等
《邹忌讽齐王纳谏》	《战国策》	邹忌、妻妾、客、齐王等	战国	镜子、朝廷、万室等投影布置

（臧云竹）

附件2

美术学科相关课题及教学目标

课题：一年级第一学期　《化妆舞会》

教学目标：运用美术、音乐、舞蹈、戏剧等综合性的活动方式，体验综合探索课的乐趣。勇于标新立异，大胆想象与积极思考，大胆的表现自己。培养集体合作的精神，体验综合、探索的乐趣。

课题：三年级第一学期　《彩色的玻璃纸》

教学目标：通过了解几何图形的特性，学习用对称剪纸的方法结合玻璃纸的拼贴进行装饰画创作。通过欣赏和观察生活中的几何物品，学习各种对称形，并对材料进行简单的粘贴，创作各自喜欢图案。体验彩色的世界，感受尝试、创作带来的成功喜悦。

课题：四年级第一学期　《千姿百态的帽子》

教学目标：利用各种不同的彩纸制作立体的帽子，鼓励展开联想，设计各种不同造型的帽子。通过在自主探究中学会发现问题并解决问题，找到制作的方法并学会运用。并体验制作作品过程中的乐趣。

课题：五年级第一学期　《有透视的画面》

教学目标：掌握绘画中基本透视理论知识、了解绘画基础知识中透视的重要性并基本掌握绘画中的透视原理，为绘画及设计奠定基础。

课题：五年级第二学期　《纹样的诞生》

教学目标：了解标识的作用和特点，运用美纹纸和炫彩棒绘制一枚动物标识。在欣赏、观察、比较、探讨等过程中，抓住动物特征，学会用多种材料设计与绘制标识的方法。情感态度与价值观：体验标识设计的乐趣，感受标识的简洁美和功能性。

课题：六年级第一学期　《体会线的韵律》

教学目标：欣赏以线为主的造型作品，了解线不仅能够造型，且其本身有着丰富的表现力及韵律。了解线的平面与立体构成，运用“线构成”基本构成关系表现植物速写。

课题：六年级第二学期《我设计的服装》

教学目标：初步了解我国古代服装和我国各民族服装的发展，培养热爱祖国、保护文化遗产的思想情感。通过学习服装艺术，增强对时尚的理解，培养对服装设计的兴趣。运用废旧材料设计服装，懂得在生活中发现美、创造美。

课题：七年级第二学期 《用明暗塑造立体》

教学目标：通过观察、分析、比较，初步掌握物体的明暗发现方法。运用不同的明暗色调表现技能，尝试创造出有立体感的素描作品。能初步运用明暗表现方法去观察、分析、描绘对象的立体感觉。

课题：七年级第二学期 《独特的装扮》

教学目标：通过对服装文化的学习，认识演变、发展过程，了解服装与人类、社会发展的关系，从而进一步了解文化内涵。并初步学会服装的设计与制作。通过对服装艺术的欣赏，了解不同地域、民族的情感表达方式和审美习惯，培养丰富的情感。

（石峻丞）

“SSP英语报刊读与说”活动方案

一、活动背景

《上海学生英文报》(Shanghai Students’ Post，简称SSP)是全国第一份面向广大中学师生的英语学习辅导类报纸，紧扣上海地区英语二期课改的教学大纲。SSP结合上海版牛津及新世纪教材特点，是用最鲜活的英语服务于广大师生的“教材活页”。文章内容丰富，涵盖了很多中华传统文化的元素。开展“SSP英语报刊读与说”活动，有利于深度学习，提升学生英语听说读写能力，也有利于培养沟通与合作能力，更有利于传播中华传统文化和民俗，培养学生民族自豪感。

本校学生在学习了基础教育课程《牛津上海版》和限定拓展课程《Side By Side》的基础上，具备扎实的英语学科语言知识和核心素养，有利于“SSP英语报刊读与说”活动的开展，并兼顾了“满园春”课程中“语言交流园”的主要特色。

二、活动目标

1. 了解英文报刊的基本版面特征及栏目分布；

2. 设计中华传统文化主题的专栏，做到排版清晰合理、构图美观；

3. 能初步用英语介绍中华传统文化及民俗，养成关注中华文化的习惯，提升民族自豪感和社会责任感；

4. 能够组织开展活动，做到分工合理、组织有序；

5. 养成团结协作以及友爱互助的作风。

三、活动对象及指导教师

活动对象：八年级学生。

主要指导教师：英语教师。

辅助指导教师：语文教师，历史教师，地理教师等。

四、活动内容

（一）准备阶段

1. 通过晓黑板发布活动通知，由学生自主成立专栏编辑小组，每组4人左右，确立小组分工：主编1名、编辑2名、秘书1名。确立小组栏目主题及栏目名称。小组栏目主题从中华传统文化、衣食住行等方面选择；

2. 准备各阶段范例：专栏设计思维导图，活动小结；

3. 准备辅助学科资料包（专栏编辑小组成员分工明细，专栏设计稿各阶段要求）。

（二）第一阶段（两周时间）

要求：了解报刊（Learn from real newspapers）。

① 观察SSP报刊版面特征并梳理栏目分类；

② 整理SSP报刊有关专栏主题的文章及其语篇类型和话题；

③ 根据整理清单及网络资源，绘制专栏设计的思维导图；

④ 设计小组专栏版面初稿。

任务：上传与某一主题相关的报刊文章的语篇类型和话题的整理清单1份、思维导图1份、专栏版面设计初稿1份。

评价：详见阶段一教师评价表。

（三）第二阶段（三至四周时间）

要求：设计报刊（Create the newspaper）。

① 根据思维导图，搜集相关文章；

② 结合相关资料，进行专栏版面二稿设计；

③ 选择2个小组的专栏设计二稿进行校对及点评，选出该专栏的最佳文章；

④ 根据其他小组的建议进行修改，确定终稿；

⑤ 票选出最佳文章的小组负责头版设计。

任务：上传学生评价表2份，专栏版面设计终稿1份。

评价：详见阶段二学生评价表

（四）第三阶段（两周时间）

要求：发行报刊（Publish the newspaper）。

在校园范围内发行校刊，根据思维导图，以小组为单位进行专栏介绍，并拍摄视频。

活动形式建议：可通过微视频、采访、PPT、思维导图等形式进行宣传介绍。

任务：视频素材1份，活动小结1份（见附件1）。

评价：详见阶段三教师评价表。

五、评价方式

阶段一教师评价表

指标		内容	评价			
			优	良	合格	须努力
文本阅读能力	搜集筛选	完整搜集报刊栏目分类				
	整理归纳	完成报刊文章分类归纳，形成主题文章整理清单				
版面设计能力	主题鲜明	根据主题，设计专栏版面				
	脉络清晰	讲究主题分类，做到条理分明				
信息科技能力	收集能力	能基于给定的目标，实现课外资料较全面的收集				
	识别能力	在众多的信息中，判断、识别其内容，选择所需的信息				

阶段二学生评价表

指　标	内　　容	评　　价			
		优	良	合格	须努力
版面设计能力	内容丰富,题材多样化				
	版面设计合理,详略得当				
艺术设计能力	能表现出专栏主题特征,突出主题				
	配图美观,结构清晰				

阶段三教师评价表

指　标	内　　容	评　　价			
		优	良	合格	须努力
学习表现	具有好奇心和求知欲,认真开展专栏设计活动				
	能主动与他人合作,尊重他人,主动承担任务				
学习能力	提高听说读写译能力				
	知道报刊设计基本过程,掌握基本方法				
实践能力	热情积极地传播中华传统文化				
	详细清楚地介绍中华传统文化				

附件1 学生活动小结

我们的活动小结

组名________ 班级________ 组长________

<table>
<tr><td>活动主题</td><td colspan="2">《SSP英语报刊读与说》之 ____________________________</td></tr>
<tr><td rowspan="4">小 组</td><td>组 长</td><td></td></tr>
<tr><td rowspan="3">组 员</td><td></td></tr>
<tr><td></td></tr>
<tr><td></td></tr>
<tr><td>指导老师</td><td colspan="2"></td></tr>
<tr><td colspan="3">我们选这个主题的原因</td></tr>
<tr><td colspan="3">我们的活动方案</td></tr>
<tr><td colspan="3">我们是这样分工合作的:(整个活动过程各阶段的分工情况)
__________负责_______________ __________负责_______________
__________负责_______________ __________负责_______________</td></tr>
<tr><td colspan="3">我们的成果打算用这种方式呈现给大家(请在合适的选项括号内打“√”)
微视频( ) PPT( )
思维导图( ) 采访( ) 其他( )</td></tr>
<tr><td colspan="3">困难及解决方法:</td></tr>
<tr><td colspan="3">参与中华传统文化专栏设计的感想和体会:</td></tr>
</table>

(杨秋芸)

附件2

专栏编辑小组成员任务明细表

成　员	任　务　明　细
主　编	领导各小组成员各司其职，牵头每次小组讨论，带领小组完成专栏设计及各阶段任务
编　辑	负责专栏版面设计及资料搜集
秘　书	负责每次小组讨论的记录工作并积极参与讨论，整合各成员搜集资料，完成小组作业

（杨秋芸）

附件3

专栏设计稿各阶段要求

初稿	确定专栏主题、文章数量及其语篇类型和话题
二稿	确定图文比例，文章篇目及版面设计
定稿	修改文字错误，调整版面设计，突出专栏主题

（杨秋芸）

“畦田英语”活动方案

一、活动背景

乌泥泾（黄道婆）手工棉纺织技艺传承了元代黄道婆改进的纺织技术，是我国黎、汉两族人民辛勤劳动的结晶，促进了我国棉纺织业的发展，是国家级非物质文化遗产。非物质文化遗产是我国各族人民以及海外华侨华人的情感纽带，同时也是中国文化“软实力”的典型代表，具有重要的保存与传播价值。

上海市园南中学是上海市首批中华优秀传统文化暨非遗进校园十佳传习基地之一，又于2019年创设了黄道婆三期项目“向日葵手作坊”。非遗传习基地与手作坊相辅相成，在弘扬传统文化、继承传统技艺、领会黄道婆精神等方面发挥了重要作用，为我校开辟了立德树人新路径。为了充分开发非遗基地和手作坊的教育教学价值，推进跨学科学习，体现“满园春”课程特色，我校拟开展“畦田英语”跨学科活动，旨在通过相关活动，帮助学生深入理解中华传统技艺，增强文化自信，提升学生向境外传播优秀传统文化的能力，发展英语学科核心素养。

二、活动目标

1. 能够通过查阅英语教科书梳理出与棉纺文化有关的词汇、句型及相关单元，并能够正确朗读与棉纺织工具以及技艺相关的英语词汇；

2. 能够利用网络资源获取拓展词汇信息，制作词汇手册；

3. 能够运用相关句型介绍黄道婆生平，讲述黄道婆故事，弘扬黄道婆精神；

4. 能够用英语介绍棉纺织技艺操作流程，传播中华传统技艺；

5. 能够用英语介绍棉纺文化，弘扬中华传统文化；

6. 能够组织开展活动，做到分工合理，组织有序，团结互助；

7. 能够撰写介绍国家非物质文化遗产的英文宣传资料，提升民族自豪感和社会责任感。

三、活动对象及指导教师

活动对象：八年级学生。

主要指导教师：非遗传承人、英语教师。

辅助指导教师：历史教师、美术教师、信息科技教师。

四、活动内容

（一）准备阶段

1. 通过晓黑板发布活动通知，由学生自主成立学习小组，每组4人左右，确立组长；

2. 各阶段范例准备：资料清单、词汇手册、活动小结；

3. 辅助学科资料包（英语课内棉纺文化相关单元合计10个）。

（二）第一阶段（一周时间）

要求：学一学与棉纺文化相关的基础词汇。

1. 各小组梳理及搜集小学和中学英语课本中与棉纺文化有关的词汇及句型，并整理成一份按单元划分的课内学习清单；

2. 选择课内资料中的某一个单元，将其涉及到与棉纺文化相关的主题的词汇按照单词、音标、词性、含义及例句运用的顺序加以排列，例句要中英文兼具；

3. 通过网络或其他方式查找该主题下的其他拓展词汇和句型，最后将资料整理成一份该棉纺文化相关主题的词汇手册，可适当插画配图，用以辅助学习；

4. 小组之间交流分享各自绘制的词汇手册，学习相关词汇。

任务：上传棉纺文化课内学习清单一份、棉纺文化相关主题词汇手册一份（资料需标注出处）

评价：详见阶段一教师评价表。

（三）第二阶段（一至两周时间）

要求：学会用英语相关词汇和句型介绍黄道婆及棉纺文化。

1. 以第一阶段制作的词汇手册为学习材料，小组任选一个棉纺文化相关主题进行介绍，形式不限；

2. 将介绍的口语语料录制成3分钟时长的视频。

活动形式建议：PPT、思维导图、海报、视频配音、广播剧、短剧、采访。

任务：上传视频文件，若有纸质或电子稿资料一并上传。

评价：详见阶段二教师及学生评价表。

（四）第三阶段（两周时间）

要求：运用所学英语知识向国际友人传播棉纺文化。根据第一阶段和第二阶段中学习的相关知识及发现的问题，选择合适的渠道进行棉纺文化传播活动。

活动形式建议：

1. 可利用校内平台，在国际友人参观我校黄道婆陈列室时进行志愿讲解；

2. 可利用校外场馆资源，在黄道婆纪念馆、黄母祠进行双语介绍；

3. 可利用业余时间到国际友人聚集区进行采访或展示。

任务：上传视频素材及活动小结（见附件1）。

评价：详见阶段三教师评价表。

五、评价方式

阶段一教师评价表

指标		内容	评价			
			优	良	合格	须努力
文本阅读能力	搜集筛选	完整搜集课内资料*				
	整理归纳	完成课内资料分类归纳，形成课内学习清单				

续　表

指　标		内　容	评　价			
			优	良	合格	须努力
词汇整理能力	主题鲜明	根据单元特征,围绕主题编制手册				
	脉络清晰	讲究词汇分类,做到条理分明				
信息科技能力	收集能力	能基于给定的目标,实现课外资料较全面的收集				
	识别能力	在众多的信息中,判断、识别其内容,选择所需的信息				

*牛津版中小学英语教材与棉纺文化相关的单元共计10个,其中一至六年级占7个。

阶段二教师及学生评价表

指　标	内　容	评　价			
		优	良	合格	须努力
英语学科素养	发音正确清晰				
	口语流畅通顺				
	语言表达通俗易懂				
艺术设计能力	能表现出棉纺文化的主题特征				
	形式独特、有创意				

阶段三教师评价表

指　标	内　容	评　价			
		优	良	合格	须努力
学习表现	具有学习的好奇心和求知欲,认真开展棉纺文化传播活动				
	能主动与他人合作,尊重他人,主动承担任务				
学习能力	提高听说读写译能力				
	知晓学习基本过程,掌握基本方法				
实践能力	热情积极地传播黄道婆棉纺文化				
	详细清楚地介绍黄道婆棉纺文化				
	与国际友人沟通自信顺畅				

（杨秋芸）

附件1 学生活动小结

我们的活动小结(开题报告)

组名________ 班级________ 组长________

<table>
<tr><td>活动主题</td><td colspan="2">“畦田英语”之</td></tr>
<tr><td rowspan="2">小　组</td><td>组　长</td><td>组　员</td></tr>
<tr><td></td><td></td></tr>
<tr><td>指导老师</td><td colspan="2"></td></tr>
<tr><td colspan="3">我们选这个主题的原因:</td></tr>
<tr><td colspan="3">我们的活动方案:</td></tr>
<tr><td colspan="3">我们是这样分工合作的:(整个活动过程各阶段的分工情况)
__________负责________________　__________负责
__________负责________________　__________负责</td></tr>
<tr><td colspan="3">我们的成果打算用这种方式呈现给大家(请在合适的选项括号内打“√”)
海报(　　)　视频配音(　　)　PPT(　　)　图片(　　)
思维导图(　　)　广播剧(　　)　短剧(　　)　采访(　　)
其他(　　)</td></tr>
<tr><td colspan="3">困难及解决方法:</td></tr>
<tr><td colspan="3">参与棉纺文化传播活动的感想和体会:</td></tr>
</table>

(杨秋芸)

附件2

棉纺系列课程与义务教育阶段英语课程相关内容梳理

教材年级	教材单元	单元内容	具　体　内　容	拓展相关内容
3A	Module 4 Unit 3	Plants	plant, leaves, branch, trunk, roots, flower, seeds	补充棉花的相关知识
			Look at the plant. It has ...It is ... They are ... The seeds are ... It's rainy. The seeds are...It's sunny. The seeds feel...	
3B	Module 3 Unit 2	Colours	white, green , yellow, red, orange	介绍不同植物所能酿出的颜色 indigo 靛蓝色
			what colour is /are...?	
	Module 3 Unit 3	Seasons	spring, summer, autumn, winter	介绍棉花播种的季节以及在不同季节的变化 Sow seeds in spring. 春天播种 Water plants in summer. 夏天浇水 Pick the flowers in autumn. 秋天采摘
			What season is it? It's ... We can ...	
5B	Module 1 Unit 2	Watch it grow	This is ... It is ... It has... It likes ...	介绍棉花生长过程的变化
	Module 3 Unit 3	Changes	Many years ago, ... Today	介绍古今纺织业的变化，以及纺车变化的过程 hand spinning wheel 手摇纺车 three-spindle spinning wheel 三锭纺车
	Module 4 Unit 1	Museums	science museum, art museum, history museum, insect museum, car museum, railway museum	介绍校内黄道婆陈列室和校外黄道婆纪念馆，并可组织实地考察 Huang Daopo Showroom 黄道婆陈列室 Huang Daopo Memorial 黄道婆纪念馆

续 表

教材年级	教材单元	单元内容	具 体 内 容	拓展相关内容
6B	Module 3 Unit 10	Forests and land	cotton We get cotton from plants. We can use cotton to make clothes. How does ... feel? It's .... What is it made of? It's made of cotton.	补充棉花的用途，介绍利用棉花变成线的纺织过程。 spin 纺线；spindle 锭子 cotton spinning 棉纺 cotton textiles 棉纺织品 cotton industry 棉纺织业
7B	Module 1 Unit 4	Let's go shopping	the shirt with the long/short sleeves the dress with the blue/red spots the sweater with the V-neck/ round neck the trousers with the checks/stripes	介绍黄道婆织布而成的衣服款式 cotton-padded clothes 棉衣
8B	Module 1 Unit 1	Trees	Natural, chemical, nature	介绍校园内的植物以及能够用来扎染的植物 radix isatidis 板蓝根
9A	Module 1 Unit 2	Traditional skills	Traditional, skill	介绍传统棉纺织技艺以及织布技艺，以及操作流程 traditional cotton spinning craft 传统棉纺织技艺 loom 织布机 hold the cotton string 手拿棉条 step on a pedal 脚踩踏板 turn the wheel 转动纺车 pull the string into thread softly 把棉条拉成棉线 spin with one spindle 一锭棉纺技艺 spin with two spindles 两锭棉纺技艺 spin with three spindles 三锭棉纺技艺

（杨秋芸）

附件3

演示文稿的制作课程与地图版初中信息科技课程相关内容梳理

教材年级	课题题目	演示文稿制作	教学指导
六年级	红色之旅	1. 插入幻灯片 样例《红色之旅》演示文稿只介绍了井冈山和延安的情况，现在要求增加两张幻灯片，分别介绍革命圣地遵义和上海的情况。 2. 使用项目符号 在演示文稿中，如果一张幻灯片中有几个并列的内容，如“井冈山精神”的内容可以分成三个方面，此时可利用项目符号，使得内容的表达更有条理。 3. 演示文稿的美化 新建演示文稿时，幻灯片一般都是白底黑字，要想摆脱单调的形式，我们可以为幻灯片设置适当的背景、选择应用设计模板、修改配色方案、设置对象格式来实现。 4. 演示文稿的动画效果和放映 在演讲时，幻灯片的内容能以一种适当的动画形式出现，往往能够更好地呈现演讲者的思路、节奏或情绪，更有助于提升演讲效果	1. 演示文稿是集成与展示多媒体信息的软件，也是信息表达和交流的工具，在演讲过程中配合使用演示文稿，适当地使用文字、声音和图像等多媒体，能够使信息的表达更加生动形象，更好地阐释主题； 2. 在《红色之旅》单元的教学过程中，学生学习利用演示文稿软件ppt制作更具有表达效果的演讲稿，学会插入幻灯片、使用项目符号、美化演示文稿、使用动画效果和放映等基本操作技巧，同时在制作的过程中了解革命圣地的风貌以及它们所体现的革命精神
	机器人 与我们的生活	1. 准备活动 搜集机器人资料、分组设计文稿提纲 2. 图片的修饰 样例中图片多为矩形，形状单调，可以用多种形状、自选图形的图片裁剪 3. 文稿的合成 如何把各组员已完成的幻灯片合并成一个演示文稿呢？可以采用超链接的方法来实现	1. 学会在演示文稿中根据布局需要对图片的裁剪和美化； 2. 学会在演示文稿内部、不同演示文稿之间、以及演示文稿与指定网站之间的超链接设置； 3. 学会在演示文稿中插入影片和声音，使你的演讲稿更有感染力

续 表

教材年级	课题题目	演示文稿制作	教 学 指 导
六年级	机器人与我们的生活	4. 演示文稿中插入影片和声音 在《机器人与我们的生活》演示文稿中插入《贝多芬第五交响曲》，在《登陆火星》幻灯片中，插入一个“爆炸”效果的小影片，使效果更具有感染力。 5. 图形的组合和旋转 字体的美化可以让我们的演示文稿更美观，更具吸引力。将艺术标题插入《机器人与我们的生活》，利用图形的组合和翻转实现进一步美化	
	科技创造未来	1. 准备活动 资料搜集和整理、分组设计文稿提纲 2. 幻灯片的管理 小组合力制作的多媒体演示文稿，往往由多张甚至几十张幻灯片组成，那么怎样在演示文稿制作软件中管理这些幻灯片呢？ 3. 表格和标注 在进行《科技创造未来》的演示文稿制作时，为使显示更加简洁、直观、有逻辑，例如介绍二十世纪最伟大的发明时，可以采用表格的形式。有时我们需要引用来自网络或其他材料的文字和图片，为保护知识产权，应该在文字或图片中加入标注，说明来源，那么如何做标注呢？	1. 通过“科技创造未来”项目活动，了解前沿科学技术发展与应用情况，并思考科技将怎样影响我们的未来生活，拓展科学视野，提高科学素养。 2. 学会幻灯片的复制、删除，学会改变幻灯片的顺序，以及为幻灯片添加编号、日期和时间。学会在演示文稿中插入表格，并对文字和图片进行标注

（刘佳宁）

“说文解字　翰墨诗书”跨学科活动方案

一、活动背景

《说文解字》是中国第一部字书，也是世界上最早出现的辞书。《说文解字》梳理了近10 000个汉字的形、音、义以及造字原理，是学习汉语言文字的宝库。《说文解字》有助于后人了解汉字的发生演变过程，增进对汉语言文字以及文学文本的理解，也有助于书法欣赏和创作。书法根植于中国悠久的历史文化土壤，在古代社会中既承担了施行教化、传播文明的使命，又凝结着中华民族独特的审美意识和文化精神。如今，世界文化多元发展，国家重视发扬本国优秀传统文化，书法也成为学生借以学习、感知并认同中华传统文化与民族精神的重要桥梁。

语文新课标积极倡导“跨领域学习，与其它课程相配合”，“在多学科的交叉中体现语文知识和能力的实际运用”。语文与书法的结合可以起到重要的作用：古文字的溯源有助于学生加深对相关字义和历史的了解；书法资料的展示有助于提高学生的人文涵养；文本的书写有助于学生在静心实践的过程中生发深刻的感悟和体会，并在一定程度上摆脱书法教学过于强调技法锤炼的弊端。

从古文字发展演变入手，理解当代常用字词的起源，用毛笔书写古代优秀诗歌，有利于语文学习，可以提升书法水平，也有助于研习传统经典，是继承文化精粹的最佳方式之一。作为上海市书法教育实验学校园南中学开展的“说文解字　翰墨诗书”跨学科活动，兼顾“满园春”课程中人文涵养园、语言交流园、艺术审美园的主要特色，是传统文化教育和跨学科实践活动的独特模式。

二、活动目标

1. 探寻文字发展起源与演变过程，感受古文字之美，形成良好的书写习惯；

2. 加强书法技能训练和创作能力，陶冶性情，培养审美能力和文化品位，激发学习语文、练习书法的热情；

3. 通过对古文字的溯源和摹写加深对语文篇目中字、词、句的理解，通过书写实现在静心实践的过程中生发新的感悟和体会，发展学生核心素养；

4. 学会多样化的调查与探究方式，提高学习效率，通过书法古籍、书法字帖、书法字典、语文课本、古汉语字典、互联网等获取资源，加强交流，构建开放的书法学习平台，充分利用现代信息技术进行自主有效的学习；

5. 了解临摹与创作的关系，掌握从临摹到创作的方法，对于创作中的字体、书体、风格、用纸、落款、钤印等各类要素的要求有进一步的理解，能够将相关能力迁移到语言文字建构与应用之中。

三、活动对象及指导教师

活动对象：书法社团社员（六、七、八年级有一定书法基础的学生）。

主要指导教师：书法教师、语文教师、历史教师等。

四、活动内容

（一）发布阶段（2—3天）

环　　节	内　　容	备　　注
发布活动，成立小组	发布活动通知，以年级为单位组成创作小队，确定组长	通过晓黑板或微信群发布活动通知，六、七、八年级分别组成创作小组，由组员推选组长，组长整理小组名单。指导教师在校期间进行适当提醒并汇总小组名单

发布阶段活动单

六年级创作小组	姓　名	班　级	擅长字体	主攻碑帖
组　长				
组　员				
七年级创作小组	姓　名	班　级	擅长字体	主攻碑帖
组　长				
组　员				
八年级创作小组	姓　名	班　级	擅长字体	主攻碑帖
组　长				
组　员				

（二）准备阶段（5—7天）

环　节	内　容	备　注
了解进度，登记篇目	组长了解同年级各组员近期语文学习进度，登记近期组员已学或预学文言文和古诗词篇目清单	篇目清单基于语文学科学习中部编版语文教材
小组讨论，锁定篇目	小组讨论，在篇目清单中择取本次活动重点学习和组织创作的活动篇目一篇	活动篇目的选择基于学科重点、文化价值、学生偏好、艺术表现等因素。在小组讨论之前，指导教师可以对小组长作适当的引导
集体学习，分工准备	基于社团展示，小组同学对活动篇目做深入学习，并分工准备展示内容	分工参考： 组员1：文本朗读 组员2：总体介绍 组员3：重点注释 组员4：关键翻译 组员5：中心主旨 组员6：与书法的联系 组员7：整合展示 指导教师在此阶段可以给予一定指导，力求之后展示环节达到相应质量，尤其要注意启发学生，促进其对课文内容的深入理解、拓展，建立语文学习与书法水平培养之间的各种关联

准备阶段活动单

准备阶段活动单

（____年级创作小组）

____—____月语文学习篇目（文言文篇目、古诗词篇目）

______	______	______
______	______	______
______	______	______
______	______	______
______	______	______
______	______	______

经过小组讨论，我们决定将______________作为本次的活动篇目。我们将就此篇课文做进一步学习，为社团活动展示做充分准备。

分工准备：

组员________：文本朗读

组员________：总体介绍

组员________：重点注释

组员________：关键翻译

组员________：中心主旨

组员________：与书法的联系

组员________：整合展示

材料整理截止时间：

社团展示彩排时间：

（三）第一阶段（社团活动）

环　　节	内　　容	备　　注
展示交流，加深理解	各组利用社团活动时间进行展示交流，加深理解	建议语文教师、书法教师共同参与
小组讨论，确认名句	1. 通过小组讨论，各组在活动篇目中确认创作名句，并从创作名句中挑选若干重点字。 2. 发布下阶段活动要求	创作名句的选择基于学科重点、文化价值、学生偏好、艺术表现等因素，指导教师可以对小组讨论作适当的引导。 应挑选多个重点字，以免在“说文解字”阶段古文字数量不足

第一阶段活动单

第一阶段活动单

（____年级创作小组）

在准备阶段，我们将________________作为本次的活动篇目。

通过展示交流，我们对此篇目有了更为深刻的理解，我们决定将下句作为本次活动的创作名句：

____

____

____

我们的理由是：

____

____

____

我们又从中挑选了“____”、“____”、“____”作为重点字，从语文、书法等多方面进行研究。

我们的理由是：

____

____

____

(四) 第二阶段(5天+社团活动)

环　　节	内　　容	备　　注
集思广益,说文解字	小组通过《说文解字》、书法字帖等参考资料的学习,尽可能有层次地整合重点字的各类资料为后期展示做准备	通过《说文解字》、字典、书籍、书法字帖、网络资料的查询、学习和整理,学习"重点字"的起源、古今异义、书体演变。 指导教师提供参考资料清单,详见附件1
展示交流,三维理解	各组利用社团活动时间进行展示交流,加深理解。谈论字、句、文三者之间的联系	指导教师提示启发重点字对于创作名句、活动篇目的作用,以及三者之间的联系

第二阶段活动单

"说文解字"活动单(第二阶段)

(____年级创作小组)

活动篇目:
创作名句:
重点字:
参考书籍或查询途径:

说文解字

古今异义

图文并茂

字体演变

甲骨文　　篆书　　隶书　　楷书　　行书　　草书　　其他

其他特色

（五）第三阶段（5天和社团活动）

环　　节	内　　容	备　　注
法帖选字，眼界大开	小组各成员通过书法字帖、书法字典、网上搜索等方式，留存重点字的各类字体及各类书体（流派、风格）的范字	搜索优先级： 1. 字体 如：甲骨文、大篆、小篆、隶（汉隶、明清体系等）、楷（小楷、寸楷等）、行（魏晋时期、宋代等）、草（小草、章草、大草等）。 2. 书体 隶：张迁碑、乙瑛碑、曹全碑、礼器碑、明清体系； 楷：欧、褚、颜、刘、赵； 行书：王羲之、苏、黄、米、蔡。 每个小组收集20种左右，比较取舍，尽量体现典型性和差异性
展示交流，练习感知	各组利用社团活动时间进行展示交流，加深理解，并对于自己所收集的重点字例尝试临摹练习，找到自己最擅长或喜爱的一种，由组长进行汇总登记	指导教师进行重点字的笔法和结构指导，在指导过程中引导学生发现自己擅长的一种，或是最喜爱的一种

第三阶段活动单

“翰墨百态”活动单（第三阶段）

（____年级创作小组）

活动篇目：
创作名句：
重点字：

图　　例	字　　体	碑帖出处/书法名家

（六）第四阶段（社团活动+3—5天+社团活动）

环　节	内　容	备　注
创新科技，范字精练	利用校书法创新实验室的科技平台，将学生最终选择的重点字电子化，在社团活动时进行单字深入练习，体会其笔法、字体及风格特点。练习过程必须经过摹写、临写和背临三个阶段。指导教师作重点技法指导	摹写：教师出示字范，讲解特点，学生摹写五遍，观察区别，调整技法，贴近原貌。 临写：教师讲解单字笔法、字形重点、风格取向，示范特点，学生临写字范五遍，深入学习，识记特点。 背临：教师示范难度局部，提示细节要求，纠正不足，学生背临五遍，教师多次提示
集字练习，协调全句	各社员基于选定重点字的字体和风格，搜寻创作名句其他文字的字范，全句字范力求协调、科学合理	全句字范可以剪切粘贴形式汇总在集字单上，形成宝贵的过程性资料
集字修改，初写整句	开展社团活动，教师对学生的集字单进行点评、修改和补充，最终成型。在此基础上学生再做整句练习	指导教师对于社员的集字单进行点评、修改和补充，形成每位学生专属的创作名句集字字帖

第四阶段活动单

名句集字帖（第四阶段）

创作小组________　姓名________

活动篇目：
重点字：
创作名句：
字体选择：　　　　主要参考碑帖、书法名家：

三	人	行
必	有	我

续　表

师	焉	
修改意见：		

（七）第五阶段（社团活动+一周时间+社团活动+一周时间）

环　节	内　容	备　注
创作专题课程	指导教师利用社团活动进行创作专题课程	课程内容参考： 临摹和创作的关系； 字体和风格的关系； 用纸选择（色泽与材质）； 作品形式（多样性）； 尺幅； 用墨、落款、钤印； 名作参考； 答疑解惑
专题创作阶段一	学生准备物料，进行创作	通过微信群，进行阶段性指导评价
创作指导阶段一	就用纸、章法和风格作整体性指导	教师对作品的整体作指导
专题创作阶段二	学生基于指导，进行创作	通过微信群，进行阶段性指导评价
创作指导阶段二	就笔法、结构和墨法作纠错性指导	教师对作品的不足作指导
专题创作阶段三	学生基于指导，进行创作	通过微信群，进行阶段性指导评价
创作指导阶段三	就钤印、落款及其他作修缮性指导	教师对作品的细节作指导
创作完成	作品提交	由组长进行作品提交

第五阶段活动单

创作笔记（第五阶段）

创作小组________　姓名________

创作笔记：

日期：

创作笔记：

日期：

创作笔记：

日期：

（八）第六阶段（社团活动+一周时间+社团活动+一周时间）

环　　节	内　　容	备　　注
策展阶段	结合活动，基于校情，充分利用学校环境，拟定方案	校“笔迹”书法长廊； 校中央书法展厅； 校“宋四家”分年级书法展示区； 校“清风明月”小品书法展示区； 校“墨韵轩”书法创新实验室； 校微信平台线上展示
装裱阶段	结合活动，确定装裱形式	立轴方式； 镜框方式； 制板方式
布展阶段	结合活动，充分利用学校环境，拟定方案，集体布展	
活动阶段	校园节庆、专题活动等	

（九）第七阶段（社团活动）

环　　节	内　　容	备　　注
回归文本，再谈理解	基于语文和书法学科，撰写对于重点字、创作句和活动篇目的体会和理解。 利用社团活动时间交流	建议语文教师、书法教师共同参与
活动阶段	校园节庆、专题活动等	
撰写心得体会，社团交流，汇编活动册，形成成果性文本等		

第七阶段活动单

心得体会（第七阶段）

创作小组________　姓名________

活动篇目：

创作名句：

重点字：

语文方面：

通过本次学习，我对于（篇目/名句/字词）有了（全新的/更深）的理解：

书法方面：

通过本次创作，我在书法方面得到了长足的提高：

其他体会：

五、评价方式

教师评价表

（基于学生各阶段活动单及书法作品表现）

指标		内容	评价			
			优秀	良好	合格	须努力
文本阅读能力 （根据准备阶段活动单）	搜集整理	完成阶段性语文篇目汇总，形成文言文和古诗文篇目清单				
	分工准备	深入学习活动篇目，分工准备展示内容				
表达展示能力 （根据第一阶段活动单）	展示交流	创作小组展示交流，加深理解。（语文：朗读、注释、翻译、主旨）（书法：篇目与书法的关系）				
	关键字词	明确创作名句和重点字，并简述理由				
资料处理能力 （根据“说文解字”活动单）	收集能力	参考多种资料。收集重点字知识				
	识别能力	深入学习重点字的起源、意义、演变，提炼材料				
	处理能力	以图文展示的形式对重点字进行解析（说文解字、古今异义、图文并茂、字体演变、其他特色）				
阐释分析能力 （根据第二阶段社团活动）	阐释分析	分析字、句、文三者之间的联系和作用				
集字创作能力 （根据“翰墨百态”活动单和名句集字帖）	集字能力	集单字过程中能够比较取舍，尽量体现典型性和差异性。 集整句过程中能够体现协调性和嫁接能力				
综合学科素养	书法学科素养	创作作品（临摹和创作的关系/字帖和风格的关系/书法技法成熟度/用纸/形式/尺幅/用墨、落款、钤印等）				
		创作笔记				
	语文学科素养	心得体会				

附件1

自主探究参考资料

1. 图书类

《新编中国书法大字典》 世界图书出版公司

《图解〈说文解字〉：画说汉字》 北京联合出版公司

《中国碑帖名品》 上海书画出版社

《作篆通假校补》 西泠印社出版社

《说文解字注》 中华书局

《金文编》 中华书局

《古文字类编》 上海古籍出版社

《正反篆刻字典》 吉林文史出版社

2. 网络资源：书法字典

书法字典_书法_在线书法篆刻学习资料

http：//www.shufazidian.com/

3. APP：书法字典

书法字典

⊻ 10.7万 | 10.8M

书法家必备的书法字典

安装

附件2

重点字、创作名句、活动篇目阅读理解重点示范

重点字：海

说文解字：

“海”字本义为大海，是一个会意字。其古文字形左边像是河流，代表水，意思是海是巨大的水域。右边为“每”。“每”有很多意思，这里是说大海水多势大，有海纳百川的气概。现在，“海”除了指大海、海洋外，还引申为人或事物数量多，如“人山人海”。用作形容词，“海”表示大，如“他的酒量很厉害，堪称海量”。

沧海：指大海，以其一望无际、水深呈青苍色，故名，亦指我国古代对东海的别称。

创作名句：长风破浪会有时，直挂云帆济沧海。

名句理解：

相信乘风破浪的时机总会到来，到时定要扬起征帆，横渡沧海！尽管现在前方困难重重，但是早晚有一天我会乘风破浪，到达理想中的彼岸！寓意着遇到艰难的环境时，我们也要坚持前行。只要有理想和抱负，即使是一望无际的沧海，相信总有一天会到达成功的彼岸！

活动篇目：《行路难》

情感主旨：

通过层层迭迭的感情起伏变化，既充分显示了黑暗污浊的政治现实对诗人的宏大理想抱负的阻遏，反映了由此而引起的诗人内心的强烈苦闷、愤郁和不平，同时又突出表现了诗人的倔强、自信和他对理想的执着追求，展示了诗人如大海一般的强大精神力量。

附件3

重点字指导要点示范

活动篇目:《行路难》。

创作名句: 长风破浪会有时,直挂云帆济沧海。

重点字: 海。

字　范	字体	风　格	笔　画	结　构
 唐·欧阳询 《皇甫君碑》	楷书	紧密内敛,刚劲不曲	起收侧势取妍,行笔爽利。折处方硬。长笔画拉开	三点水连断关系。中宫收紧。重心下沉
 唐·褚遂良 《雁塔聖教序》	楷书	舒展端庄,婀娜多姿	起收轻缓,行笔富有曲度弹性。横折弯钩和撇折需把握好	匀称舒展。重心下沉
 唐·颜真卿 《颜家庙碑》	楷书	圆润饱满,浑厚滋润	三点水饱满。 横竖画的处理上起笔取方势,收笔取圆势。行笔较厚重,粗细变化不明显	匀称舒展。“母”字部重心上升

续　表

字　范	字体	风　格	笔　画	结　构
 唐·柳公权 《玄秘塔碑》	楷书	瘦硬通神，刚柔相济	起笔收笔方圆结合，转折处笔法明显，横折弯钩注意直度到曲度的变化	宽窄合宜，高低有序
 元·赵孟頫 《仇锷墓志铭》	楷书	体势紧密，姿态朗逸	笔画和笔画之间加强笔势头的连贯性，行笔滋润饱满，不做过于刚直的动作	整体协调。 三点水和右侧部件的相交关系。 右侧部件上下两部分的正侧关系
 马王堆简牍	简牍	书风古朴，自然稚拙	用笔率意，线条圆直	富于变化，错落有致而又气脉贯通
 晋《爨宝子碑》	魏碑	过渡书体，兼具隶楷	起笔方，行笔挺拔，收笔为隶书燕尾	结构偏方，折角明显
 汉《肥致碑》	隶书	质朴平和，从容稳健	笔力遒劲，秀美自然	结体端庄，方正均衡

续　表

字　范	字体	风　格	笔　画	结　构
 汉《衡方碑》	隶书	方拙朴实，颇有起伏	笔画端正粗壮，笔笔如磐石，折角棱条分明，有严峻之态	间架稳实厚重，如虎卧阙下，平正之中有欹斜之变
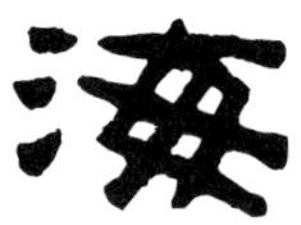 清・陈洪绶《隶书对联》	隶书	朴茂厚重	严循中锋用笔，沉稳有力，注意细节处理	右侧部件的正侧和穿插
 清・伊秉绶《隶书对联》	隶书	强烈的装饰性、排列感和设计感	单笔画的粗细一致，墨色运城	平衡，平行，整体排列
 清・金农	隶书	方严、奇肆。宽博、恣纵	所用的毛笔，像扁平的刷子，蘸上浓墨，行笔只折不转，象刷子刷漆一样。笔划沉厚朴实，其笔划未送到而收锋	结构严密，多内敛之势，而少外拓之姿
 东晋・王羲之《圣教序》	行书	端庄杂流丽，刚健含婀娜，有清朗俊逸、恬静洒脱的风神	笔法精绝，笔势遒劲，需要自己琢磨	着眼于掌握点画、部首以及结构部件占领的空间位置

字 范	字体	风 格	笔 画	结 构
 唐 · 颜真卿 《刘中使帖》	行书	滋润洒脱，连绵流畅	用笔提按顿挫的起伏与律动，线条丰满而又极富弹性	结构宽博，拉伸感强，张力明显
 宋 · 苏轼 《黄州寒食诗帖》	行书	气势奔放，无荒率笔	用笔沉着，提按不明显	侧势明显。 并笔的运用所带来的厚重和密度
 宋 · 米芾 《德忧帖》	行书	随意布势，妙得自然	起笔收笔。气韵流畅，姿态生动	正侧搭配的章法特点
 宋 · 蔡襄 《自书诗》	行书	浑厚端庄，淳淡婉美，自成一体。有一缕春风拂面，充满妍丽温雅气息	温和、灵动、轻盈，有粗细变化	婉转轻柔，使转自如
 清 · 八大山人 《临褚河南书》	行书	笔致简洁，有静穆之趣，得疏旷之韵	线条中实，用笔凝练。笔锋藏露合度	疏朗自然，均匀排布

字 范	字体	风 格	笔 画	结 构
 唐·孙过庭 《书谱》	草书	笔势坚劲，妍质统一	点画圆润细腻，笔法精熟。运笔中锋侧锋并用，笔锋或藏或露，忽起忽倒，富于变化	圆势的运用。飘逸洒脱
 明·徐渭 《唐诗宋词》	草书	气势磅礴，用笔狼藉	点线强烈的造型对比。干墨和涨墨的运用	字的强烈变形
 明·王铎 《自作诗十首》	草书	笔势纵逸，纵横郁勃	长线条的连贯性和丰富的粗细变化极富韵味	张弛有度，流转自如

（花 汇）

“成语看历史　文物讲中国”活动方案

一、活动背景

古代流传下来的成语具有深刻的内涵和高超的表达智慧，既能体现中国人一贯的温婉含蓄，又能持续不断地启发后人思考。

耳熟能详的成语里包含着古代物质文化，对应着珍贵文物。这些文物不仅是中华文明最集中和最真实的体现，足以让后代中国人骄傲自豪，而且是学习成语的有效工具。通过文物看成语，将成语与具体文物相关联，就能够将成语的诞生和解读还原到真实时空之中。这有助于学生建立词与物的关系，了解成语的由来及涵义，便于理解与记忆；也有助于发展语文学科核心素养，提升语言建构与运用能力，加强学生的审美鉴赏与创造能力，有助于文化传承与理解。

在学习成语，发展语文学科核心素养的同时，学生还可以通过具体文物了解古代人的衣食住行、规章制度，形成时空意识和时空观念，传承史料实证精神，培养家国情怀，增进对中华优秀传统文化的理解与认同。这些都是历史学科核心素养框架中的关键要素。

语文学习与历史学习相结合，易于形成趣味盎然的大语文、大历史观，能够改变学生的学习趣味、学习方法，尤其是记忆方法，也能够拓展学生的视角，提升思维品质，树立起“深度学习、博古通今”的观念，加强人文修养，为“满园春”课程增光添彩。

二、活动目标

1. 能够了解常用成语的基本释义和典故出处；

2. 能够掌握活动涉及的常用成语在现代生活中的应用范畴；

3. 能够知晓常用成语中所隐藏的历史信息及对应文物的相关知识；

4. 能够运用实地考察法、文献调查法等多种方法进行学科实践调查研究，并能够从中寻找有效信息；

5. 能够借助语言文字，体会和继承优秀传统文化，感悟和认同中国古代历史的悠久辉煌和灿烂文明。

三、活动对象及指导教师

活动对象：七年级学生。

主要指导教师：历史教师。

辅助指导教师：语文教师、美术教师、信息科技教师。

四、活动内容

（一）准备阶段

1. 通过晓黑板发布活动通知，学生自主组织小组，每组4人左右，确定组长；

2. 各阶段演示范例准备：资料清单、开题报告及活动小结；

3. 辅助学科资料包（活动所需文物资源列表、七年级部编版语文教材编写体系及框架、中小学美术相关内容课标要求）。

（二）第一阶段（两周时间）

要求：了解本阶段需要学习的10个成语的含义及使用方法，同时了解相关文物所包含的历史信息。

1. 各小组梳理、搜集初中六、七年级语文及历史教材中出现的成语，并整理成一份以单元划分的成语学习清单；

2. 通过网络或其他方式(实地考察等)查找该主题下的相关文物资料,最后将资料整理成一份与该阶段成语主题对应的文物汇编手册,可适当配图,用以辅助学习,增添趣味;

3. 小组之间相互交流分享各自绘制的文物手册,学习相关词汇及典故。

任务:上传课内学习清单一份、相关文物配套手册一份(资料需标注出处)。

评价:详见阶段一教师评价表。

(三) 第二阶段(两周时间)

要求:掌握本阶段需要学习的10个成语的含义及使用方法,同时了解相关文物所包含的历史信息。

1. 用第二阶段10个成语制作文物手册作为学习材料,小组任选一组成语及文物进行介绍,形式不限;

2. 将介绍内容录制成时长3分钟的视频。

活动形式建议:制作PPT、制作海报、编演广播剧、采访等。

任务:上传视频文件,若有其他资料一并上传。

评价:详见阶段二教师评价表。

(四) 第三阶段(两至三周时间)

要求:继续学习本阶段10个成语及其对应的文物,汇总第一阶段和第二阶段学习的相关成语及文物,制作本活动的“我看历史文物”汇编手册。选择合适的研究课题,撰写研究活动开题报告,完成最终研究报告。

活动形式建议:

1. 撰写“我心目中最具分量的国宝文物”主题文章;

2. 各小组进行“漫画文物”绘画展示。

任务:上传文章、漫画素材及开题报告(见附件1)。

评价:详见阶段三教师及学生评价表。

五、评价方式

阶段一教师评价表

指标		内容	评价			
			优	良	合格	须努力
文本阅读能力	搜集筛选	完整搜集课内资料				
	整理归纳	完成课内资料分类归纳，形成课内学习清单				
	阐释分析	理解成语释义，了解历史文物产生的时代背景，概括文物的特征				
文字表达能力	主题鲜明	抓住文物特征，围绕主题编写				
	结构合理	讲究结构安排，做到条理分明				
	语言艺术	注意语言艺术，文字确切生动				
信息科技能力	收集能力	能基于给定的目标，实现课外资料较全面的收集				
	识别能力	在众多的信息中，判断、识别内容，选择所需的信息				
	处理能力	对于收集到的信息，能进行适当的处理				
综合分析能力	判断能力	能准确判断资料中包含的历史、语文等学科知识				
	综合思维	能运用历史、语文、美术欣赏等学科知识多角度、多层面分析、理解文物的时代内涵				

阶段二教师评价表

指标	内容	评价			
		优	良	合格	须努力
历史学科素养	具备在特定的时间联系和空间联系中对事物进行观察分析的意识和思维能力				
	能对获取的史料进行辨析，并运用可信的史料，努力重现历史真实的态度与方法				
	能学习和探究历史应该具有的人文追求，体现对国家富强、人民幸福的情感，以及对国家的高度认同感、归属感、责任感和使命感				

续 表

指 标	内 容	评 价			
		优	良	合格	须努力
语文学科素养	具备语言建构和运用能力				
	能激发学习兴趣，培养语文思维和良好的学习习惯				
	提高审美鉴赏与创造能力				
	能感悟中华民族优秀传统文化的传承				
艺术设计能力	能提取历史文物最具特征的图形与线条，并通过适当变化后合理运用到历史漫画的设计中，体现文物特征				
	能表现出历史文物的形态，画面有主次关系，有层次感				
	历史漫画设计美观、独特、有创意				

阶段三教师及学生评价表

指 标	内 容	评 价			
		优	良	合格	须努力
学习表现	具有学习和研究课题的好奇心和求知欲，认真开展课题研究				
	能主动与他人合作，尊重他人，主动承担任务				
	能基于证据和逻辑发表自己的见解，实事求是				
学习能力	能正确运用人文学科思维方法，分析成语产生的背景、原因，推断历史事件对当时或后世产生的作用和影响				
	识别或者复述已学的历史知识，将历史名词与其指代的史实对应，将历史观点与其依据的证据对应				
	从提供的信息（文字、图片、实物、视频）中概括要点、所述史实的本质、历史发展的阶段特征				
实践能力	解释、分析历史现象产生的背景、原因，推断历史事件对当时或后世产生的作用和影响				
	能从零散素材中准确选择适当材料，按照时序、逻辑等规则，通过合理想象建构对历史过程的完整叙述				
	具备分析论证的能力，会使用不同方法和手段分析、处理信息，描述、解释研究结果				
	具有交流与合作的意愿与能力，能准确表述、评估和反思研究过程与结果，完成研究报告				

（刘晓莺）

附件1

我们的实践研究（开题报告）

组名________　班级________　组长________

<table>
<tr><td>活动主题</td><td colspan="2">《成语看历史　文物讲中国》之 ______________________</td></tr>
<tr><td rowspan="2">小　组</td><td>组　长</td><td>组　员</td></tr>
<tr><td></td><td></td></tr>
<tr><td>指导老师</td><td colspan="2"></td></tr>
<tr><td colspan="3">我们选这个主题的原因：</td></tr>
<tr><td colspan="3">我们的活动方案：</td></tr>
<tr><td colspan="3">我们是这样分工合作的：（整个活动过程各阶段的分工情况）
__________负责______________　__________负责______________
__________负责______________　__________负责______________</td></tr>
<tr><td colspan="3">我们的成果打算用这种方式呈现给大家：（请在合适的选项括号内打“√”）
海报（　　）　视频配音（　　）　PPT（　　）　图片（　　）
思维导图（　　）　广播剧（　　）　历史剧（　　）　采访（　　）
实践报告（　　）　其他（　　）</td></tr>
<tr><td colspan="3">困难及解决方法：</td></tr>
<tr><td colspan="3">参与实地与线上博物馆活动的感想和体会：</td></tr>
</table>

（刘晓莺）

附件2

"成语看历史　文物讲中国"活动
成语及对应文物

成语		代表文物	文物收藏地
第一单元	立竿见影、 滥竽充数	圭表、日晷、 汉代吹竽俑、竽	中国国家博物馆 山西临汾陶寺遗址 湖南省长沙市马王堆汉墓 成都香米园汉陶艺术博物馆
	祸起萧墙、 始作俑者	九龙壁、绿影壁、 东汉击鼓说唱陶俑、东汉庖厨男俑	北京故宫博物院 湖北襄阳王府绿影壁 中国国家博物馆 四川博物院
	循规蹈矩、 鞍前马后	伏羲女娲图绢画、汉代规矩镜、 鎏金银安桥(辽)、彩绘骑马狩猎陶俑	新疆维吾尔自治区博物馆 安阳殷巇艺术博物馆 中国国家博物馆 西安博物院
	暮鼓晨钟、 自相矛盾	永乐大钟、钟鼓楼、吴王夫差青铜矛、 秦铜盾	北京万寿寺(永乐大钟)、西安钟楼 湖北省博物馆 秦始皇帝陵博物院
	依葫芦画瓢、 鹤发童颜	匏制团寿字六棱瓶、清乾隆斗彩勾莲纹寿字葫芦瓶、太和殿前的铜鹤、《松鹤延年图》	北京故宫博物院 苏州博物馆
第二单元	蕙质兰心、 车载斗量	宋赵孟坚墨兰图、郑燮《兰花图》、 始建国铜方斗、战国商鞅方升	日本大阪市立美术馆 南京博物院 上海博物馆
	一网打尽、 前车之鉴	网纹彩陶船型壶、南越王墓渔网、吴王夫差鉴、西汉鎏金中国大宁博局纹镜	中国国家博物馆 西汉南越王博物馆(广州) 上海博物馆
	一鼓作气、 雕梁画栋	虎作鸟架鼓、四耳蹲蛙青铜鼓、晋祠彩画、故宫和玺彩画	湖北荆州博物馆 成都武侯祠博物馆 晋祠博物馆 北京故宫博物院
	南辕北辙、 舞文弄墨	陶马车(东汉)、二里头车辙、战国毛笔、 东汉松塔型墨	河南二里头遗址 中国国家博物馆

续　表

成　语		代 表 文 物	文物收藏地
第二单元	张冠李戴、大动干戈	金丝翼善冠、五梁冠(明)、五年相邦吕不韦戈、大玉戈	定陵博物馆 山东博物馆 中国国家博物馆 湖北省博物馆
第三单元	轴轳千里、百炼成钢	南海一号、东汉陶船 铜镡钢剑、虢国玉柄铁剑	广东海上丝绸之路博物馆 湖南长沙杨家山春秋墓 河南博物院
	栉风沐雨、前程似锦	回旋文透雕象牙梳、漆木梳妆盒、“五星出东方利中国”汉代织锦、雍正云锦朝服	济南市博物馆 湖北省博物馆 新疆博物馆 北京故宫博物院
	指鹿为马、强弩之末	西汉青铜卧鹿、东汉铜奔马 西汉错金铜弩机、三国青铜弩机	南京博物院 甘肃省博物馆 中国国家博物馆
	添砖加瓦、驷马难追	西汉四神瓦当、龙纹空心砖 秦始皇陵铜车马、唐三彩马	陕西历史博物馆 西安博物院 秦始皇帝陵博物院
	如意算盘、青出于蓝	子玉算盘、清景德镇窑青花婴戏算盘、《千里江山图》、元青花萧何月下追韩信图梅瓶	中国珠算博物馆 福建泉州博物馆 北京故宫博物院 南京博物院

（刘晓莺）

附件3

《七年级中国历史第一册》教材国宝汇总

序　号	课 文 标 题	国 宝 名 称	页　数
第2课	原始农耕生活	贾湖遗址骨笛	9
		龙山文化蛋壳黑陶杯	12
第4课	夏商周的更替	二里头遗址镶嵌绿松石铜牌	21
第5课	青铜器于甲骨文	司(后)母戊鼎、利簋	26
		三星堆青铜面具	

续　表

序　号	课文标题	国宝名称	页　数
第6课	动荡的春秋时期	越王勾践剑	32
第7课	战国时期的社会变化	商鞅铜方量	35
第9课	秦统一中国	秦俑（跪射俑）	49
第12课	汉武帝巩固大一统王朝	金镂玉衣、霍去病墓石刻	57、60
第13课	东汉的兴衰	东汉彩绘陶击鼓说唱俑	64

七年级中国历史地图册（第一册）国宝汇总

序　号	课文标题	国宝名称	页　数
第9课	秦统一中国	里耶秦简	21
第11课	西汉建立和“文景之治”	长沙马王堆1号墓素纱单衣	25
第14课	沟通中外文明的“丝绸之路”	“五星出东方利中国”汉代织锦	31

（刘晓莺）

“衣被天下——黄道婆”活动方案

一、活动背景

黄道婆是我国棉纺织业的先驱，她有着不畏艰辛、敢为天下先的革新精神。她把在海南学到的棉纺织技术带回家乡，经过革新，创造出一套先进的棉纺工具和纺织技术，不仅造福一方，还极大地推动了我国棉纺织业的发展。

本课程针对学校周边丰富的历史资源——“黄道婆”，通过各类活动的体验，使这位古代杰出女性的人文精神在家乡孩子们中间延续，发扬光大。课程开发得到了学校大力支持，组建了课题组，以科研课题的研究形式，收集整理黄道婆资料，去伪存真、去粗存精，形成校本教材，为课程的开设提供文本保障；课题组开课教师通过对黄道婆的专题研究、研讨对黄道婆的精神财富进行了初步的的发掘；再通过走出去，对黄道婆相关的遗址遗迹进行实地考察，访问有关专家、黄道婆棉纺织技艺传人等，为开设课程提供了师资的准备；徐汇区文化局非物质文化遗产保护办公室及学校的大力支持为课程开设提供了物质保障；在徐汇区文化局的大力支持下，学校还开设了“黄道婆棉纺织技艺”课，为本课程实施提供了实践基地，学校还拥有黄道婆陈列室、兰韵坊、黄道婆棉纺文化三期等实践基地可供学生参观研习。

二、活动目标

本活动课程在学习的过程中渗透历史学科的核心素养，从时空观念出发，以点带面，通过史料的实证、历史的解释，最后落实到情感体验。发挥历史课程育人价值的功能，丰富学生学习经历，开拓视野，帮助学生初步掌握唯物史观评价历史人物。具体目标：

1. 让学生思考为什么黄道婆的名声会驰名中外，体会黄道婆的人格魅力：平凡勤劳、创造革新、卓越贡献、造福人类；

2. 知道家乡的悠久历史，产生对家乡的热爱，培育对祖国悠久历史文化骄傲自豪的家国情怀；

3. 珍惜身边的这份珍贵的历史文化遗产并产生传承保护的意识；

4. 培养学生集体责任感和责任心，团队合作意识和语言交流能力。

三、活动对象及指导教师

活动对象：七年级或八年级学生。

主要指导教师：历史教师、非遗传承人。

辅助指导教师：劳技教师、英语教师。

四、活动内容

模块名称	活动内容	建议课时	设计说明
抚今追昔 导入课程	由现代服装与人类生活抚今追往引出主角	1	通过老师的图片展示，以生动形象的画面吸引学生进入到本课的情境中
组建小队 携手体验	学生组成体验小队（3—5人），选出队长、设计队名、确定队训等，并进行小队形象展示秀	2	本课的全部活动都是以体验小队集体活动的方式来完成
求同存异 认真参与	教师与同学们一起探讨学习本课程的意义	1	通过课堂探讨使带着各种目的来学习的同学达成认真学习课程的共识
抛砖引玉 黄道婆事迹	教师通过史料的实证、历史的解释、师生互动详细介绍黄道婆的生平事迹	3	教师从历史的视角介绍历史上真实的黄道婆，培养学生历史素养

续　表

模块名称	活 动 内 容	建议课时	设 计 说 明
八仙过海 深入了解	教师介绍历史史料的来源途径、搜集整理的方法、技巧；在教师的指导下学生完成黄道婆资料的搜集整理并形成本小队的学习探究成果	4	学生通过多种途径深入了解黄道婆，帮助学生把教师心中的黄道婆转化为自己心中的黄道婆
展示成果 取长补短	各学生团队以各种形式展示研究成果《我眼中的纺织达人——黄道婆》	3	教师从学生的成果展示中可以了解到黄道婆在学生心中的形象地位，为下一步的教学提供靶点
参观学习 感悟魅力	教师带领队员参观黄道婆陈列室（事先做好准备工作，并布置参观作业）	2	充分利用好校内的黄道婆资源
	探访黄母祠（做好详细的策划、组织、成果小结工作）	2	充分利用好学校周边的黄道婆资源
	参观纪念馆、拜祭黄婆墓，做好详细的策划、组织、成果小结工作	2	
操作纺车 感知过往	邀请校外棉纺织技艺的传人来校传授黄道婆三锭纺车的实践操作；学跳棉纺操等	2	充分利用学校的资源，丰富学员学习经历，开拓视野
擂台PK 勇争第一	• 黄道婆诗词创作朗诵对抗赛 • 讲述黄道婆的故事 • 情景剧的表演 • 创作关于黄道婆的绘画作品 • 关于黄道婆精神的辩论赛 • 撰写有关黄道婆的历史小论文	6	根据学生的不同情况，选择四项进行展示或PK赛
总结表彰 热爱家乡	学生谈学习体会，教师小结、表彰优秀	1	学年课程小结

本活动的实施思路是：以活动体验为主，理论学习为辅，通过走出去（探访黄母祠，拜祭黄婆墓，参观黄道婆陈列室、纪念馆等），请进来（请黄道婆棉纺织技艺的传人来校演示、传授纺织技艺，学跳棉纺操等），体验小队行动起来（搜集黄道婆的各

种资料，阅读黄道婆的校本教材，讲述黄道婆的故事，朗诵关于黄道婆的诗歌，创作关于黄道婆的绘画作品，关于黄道婆精神的辩论、历史小论文的撰写）等活动，使学生在课程学习中渐渐树立起一个鲜活、立体的黄道婆形象，从而真实感悟到黄道婆的创新精神、人格魅力。

五、评价方式

本课程突出评价的激励和导向作用，弱化评价的甄别和选拔作用，在评价中落实育人目标。坚持评价与指导相结合的原则。

1. 以质性评价为主，例如评价量规的使用。示例：

	一　般	较　好	好
材料的运用是否符合要求	☆	☆☆	☆☆☆
讲解是否合理，条理是否清晰	☆	☆☆	☆☆☆
是否有创意	☆	☆☆	☆☆☆

2. 有一定的量化评价，例如《以黄道婆为主题的诗词创作朗诵对抗赛》评分标准：

小队名称	创作内容（30%）	语言情感（15%）	台风（20%）	合作（15%）	脱稿（10%）	特色（10%）

3. 注重过程评价、激励评价。例如对一个活动的评价包括活动完成的时间、质量、团队合作的情况、各位队员担负的职责、表现、精神风貌等；

4. 学生课程成绩由学生先自评、同学之间互评、老师再进行终结评价。学生自评占总分10% ，同学之间互评占20%，老师终结评价占30%，活动表现占40%。学生平时表现占评价的等级为优秀（85—100）、合格（60—84）和需努力（60分以下）组成。

附件1

研究实践(开题报告)

组名:________ 组长________

<table>
<tr><td>研究主题</td><td colspan="2">我眼中的纺织达人——黄道婆</td></tr>
<tr><td rowspan="2">小　组</td><td>组　长</td><td>组　员</td></tr>
<tr><td></td><td></td></tr>
<tr><td>指导老师</td><td colspan="2"></td></tr>
<tr><td colspan="3">选这个主题的原因</td></tr>
<tr><td colspan="3">我们打算用这些方法进行研究(请在合适的选项括号内打“√”)
研究观察法(　　)　调查访问法(　　)　预测研究法(　　)
文献查阅法(　　)　内容分析法(　　)　其他(　　)</td></tr>
<tr><td colspan="3">我们是这样分工合作的:(整个活动过程各阶段的分工情况)
同学1. 负责
同学2. 负责
同学3. 负责
同学4. 负责</td></tr>
<tr><td colspan="3">我们的成果打算用这种方式呈现给大家(请在合适的选项括号内打“√”)
课本剧(　　)　小报(　　)　视频(　　)　PPT(　　)　图片(　　)
报告会(　　)　其他(　　)</td></tr>
<tr><td colspan="3">预计困难及解决方法:</td></tr>
<tr><td colspan="3">参与探究活动的感想和体会:</td></tr>
</table>

(练国伟)

附件2

“衣被天下——黄道婆”课程与初中阶段历史课程相关内容梳理

教材年级	教材单元	单元内容	具体内容	拓展相关内容
人教版 第一册 七年级	第一单元 第3课	史前时期：中国境内早期人类与文明的起源 远古的传说	传说中炎帝发明纺织	补充纺织的相关知识
	第三单元 第14课	秦汉时期：统一多民族国家的建立巩固	沟通中外文明的“丝绸之路”	介绍丝绸的相关知识
	第四单元 第18课	东晋南朝时期江南地区的开发	东晋南朝江南地区手工业在缫丝、织布等方面都有显著的发展	介绍棉花播种的季节以及在不同季节的变化，生长的过程；春天播种、夏天浇水、秋天采摘、冬天纺织
			江南之为国盛矣……丝绵布帛之饶，覆衣天下	补充棉花的用途
人教版 第二册 七年级	第一单元 第3课	隋唐时期：繁荣与开放的时代 盛唐气象	唐朝的手工业发展到很高水平。纺织业品种繁多，犹以丝织工艺水平最高，……	介绍古今纺织业的变化
	第二单元 第9课	宋代经济的发展	两宋时期手工业的兴盛：纺织业、制瓷业、造船业的成就尤为突出 南宋后期，棉纺织业兴起，海南岛已有比较先进的棉纺织工具，棉纺织品种类较多	介绍纺车变化的过程：手摇纺车、三锭纺车
	第三单元 第14课	明朝的统治	明朝时，棉纺织业已从南方推向北方，南北方都涌现出一批棉纺织基地	介绍明朝淞沪一带棉纺织业发展的状况
	第三单元 第16课	明朝的科技、建筑与文学	《天工开物》记载了农业和手工业各部门的生产技术，包括谷类和棉麻作物栽培、……	介绍校内黄道婆陈列室并组织实地考察

教材年级	教材单元	单元内容	具　体　内　容	拓展相关内容
人教版 第二册 七年级	第三单元 第19课	清朝前期社会经济的发展	清朝前期，棉花、甘蔗等作物的种植面积不断扩大。丝织业、棉织业等手工业都有很大的发展。当时已出现了比较成熟的手工业工场，其中有些颇具规模，如江宁著名的机户李扁担、李东阳等，佛山镇经营棉织业的手工工场达2 500家，织工超过5 0000人	介绍黄道婆棉纺织的部分代表性成果
人教版 第三册 八年级	第二单元 第4课	洋务运动	洋务派又提出“求富”的主张，开办一些近代民用企业，比较重要的有湖北织布局等	介绍近代中国传统棉纺织业发展所受到的冲击 相关史事： 荣宗敬和荣德生兄弟利用第一次世界大战期间的“短暂的春天”，建立起以纺织业和面粉业为主的庞大家族企业。九一八事变后，日本的棉纱也在华大量倾销，荣氏企业陷入困境。当它历经艰险渡过难关后不久，又遭到日本侵华战火的洗劫，企业遭受重创，荣宗敬忧愤而死。抗战胜利后，荣氏企业虽然有所恢复，但国民党发动的内战再次使它陷入生存危机
	第八单元 第25课	近代经济、社会生活与教育文化事业的发展	状元实业家张謇主动放弃高官厚禄，毅然回到家乡江苏南通创办大生纱厂，带动了很多中国人走上“实业救国”道路。第一次世界大战期间，中国民族工业获得了迅速发展的良机，出现了短暂的春天，其中发展最快的是纺织业和面粉业	
人教版 第四册 八年级	第三单元 第11课	为实现中国梦而努力奋斗	“一带一路”，即“丝绸之路经济带”和“21世纪海上丝绸之路”。它涉及60多个国家和地区，东牵亚太经济圈，西接欧洲经济圈，穿越非洲，环连亚欧	组织学生去校外黄道婆纪念馆考察
	第六单元 第19课	社会生活的变迁	日常生活的变化： 改革开放前，经济发展水平较低，不能满足人们生活需要，人们买衣服要凭布票，不仅数量有限，色彩和样式也很单调。改革开放后，随着经济的快速发展和思想观念的解放，人们的衣着变得丰富多彩起来。服饰已经不仅仅是满足御寒等需要的工具，更是人们显示风度、展示个性的方式	组织学生在校内体验扎染的魅力

（练国伟）

附件3

“衣被天下——黄道婆”课程与英语课程相关内容梳理

教材年级	教材单元	单元内容	具体内容	与黄道婆拓展相关内容
3A	Module 4 Unit 3	Plants	Plant, Leaves, branch, trunk, roots, flower, seeds	棉花作为经济植物，可通过英语句型的路径进行了解
			Look at the plant. It has ...It is ... They are ... The seeds are ... It’s rainy. The seeds are...It’s sunny. The seeds feel...	
			What season is it? It’s ... We can ...	
5B	Module 1 Unit 2	Watch it grow	This is ... It is ... It has... It likes ...	黄道婆引进棉花及棉花的生长过程
5B	Module 3 Unit 3	Changes	Many years ago, ... Today	黄道婆革新纺车及纺车演变的过程 ➢ 手摇纺车 ➢ 三锭纺车
	Module 4 Unit 1	Museums	Science museum, art museum, history museum, insect museum, car museum, railway museum, Huang Daopo Showroom Huang Daopo Memorial	介绍校内黄道婆陈列室和校外黄道婆纪念馆并可组织实地考察 ➢ 黄道婆陈列室 ➢ 黄道婆纪念馆
6B	Module 3 Unit 10	Forests and land	Cotton	介绍棉纺织的知识 ➢ 纺线 ➢ 锭子 ➢ 棉纺 ➢ 棉纺织品 ➢ 棉纺织业
			We get cotton from plants. We can use cotton to make clothes. How does ... feel? It’s .... What is it made of? It’s made of cotton.	
7B	Module 1 Unit 4	Let’s go shopping	The shirt with the long/short sleeves The dress with the blue/red spots The sweater with the V-neck/ round neck The trousers with the checks/stripes	与黄道婆织布、制作服装联系
9A	Module 1 Unit 2	Traditional skills	Traditional, skill	乌泥泾黄道婆棉纺织技艺作为传统技艺已列入国家级非物质文化遗产

（练国伟　杨秋芸）

“心灵表达的艺术”课程方案

一、课程背景

表达性艺术治疗(Expressive Arts Therapy)是一种心理疗法,它将创造性艺术、意象、艺术仪式和创作过程引入心理治疗,通过创造性的表达技术激起个体或团体的创作欲望,借助各种艺术媒材帮助学生抒发情绪,重整过去经验,解决自身面临的问题等,从而治愈心理疾病,促进学习成长。

园南中学是一所初中,学生因步入青春期而渐具独立自主意识,不愿向外人袒露心声,很多学生对心理困扰避而不谈。“心灵表达的艺术”课程将表达性艺术治疗与心理课堂相结合,借助艺术的媒材帮助学生表达内心的思绪、情绪、感受和经验等,可以给学生一种安全的环境,让其正视自我,获得成长感悟,缓解心理困扰。

二、课程目标

1. 了解美术语言及其表达方式和方法,运用多种艺术表达形式来进行自我表达;

2. 学生在创作艺术的过程中通过体验、思考、整理、重构抒发情绪、认识自我、探索兴趣,激发创意,缓解心理困扰;

3. 通过学生之间的互动、回馈,形成自愈、互助的积极心理场,提升人际交往能力;

4. 学习美术欣赏和评述的方法,提高审美能力,提高对学习的兴趣,形成基本的美术素养。

三、课程对象及指导教师

活动对象：七年级学生。

主要指导教师：心理教师、美术教师。

辅助指导教师：语文教师、劳技教师。

四、课程内容

（一）人际交往

活动1：色彩拼图分组游戏

活动目的：通过游戏的方式组成小组；在活动中，通过人际互动，提升人际交往能力，增强团队凝聚力。

活动准备：根据所需小组数准备不同颜色的A4卡纸若干（如需要分成五组就准备五张卡纸），根据每组人数将卡纸剪成不同形状的碎片（如每组五人就剪成五片），使碎片能重新组合成一张完整的A4卡纸。

活动过程：每位学生在纸盒中任意挑选一张卡纸碎片（每张卡纸或颜色不同，或形状不同），找到同色卡纸的同学组成一组，并完成拼图任务，利用每人一张的卡纸碎片拼出一张完整的A4卡纸。

活动2：涂鸦绘画

活动目的：从绘画中感受乐趣，提高学习的兴趣；通过涂鸦了解自己，增强自我觉察能力。

活动准备：A4纸若干张，彩笔或彩色粉笔若干。

活动过程：学生使用粉笔或彩笔在A4纸上画线条，不用过多思考，只要流水似地随意画出一条连绵的线条。老师指导学生从不同角度观察线条，想象线条像什么，再指导学生把这个具体的意象清楚地加以修正并描绘出来。教师邀请学生向全班展示和介绍作品。学生可对这些作品表达感受和个人见解。

活动3：交替画线条

活动目的：通过组员之间非语言信息的表达和识别，提高非语言信息的表达和理解的能力，增进与组员之间的了解和沟通，提升人际交往能力。

活动准备：A4纸若干张，彩笔或彩色粉笔若干。

活动过程：与涂鸦绘画类似，学生先在纸上随意画出一条连绵的线条，然后把纸交给同伴。同伴从对方画的线条中找出某个具象来，加以修正和描绘，完成图画，返还作品时询问对方“是这样吗？”双方对完成的图画和自己理想中的图画进行沟通交流。然后交换角色，换一位同学开始描绘线条。

（二）了解自我

活动1：美丽心情瓶

活动目的：通过创作沙艺瓶表达内心情绪，了解自己的情绪特征，体验放松和喜悦的情绪。

活动准备：彩色粉笔若干，盐一斤。

活动过程：教师介绍美丽心情瓶的制作方法。学生以小组为单位分工合作制作彩沙，选择自己喜欢的色彩，按自己喜欢的方式将沙分层装入心情瓶中，完成极具个性、独一无二的美丽心情瓶。教师邀请学生向全班展示和介绍作品，同学可对该作品表达感受和个人见解。

活动2：“我的优势小书”制作

活动目的：充分认识和了解自己的优势，树立自信心，增强面对压力的勇气。

活动准备：A4纸、剪刀、彩笔若干。

活动过程：由美术老师示范“我的优势小书”的制作方法。每位同学通过对A4纸的简单折叠裁剪，制作属于自己的作品。心理老师介绍人类的24项优势之后，学生进行创作。制作要求如下：

第1页：封面，写上“我的优势小书”和班级、姓名，可自行设计版面；

第2页：自我介绍，可以用文字，也可以用自画像；

第3页—第7页：写特长及优势内容，可一页写一个特长及优势；

第8页：写上自己的目标与愿望。

完成之后，教师邀请学生在全班进行展示。

活动3：剪贴画

活动目的：通过拼贴画创作，把未来理想的自我和生活变得具象化、可视化。

活动准备：旧杂志、旧报纸、彩纸、剪刀、胶水等工具。

活动过程：学生从杂志、报纸中选择有感觉的图片剪下来作为素材，配以各色彩纸，重新剪裁、黏贴，制作以“我的梦想”为主题的心理拼贴画作品。在小组内分享自己制作过程中的困难、收获、感受。学生共同挑选小组内最有表现力的一幅作品在全班进行展示与分享。

（三）创意表达

活动1：故事续编

活动目的：觉察个体可以选择对待事物的不同方式，不同的态度和做法会影响事情发展的方向。提高创新意识。

活动准备：课件、书写用纸。

活动过程：教师朗读《海贝的故事》，学生编写故事的后续。教师请部分学生分享自己续写的故事。通过提问、讨论和分享，引导学生思考自己在生活中对待挫折和困难的心态，以及不同的心态对事情发展的影响。

活动2：交替描绘编故事

活动目的：通过交替描绘编故事，促进自我觉察和对他人的理解。

活动准备：在A4纸上画一条横线和两条竖线，把纸平均分为六个格子。备好铅笔、水笔、彩笔。

活动过程：学生两两组合，双方猜拳，决定先后顺序。赢的一方先随意挑选一个方格涂鸦。然后另一方仔细观察画出来的线条像什么，用彩笔涂上颜色，描绘出具体的形状。双方来回操作，直至将其余方格填满。双方根据所绘的方格图分别编成一个故事，互相分享。老师挑选几组同学在全班进行分享。

活动3：心理剧创编

活动目的：综合运用表达性艺术方法完成心理剧剧本创作和表演，增强团队分工和协作能力，减轻心理困扰，提高艺术欣赏能力。

活动准备：心理剧视频参考样片。

活动过程：小组成员探讨学习生活中最让人困扰的问题，并选择其中一个问题完成剧本创作和表演。各组在全班表演心理剧，通过自评和互评进行综合评价。

五、评价方式

本课程采取多样的评价方法，综合自评、互评和教师评定，重视过程性的评价，从学生的学习表现、学习能力、自我成长和团队合作各个方面进行评价，鼓励学生通过活动充分表现自己。

学生个人最终成绩=30%自评+30%互评+40%教师评价。

“心灵表达的艺术”学生、教师活动评价表

<table>
<tr><th colspan="2" rowspan="2">指　　标</th><th rowspan="2">内　　容</th><th colspan="4">评　　价</th></tr>
<tr><th>优</th><th>良</th><th>合格</th><th>须努力</th></tr>
<tr><td rowspan="2">学习表现</td><td>自主参与</td><td>积极参与课堂活动，认真完成各项任务，有真实的体验与感悟</td><td></td><td></td><td></td><td></td></tr>
<tr><td>讨论交流</td><td>在展示与交流环节积极发言，同时认真聆听同学发言，适时给予他人鼓励和支持</td><td></td><td></td><td></td><td></td></tr>
<tr><td rowspan="4">学习能力</td><td rowspan="2">表达</td><td>能用语言真实表达自身感受、观点和看法，能对他人作品提出较中肯的个人见解</td><td></td><td></td><td></td><td></td></tr>
<tr><td>能创造性地使用艺术手段将自身的情绪、感受、想法等明确地表达出来，并让他人理解和体会</td><td></td><td></td><td></td><td></td></tr>
<tr><td rowspan="2">觉察</td><td>在活动中，不断增进对自身情绪、性格、价值观等内心活动的觉察</td><td></td><td></td><td></td><td></td></tr>
<tr><td>增进对他内心活动的觉察，能理解他人的情绪、性格和价值观</td><td></td><td></td><td></td><td></td></tr>
<tr><td rowspan="5">自我成长</td><td>自我意识</td><td>正确认识自我，提高自主自助能力</td><td></td><td></td><td></td><td></td></tr>
<tr><td>情绪调控</td><td>能调控情绪能力、承受挫折能力</td><td></td><td></td><td></td><td></td></tr>
<tr><td>人际交往</td><td>提高人际沟通能力，学会尊重他人的不同观点，主动与他人合作、沟通</td><td></td><td></td><td></td><td></td></tr>
<tr><td>潜力开发</td><td>探索兴趣，以积极的眼光看待自身发展</td><td></td><td></td><td></td><td></td></tr>
<tr><td>健全人格</td><td>形成良好的、积极的个性心理品质</td><td></td><td></td><td></td><td></td></tr>
</table>

续 表

指标		内容	评价			
			优	良	合格	须努力
团队合作	团队组建	在团队形成的初期，成员能主动自我介绍、相互了解，形成良好的团队氛围				
	分工合理	成员明确自己在团队中的角色和任务，能积极主动地完成个人任务				
	团队成果	团队有一定凝聚力，能合作创作较完善的作品				
艺术能力	艺术表达	了解美术语言及其表达方式和方法				
		运用各种工具、媒材进行创作，表达情感与思想				
	艺术欣赏	学习美术欣赏和评述的方法，提高审美能力				

（李琛珏）

附件

美术教材相关课题及目标

美术课程目标

学生以个人或集体合作的方式参与美术活动，激发创意，了解美术语言及其表达方式和方法；运用各种工具、媒材进行创作，表达情感与思想，改善环境与生活；学习美术欣赏和评述的方法，提高审美能力，了解美术对文化生活的独特作用。学生在美术学习过程中，丰富视觉、触觉和审美经验，获得对美术学习的持久兴趣，形成基本的美术素养。

课题：三年级第一学期 《彩色的玻璃纸》

教学目标：通过了解几何图形的特性，学习用对称剪纸的方法结合玻璃纸的拼贴进行装饰画创作。通过欣赏和观察生活中的几何物品，学习各种对称形，并对材料进行简单的粘贴，创作各自喜欢图案。体验彩色的世界，感受尝试、创作带来的成功喜悦。

课题：四年级第一学期 《对称的美》

教学目标：了解对称知识，掌握镜面对称、平移对称及旋转对称的特征，并能区分各种对称图例。表现出不同形式的对称，并尽量展现特有的秩序美感。将感受到的对称美、秩序美延伸到生活学习中。

课题：四年级第二学期 《黑与白》

教学目标：欣赏黑与白图形，激发创作的灵感。掌握黑与白图形的创作灵感。用学过的图形来表现不同的画面效果。

课题：五年级第一学期 《有透视的画面》

教学目标：掌握绘画中基本透视理论知识，了解绘画基础知识中透视的重要性并基本掌握绘画中的透视原理，为绘画及设计奠定基础。

课题：五年级第二学期 《纹样的诞生》

教学目标：了解标识的作用和特点，运用美纹纸和炫彩棒绘制一枚动物标识。

过程与方法：在欣赏、观察、比较、探讨等过程中，抓住动物特征，学会用多种材料设计与绘制标识的方法。情感态度与价值观：体验标识设计的乐趣，感受标识的简洁美和功能性。

课题：六年级第一学期 《体会线的韵律》

教学目标：欣赏以线为主的造型作品，了解线不仅能够造型，其本身还有着丰富的表现力及韵律。了解线的平面与立体构成，运用“线构成”表现植物速写。

课题：六年级第二学期 《记录色彩》

教学目标：学习色彩创作，运用已学的色彩知识，画静物写生。训练对色彩的观察能力及调色、着色能力，培养审美和创造美的能力。

课题：七年级第二学期 《用明暗塑造立体》

教学目标：通过观察、分析、比较，初步掌握物体的明暗发现方法。运用不同的明暗色调表现技能，尝试创造出有立体感的素描作品。能初步运用明暗表现方法去观察、分析、描绘对象的立体感。

课题：七年级第二学期 《凝练的视觉符号》

教学目标：了解标志的意义、特点、构成要素及表现形式等基本知识。培养学生的设计力，提高创新思维和发散思维能力。激发美化生活的愿望，体验设计活动的乐趣。

（石峻丞）

“欣云社团棉田种植”活动方案

一、活动背景

中国传统纺织技艺历史悠久，园南中学作为首批上海市中华优秀传统文化研习暨非遗进校园十佳传习基地，自2008年以来，一直积极开展“乌泥泾（黄道婆）手工棉纺织技艺”国家级非遗项目的传承活动。欣云社团的成立，将棉纺文化从原有的纺织、扎染拓展到了棉田种植、自然笔记等更大的范围。

欣云社团及其棉田种植活动是我校“半畦棉田”项目的一个重要内容。社团立足于中华五千年的耕织底蕴，以二十四节气为时间点，通过在校园内开辟“半畦棉田”，结合人文、自然、艺术、科学等跨学科的实践和探索，让学生全面了解棉花的历史故事，传播人地关系的协调，弘扬科学精神，培养学生筛选信息、整合学科知识的能力，提升综合能力及创新精神，以此进一步促进本校师生传承并弘扬黄道婆改革创新的能力、乡土情愫与无私奉献的精神。

二、活动目的

1. 能够通过查阅语文教科书，梳理出与农耕有关的诗歌和文章；

2. 能够通过查阅历史书籍，说出棉花进入我国的历史过程；

3. 能够欣赏自然之美，通过观察，撰写准确生动的记录；

4. 能够通过列表的方式记录棉花的高度，并能依据记录的数据绘制棉花生长曲线图；

5. 能够通过观察棉花生长曲线图，分析棉花在不同时节的生长速度，总结出棉花的生长规律；

6. 能够通过所学的测定酸碱度的相关知识，测定棉花生长所需的土壤pH值；

7. 能够通过查阅英语教科书，梳理出与棉花有关的英语词汇或短语；

8. 能够运用所学的黑白灰知识，科学规范地绘制黑白植物自然笔记；

9. 能够按照棉花的生长规律，制定科学的种植计划并开展活动，做到分工合理，组织有序；

10. 能够撰写简单的总结材料；养成严谨求实的科学态度和团结协作、友爱互助的作风；养成关注周围生物环境的习惯，提升社会责任感。

三、活动对象及指导教师

活动对象：六年级部分学生。

社员们以自愿为原则，参考特长，由热爱植物观察、种植，在绘画、写作、演讲等方面有兴趣的学生组成，分成多个小组开展社团活动。

主要指导教师：生命科学教师。

辅助指导教师：语文教师、数学教师、英语教师、地理教师、化学教师、美术教师、历史教师等。

四、活动过程

（一）活动准备

1. 在六年级学生中展开社员征集活动，进行社团组建的初期准备；

2. 在社团成员中征集社团名称以及社团标志，增强成员们的主人翁意识和荣誉感。广泛征集，全员讨论，综合考虑代表意义和美观因素，最终选出代表社团棉田特色的标志。

（二）社团成立

社团成员讨论，完成分组活动，按照各自的兴趣、特长等组成不同的小组，选出负责的组长和社长，明确社团活动时间、每位成员的职责和在社团内的分工任务等，保证社团活动的正常进行。

（三）制定社团方案

社团全体成员通过讨论，制定社团活动章程，以此约束和规范社团活动的规范性和有效性，保证活动的正常开展。

欣云社团活动章程

1. 本社团在校少先队大队部的领导和指导下独立自主地开展活动，是由一群热爱自然、热爱植物的同学们自愿结合在一起，进行棉花种植、观察、记录等活动，是一个自我教育、自我管理、自我服务的群众性团体。

2. 本社团的宗旨是把同学们组织起来，在“半畦棉田”中有领导、有计划、有成效地开展第二课堂活动，以扩大知识面，丰富课外生活，培养对于棉花乃至植物的兴趣，锻炼组织活动能力，为同学们素质的全面培养和成材创造良好的条件，更好地推动校园文化建设。

3. 本社团应坚持“团结协作，携手并进”的原则，包括社团之间的团结及与校园学生的协作，互相取长补短，密切配合。

4. 本社团活动要有利于学生综合素质的提高，有利于学校精神文明建设，有利于服务社会的要求。

5. 自觉遵守校纪校规，依据章程，独立自主，有创造性地开展丰富多彩的棉田活动。

（四）自然笔记培训

组织社团成员开展自然笔记培训活动，初步了解自然笔记。

社团邀请上海植物园的专家、学校美术老师、语文老师等对社团成员展开专业的培训活动，从生物学观察、绘制自然笔记、记录所见所闻等不同角度进行讲解。社团成员们通过培训，了解自然笔记的形式、要素等多方面的内容。通过图片观察、PPT讲解、实地演练等多种形式的活动，社员们从理论到实际了解自然笔记活动。

（五）分组活动

社团每个小组的成员开展棉田系列活动，分别开展棉田种植活动和自然笔记活动。

1. 棉田种植活动

社团成员体验棉花种子播种和棉花幼苗移栽的不同过程，通过定期的观察、除草、施肥、除虫等过程，了解棉花的生长过程，培养对于植物的兴趣和观察能力；在观察中比对种子播种和幼苗移栽的生长情况，了解两种不同栽培方式对于棉花（植物）生长的影响；通过对土壤pH值的持续测定，了解在棉花生长过程中适合的土壤pH值，思考如何为棉花生长提供更加适宜的条件，培养社团成员们的科学探索能力。

十月，在寒露节气中迎来花样年华丰收节，社团成员们走进棉田，摘下自己亲手种下的棉花，将学习从课堂延伸到自然，体验在传承中创新的内心愉悦。

在棉田种植过程中，联系数学、英语、化学、生命科学、地理、历史等学科开展跨学科活动。数学老师指导社团成员测量并记录棉花植株的高度，计算每周或每月的生长高度，并绘制相应曲线加以呈现；英语老师向社团成员们普及棉花、棉田的相关英语单词或知识；化学老师组织社团成员对棉田土壤pH值等数据进行测定，研究上海土壤的酸碱度是否适宜棉花种植，思考若土壤受环境污染等影响，如何解决土壤酸碱失衡的问题；生命科学老师介绍棉花和常见植物的生长过程以及植物形态结构，和学生一起研究常见的棉田幼虫及解决办法；地理老师介绍适合棉花生长的气候条件；历史老师帮助社团成员们了解棉花在我国历史上的发展和重要性。

评价：详见评价表一。

评价表一

指　标	内　　容	学生自评	小组互评	教师评价
活动态度	能认真参加棉田种植活动			
	能完成自己在小组里的分工			
	乐于与他人合作			
	遇到困难时积极应对			
技能与方法	掌握棉田种植的技能和注意事项			
	能用正确的方法完成棉田种植活动			
知识与能力	能积极参与讨论			
	从具体的棉田实践活动中，掌握棉花的生长规律			
	善于表达自己的观点			

（评价等第为优、良、合格、须努力）

2. 自然笔记活动

社团成员在棉花生长期间，通过自然笔记的形式观察、记录棉花每个时期的变化，并留下自己的感悟。在这与一草一木交流的过程中，社团成员们慢慢感悟到生命的伟大和坚强。

在多次观察实践中，社员们不仅着眼于棉花幼苗的观察，还注意观察棉田里的其他植物、昆虫等，试着去了解棉花生长的环境。在自然笔记的记录过程中，逐渐着眼于细节，添加上自己的想法和感悟，将艺术与科学相融合。

在自然笔记培训以及后期实践的过程中，与语文、生命科学、美术等学科进行融合。邀请语文老师针对观察、描述、语言润色进行培训，并组织社团成员们查找、了解棉花有关的诗词；邀请生命科学老师对棉花的植物学概念进行讲授，在绘制、记录的过程中保证内容的科学性和准确性；邀请美术老师对绘画过程中植物特点的展现和把握进行训练，对棉花叶片、花、棉铃等代表性阶段可以留下有特色的记录。

评价：详见评价表二。

评价表二

指　标	内　　容	学生自评	小组互评	教师评价
数据统计能力	能用列表方式准确、清晰记录棉花生长高度			
	能根据棉花生长数据准确绘制曲线图			
	能从图表中正确获取各种有用信息			
文字表达能力	主题鲜明，抓住棉花的生长特征，围绕不同时期的棉花特点进行描写			
	讲究结构安排，描述的语言条理分明、详略得当			
	描述记录的过程中注意语言艺术，文字确切生动			
观察分析能力	学会观察，能用自然笔记概述植物的基本特征			
	能简单分析棉花的形态结构及其对生活环境的适应性			
	能概述棉花与人类的关系，形成人和自然和谐发展的责任意识			

续　表

指　标	内　　容	学生自评	小组互评	教师评价
艺术设计能力	能提取棉花最具特征的图形与线条，并通过适当变化后合理运用到自然笔记的设计中，体现棉花的季节性变化特征			
	能表现出棉花的形态，画面有主次关系，有层次感			
	自然笔记设计美观、独特、有创意			

（评价等第为优、良、合格、须努力）

（六）交流展示活动

每周分小组开展观察、自然笔记记录活动后，社团活动从室外延续到室内，针对在棉田中观察到的情况、需要注意的事项、观察到的趣事、自己的感想等各方面的内容进行交流，并通过自然笔记的方式进行展示，互相学习，加强小组之间的合作和交流，提高团队合作的能力。

同时，邀请语文老师对社团成员的文字表述、语言表达等进行进一步的指导，提升成员的表达能力；邀请劳动技术老师带领社团成员将收获的棉花做成可以留存的纪念品，开展“棉花创意DIY”活动，进行作品展示，让社团活动的影响得以延续。

评价：详见评价表三。

评价表三

指　标	内　　容	学生自评	小组互评	教师评价
汇报内容	内容能紧紧围绕小组汇报的主题，描述观察到的棉花生长过程，观点正确，见解独到，内容充实具体			
	结构严谨，角度新颖			
	文字简洁流畅，有较强的思想性，真实展现在棉田种植、自然笔记等活动过程中的所思所想			

续 表

指 标	内 容	学生自评	小组互评	教师评价
语言表达	语言规范,吐字清晰,声音洪亮			
	表达准确、流畅、自然			
	语速恰当,能熟练表达所汇报的内容			
形象风度	汇报过程中精神饱满			
	汇报中能恰当运用动作、手势、表情等进行辅助表达			
综合印象	举止自然得体,有一定的艺术感染力			
艺术素养	作品主题鲜明,形象美观			
	作品创意新颖			
	完成作品的过程中,体现小组合作			
	完成作品后保持环境卫生			

(评价等第为优、良、合格、须努力)

五、活动时间安排

四月,社团成立;

四月底之前,完成棉籽播种以及幼苗移栽;

五月,关注棉花幼苗的虫害问题,及时进行处理;

五月至六月,将多余的幼苗掐去,保证剩余幼苗的生长;

五月至七月,持续关注虫害问题,并及时处理;

八月,关注棉花开放,条件许可的情况下及时进行记录;

九月至十月,观察棉铃结出的过程,进行观察记录;

九月至十月,进行棉铃采摘的丰收活动;采摘棉铃后开展棉花脱籽活动,将棉花及时进行处理保存。

六、活动注意事项

1. 社团活动期间注意成员们的安全;

2. 社团成员服从社团安排,小组团结合作;

3. 社团成员如有事缺席社团活动及时向指导老师请假;

4. 活动期间,及时总结交流。

七、活动评价

(一) 阶段性评价

每周小组的观察、记录、交流分享活动后,小组之间及时进行互相评价,指导老师对于交流的内容以及自然笔记的记录情况给予及时的评价和指导,根据实际情况调整观察和记录的侧重点,保证社团活动的有效性以及社员成员活动的积极性。

(二) 总结性评价

在棉田活动进入丰收期后,综合各位社团成员在活动中的参与情况和表现情况,结合评价表一、二、三的评价情况,评选出“种植小能手”“记录小专家”“展示小达人”等奖项,鼓励社团成员积极、主动参与社团活动。

八、活动反思

社团作为学校校园文化的重要组成部分,让我们的校园生活变得更加丰富多彩。社团需要通过开展一系列的活动,来营造良好的社团氛围。每一位社团成员需要增强自己的主人翁意识,培养集体荣誉感,共同来维护社团的成长。

在未来的社团活动中,社团活动机制还需要不断创新,通过完善社团管理制度、细化社团评价机制、落实社团激励机制,让社团活动的开展和评价有章可依。

经由自然笔记,希望社团的成员们可以在和草木虫鱼的“交流”中,享受大自然中不一样的乐趣,用身体和心灵的全部去亲近自然世界,感受、记录那些在照片中难以言传的生趣。

(张行云)

附件1

小学、初中统计图知识点汇总

知识点	课程章节	教 学 目 标	重点、难点
折线统计图的认识	四年级第二学期 第三单元	1. 初步认识单式折线统计图，知道折线统计图的特点； 2. 能从单式折线统计图中提取信息	从单式折线统计图中提取信息
折线统计图的绘制	四年级第二学期 第三单元	1. 学生能根据实际情况，选择合适的统计图； 2. 能利用方格纸绘制统计图	根据信息绘制折线统计图
条形统计图	3.5 百分比的应用（2）	1. 通过观察统计图，得到有用信息； 2. 在统计图形中体会数形结合思想，借助开放性问题，初步感受数学中的分类思想，发散性思维能力得以提高； 3. 关注生活、关注生产，感受数学在实际生活中的应用	运用百分率的知识解决统计问题
扇形统计图	4.4 扇形的面积（2）	1. 认识扇形统计图，会利用扇形统计图中的信息解决问题； 2. 了解扇形统计图的作法；初步渗透数形结合的数学思想方法	作扇形统计图
数据整理与表示	28.1 数据整理与表示	1. 知道条形图、折线图、扇形图各自的优势； 2. 会用表格和条形图、折线图、扇形图整理与表示数据； 3. 会从图表中正确获取各种有用信息，解决实际问题	从图表中正确获取各种有用信息
统计的意义	28.2 统计的意义	1. 掌握统计的意义及其相关概念； 2. 会用普查与抽样的方法对某件事物进行考察，对数据进行整理	统计的相关概念
频数分布直方图	28.5 表示一组数据分布的量(1)	1. 理解平均数的概念，知道平均数的三个公式； 2. 会正确选择平均数的公式进行计算，掌握用计算器计算平均数的方法	频数分布直方图的绘制，频数分布直方图中有关信息的获取

续 表

知识点	课程章节	教 学 目 标	重点、难点
频率分布直方图	28.5 表示一组数据分布的量(2)	1. 知道频率的定义，学会绘制频率分布表； 2. 通过问题讨论引入“组频率”概念，学会绘制频率分布直方图并从图中获取有关信息； 3. 知道频数与频率、频数分布直方图与频率分布直方图的区别与联系	频率分布直方图的绘制，频数与频率、频数直方图与频率直方图的区别与联系

（夏 菁、顾之豪）

附件2

历史上的棉花

一、棉花的传入

棉花原产在外国，所以中国早先没有棉花，当然也没有“棉花”一词。这是因为最早中国人的衣着原料主要是丝和麻。丝的织品称为“帛”，麻的织品称为“布”。皇家贵族着衣多为帛，平民百姓穿衣多为布。“绵”字或“緜”字均指蚕所产的丝绵，并非今日棉花所产之棉。

棉花传入我国，大约有3条不同的途径。根据植物区系结合历史史料分析，一般认为棉花是由南北两路向中原传播的。南路最早是印度的亚洲棉，经东南亚传入海南岛和两广地区，据史料记载，至少在秦汉时期，之后传入福建、广东、四川等地区。第二条途径是由印度经缅甸传入云南，时间大约在秦汉时期。第三条途径是非洲棉经西亚传入新疆、河西走廊一带（也就是通过西汉时开辟的丝绸之路），时间大约在南北朝时期。北路即古籍“西域”。宋元之际，棉花传播到长江和黄河流域广大地区。到13世纪，北路棉花已传到陕西渭水流域。

由于非洲棉和亚洲棉质量不好，产量也低，所以到了清末，我国又陆续从美国引进了陆地棉良种。现在我国种植的全是各国陆地棉及其变种。

二、文献记载与历史文物中的棉花

历史文献和出土文物证明，中国边疆地区各族人民对棉花的种植和利用远比中原地区早，直到汉代，中原地区的棉纺织品还比较稀奇珍贵。在中国的汉代，棉花作为一种稀少的原料，其制成的纺织品相当珍贵。有史料记载，汉代皇帝登基时穿着的衣服就是棉布制成的，而非在中原使用更普遍的丝绸。当时棉织品只在王公贵族之间流行，平民百姓很少见到这种材质。唐宋时期，棉花开始向中原移植。目前中原地区所见到的最早的棉纺织品遗物是1966年浙江兰溪县南宋古墓中出土的一条随葬棉毯。这说明江南地区不仅能织布，而且还能织毯，反映了棉纺织业的新发展。

也就是从这时期起，棉布逐渐替代丝绸和麻布，成为我国人民主要的服饰材料。宋元年间，棉花在长江流域、黄河流域一带迅速发展，棉花在社会生活中越来越重要。在这期间，南宋袁文撰的《甕牖闲评》（公元1190年）中有一段记述："木绵只合作此绵字，今字书又出一棉花，为木绵也。"这表明"棉"字在当时是一个新字，系将"木绵"两字合在一起去其"系"而成，其意指木绵，但比木绵简练，且与蚕产的"绵"区分开了。元代初年，政府还设立了木棉提举司，大规模向民间征收棉布实物，每年多达10万匹，后来又把棉布作为夏税（布、绢、丝、棉）之首，可见棉布已成为主要的纺织衣料。元以后的统治者都极力征收棉花棉布，出版植棉技术书籍，劝民植棉。从明代宋应星的《天工开物》中所记载的"棉布寸土皆有"和"织机十室必有"可知，当时植棉和棉纺织已遍布全国。

从棉花的引进到棉字的出现，其间经过了漫长的历史演变过程。它反映了棉花生产的发展以及在人们生活和交换流通、信息传递方面的需要。虽然宋代已有"棉"字，但"棉"与"绵"还有个长期共存的过程。直到明代，"棉"字还不及"绵"字流行。许多地方绵既作"丝绵"之意，又作"绵花"或"木绵"之用。然而，"棉"字较木绵确有书写简便、含义准确的优点，自清代以来终于取代了"绵"字或"木绵"。无论在上层社会或平民百姓中，"棉"或"棉花"已成为广泛认同的流通用词。

（刘晓莺）

附件3

棉纺系列课程与义务教育阶段英语课程相关内容梳理

教材年级	教材单元	单元内容	具体内容	拓展相关内容
3A	Module 4 Unit 3	Plants	plant, leaves, branch, trunk, roots, flower, seeds	补充棉花的相关知识
			Look at the plant. It has ...It is ... They are ... The seeds are ... It's rainy. The seeds are...It's sunny. The seeds feel...	
	Module 3 Unit 3	Seasons	spring, summer, autumn, winter	介绍棉花适合播种的季节，及在不同季节的变化 Sow seeds in spring 春天播种 Water plants in summer 夏天浇水 Pick the flowers in autumn 秋天采摘
			What season is it? It's ... We can ...	
5B	Module 1 Unit 2	Watch it grow	This is ... It is ... It has... It likes ...	介绍棉花生长过程的变化
6B	Module 3 Unit 10	Forests and land	cotton	补充棉花的用途，介绍利用棉花变成线的纺织过程。 spin 纺线　spindle 锭子 cotton spinning 棉纺 cotton textiles 棉纺织品 cotton industry 棉纺织业
			We get cotton from plants. We can use cotton to make clothes. How does ... feel? It's .... What is it made of? It's made of cotton.	
7B	Module 1 Unit 4	Let's go shopping	The shirt with the long/short sleeves The dress with the blue/red spots The sweater with the V-neck/round neck The trousers with the checks/stripes	介绍黄道婆织布而成的衣服款式 Cotton-padded clothes 棉衣

（杨秋芸）

附件4

二十四节气课程与部编版语文课程相关内容梳理

教材年级	课文题目	棉花(农业种植)	教 学 指 导
二年级	《四季田园歌》(第一学期)	春季里,春风吹,花开草长蝴蝶飞。麦苗儿多嫩,桑叶儿正肥。 夏季里,农事忙,采了蚕桑又插秧。早起勤耕作,归来戴月光。 秋季里,稻上场,谷像黄金粒粒香。身体虽辛苦,心里喜洋洋。 冬季里,雪初晴,新制棉衣暖又轻。一年农事了,大家笑盈盈	1.《田家四季歌》一课以简练的笔墨勾勒了四幅田园四季的风景画,重点是在介绍农事,让学生了解农民在四个季节里的主要农事活动; 2. 在教学过程中,可以让学生自行选择喜欢的季节,并说一说它的特点,以此激发学生的兴趣
	《二十四节气歌》(第二学期)	春雨惊春清谷天,夏满芒夏暑相连,秋处露秋寒霜降,冬雪雪冬小大寒	1. 熟背二十四节气歌; 2. 了解每个节气和农业的关系
四年级	《四时田园杂兴》	梅子金黄杏子肥,麦花雪白菜花稀。日长篱落无人过,惟有蜻蜓蛱蝶飞	体会诗词的内容,体会诗人热爱劳动人民的思想感情,领会诗歌的意境
六年级	《夏天里的成长》	俗话说:"不热不长,不热不大。" 北方农家的谚语说:"六月六,看谷秀。" 又说:"处暑不出头,割谷喂老牛。"	1. 了解每句谚语所对应的节气。 2. 了解"不热不长,不热不大。""六月六,看谷秀。""处暑不出头,割谷喂老牛。" 3. 农作物的种植时间
八年级	《大自然的语言》	布谷鸟开始唱歌,劳动人民懂得它在唱什么:"阿公阿婆,割麦插禾。"	学会在生活中运用物候知识,激发学生热爱自然进而认识和了解自然的热情

(叶　楠)

附件5

“测定溶液的酸碱性”课例分析

一、课例背景

“测定溶液的酸碱性”一课的教学对象为八年级第一学期的学生，因此本课程对相关教材内容进行了重组。整合了七年级科学第一册中第八章“身边的溶液”和九年级化学第一册中第三章“溶液的酸碱性”。七年级科学已经要求学生初步了解溶液的酸碱性，知道用酸碱指示剂判断溶液的酸碱性，pH值的大小能反映溶液酸碱性的强弱的基础上，提前引入了九年级化学中用石蕊、酚酞、pH试纸测试溶液酸碱性的基本实验操作方法，理解pH值的范围和溶液的酸碱性关系。

二、课例描述

1. 教学思路与设计

本课例的设计思路是让学生从“酸味”和“涩味”生活体验入手，激发学生探究溶液酸碱性的愿望。根据学生现有的知识库，分组实验操作以检验试剂瓶中溶液的酸碱性，并获得石蕊、酚酞的变色规律。将实验与化学史实相结合，并探索从紫甘蓝中制备酸碱指示剂，以拓展学生的知识视野，并为课外实践活动提供素材。但这些酸碱指示剂不能告诉我们溶液酸碱性强弱，这将再次激发学生对继续学习的兴趣。通过教师演示，学生可以掌握pH试纸的测试方法。教师鼓励学生探索身边物质的pH 值，并了解pH 值对人类生活和健康活动的重要性。学生感觉到溶液酸碱度与生命之间的紧密联系，就可以运用溶液的酸碱性知识来解决生活中的一些问题。

2. 教学目标分析

（1）掌握石蕊、酚酞、pH试纸检测溶液的实验基本操作，提高学生观察对比、分析总结能力；

（2）理解酸碱度与酸碱性的关系与区别，通过从酸碱指示剂过渡到pH试纸，认识、体会定量实验与定性实验的差别；

（3）通过自制紫甘蓝酸碱指示剂合作探究活动，进行实验基本操作；

（4）通过探索周围常见物质的酸碱度，感受化学与生活之间的密切关系，增强对化学的好奇心，提高自主学习能力。

3. 教学设计流程

活动一：分组检验溶液的酸碱性，回忆归纳石蕊、酚酞的变色规律

请两位学生品尝柠檬汁和绿茶，根据生活经验判断出柠檬汁呈酸性，绿茶呈碱性。生活中的食品的酸碱性，可以通过生活经验来确定，但化学实验室中的溶液的酸碱性，应用化学方法来确定。回忆七年级科学已学知识，可以使用石蕊、酚酞检验溶液的酸碱性。学生分组动手实验，用石蕊、酚酞检验白醋、稀盐酸、苏打水、氢氧化钠溶液、食盐水、蔗糖水溶液的酸碱性，观察对比、记录实验现象，分析总结石蕊、酚酞变色规律，完成实验报告。

活动二：与波义耳同行，分组实验自制的紫甘蓝酸碱指示剂来检测溶液的酸碱性

了解波义耳发现酸碱指示剂的化学史实。如果偶尔发现盐酸使紫罗兰花瓣变色，会产生哪些联想，怎么去做实验？启发学生进行讨论，设计实验。随后，引导学生模仿波义耳找一找身边的酸碱指示剂，指导学生动手实验自制紫甘蓝酸碱指示剂，再次检验6种溶液的酸碱性。小组合作完成实验操作，观察对比，记录实验现象，尝试归纳紫甘蓝酸碱指示剂的变色规律，完成实验报告。

活动三：会使用pH试纸定量地测定溶液的酸碱度

浓白醋和稀白醋酸度不能用石蕊测定。溶液的酸碱度通常用pH值表示，测定溶液pH值最简便的方法是使用pH试纸。在课堂上给学生详细讲解pH试纸的用途并演示其使用方法。提问：当白醋稀释后，溶液的pH值如何变化？氢氧化钠被稀释后溶液的pH值会如何变化？让学生自己设计实验来解决这些问题。

活动四：溶液的酸碱度对生命活动的意义

引入一段测定水的pH值的广告视频，让学生找出其中的五处错误。这不仅巩固了知识，还教会学生要辩证地看待事物，不要盲目相信广告。鼓励学生在家长的允许下，用pH试纸了解生活中常见的物质的酸碱度，上课时进行交流反馈。学生也可以通过查阅资料，了解人体中一些体液的正常pH值范围，农作物生长最适宜的pH值范围，酸雨的形成和对环境的危害等。

活动五：延伸课堂长度，布置拓展作业

园南中学作为市级学习基地，一直致力于国家级非物质文化遗产项目“黄道婆棉纺文化”的传承。校园入门处“半畦棉田”，金秋十月，师生可以采摘棉花，共同体验收获的喜悦。土壤的pH值对农作物的生长有很大的影响。请学生设计一个实验来测定“半畦棉田”土壤的pH值(写出主要的实验用品及实验步骤)。也可以分组合作完成一份研究报告，如查阅资料研究上海土壤的酸碱度是否适宜种植棉花。若土壤受环境污染等影响偏酸性的话，如何运用本课例所学内容来解决土壤酸碱失衡的问题等。

三、课例分析

化学课程的育人价值体现于在课程教学过程中不断地提升学生的科学素养和人文素养，让学生掌握化学基础知识和基本技能，更重要的是掌握和运用化学的基本方法、思维方法、核心概念来解决实际问题。

1. 以情境导入教学，从生活走向化学

在导入pH值时，课程设计了“爱吃醋”的活动来吸引学生。从生活中常见的事物入手，让学生品尝稀释前后的白醋来导入新课，很直观地通过味觉的冲击，让学生对酸碱度有了感性的认识。浓白醋比稀白醋酸味重，但无法靠石蕊试剂测定酸度，从定性到定量引起学生思维的冲突。然后，通过“比较一下”的活动，让学生知道溶液的pH值。化学离不开实验操作，在知道了pH值的概念基础上，讲解pH试纸的使用方法，操作演示用pH试纸测定白醋酸度。此时，学生对酸碱度有了一个理性的认识。在生活中到处都涉及到化学知识，我们可以用现实生活中的场景来创造教学情境。

本节课用身边常见的紫甘蓝来制作酸碱指示剂，这样不仅可以拉近化学和生活的距离，还可以帮助学生树立生活联系化学的意识。学生也尝到合作学习的甜头。学生用自制紫甘蓝酸碱指示剂检验溶液时呈现出了不同的颜色，他们探寻真理的激情在那一瞬间被成功激发了。可以看出，利用生活现象或身边物质设计的化学实验，会给学生带来不同的探索体验，并能在很大程度上激发学生的学习主动性。

2. 延伸课堂长度，让化学走进生活

将课堂教学延伸到生活，多一些能在生活中简单易操作的化学实验，不仅是对课堂教学很好的补充，更加强了学生对课堂知识的有效理解，锻炼了学生的实验能力。我鼓励学生在家长的允许下，用pH试纸了解生活中常见的物质的酸碱度，上课时进行交流反馈。不得不说学生是有创新意识的，学生测定的液体有洗衣液、肥皂水甚至还有洗菜水。这个环节能让学生用化学知识解决生活问题，真正让化学走进生活。

在这节课中，学生学到了pH值是土壤的一个基本性质，也是影响土壤肥力和作物生长的重要因素之一。学生一直对校园内的“半畦棉田”棉花种植区充满了好奇。我便抓住契机，布置了“研究种植棉花土壤pH值”的拓展作业。使学生可以根据自身的认知水平与接受能力，在多种体验式学习中感受到民族文化的魅力，做到“实地考察，用心感悟”。同时，可以使学生对化学更感兴趣，鼓励学生观察生活环境，提高科学素养，形成用所学知识解决实际问题的观念。

本节课让学生充分参与实验。只有通过亲身经历，才能在实验过程中锻炼发现问题、提出问题、解决问题的能力，能进一步了解现实生活与化学密切相关，提高学习积极性。

（赵　闻）

“防震减灾”课程方案

一、课程背景

我国是多地震国家，每位公民都应具有防震减灾意识，在灾害来临时能够采取正确的应对措施。防震减灾能力培养与发展要从广大中小学生抓起。本课程通过专门场所的沉浸式体验，引导学生初步掌握防灾减灾的基本知识和逃生、救护的基本技能；培养学生信息收集处理能力、实践动手能力和科学探究能力；提高学生的科学素养，培养学生的创新意识和科学精神，使学生逐步树立起关爱生命、与自然和谐相处的生命意识和环境道德意识；培养学生对人类生命和尊严的尊重与理解，使其能为人友善、帮助他人，自觉践行社会主义核心价值观。

二、课程目标

（一）总目标

1. 能够通过重要概念学习，科学认识地震，理性地面对地震；

2. 初步掌握防灾减灾的基本知识和逃生、救护的基本技能；

3. 通过在红十字生命健康安全体验教室、灾难教育实验室的学习和体验，学习和掌握创伤救护、逃生避险、初级急救等应急救护知识和技能；

4. 通过培养学生信息收集处理能力、实践动手能力和科学探究能力，提高学生的科学素养，培养学生的创新意识和科学精神，使学生逐步树立起关爱生命、与自然和谐相处的生命意识和环境道德意识；

5. 通过学习和掌握应急救护知识和技能、了解红十字精神，加深对人类生命和尊严的尊重与理解，为人友善、帮助他人，树立和践行社会主义核心价值观；

6. 在认识到地震危害的基础上，感受到生命的脆弱，提高自我保护意识，从而更加珍惜和爱护生命，树立将来投身地震科学事业的伟大理想。

（二）分年级目标

六年级：

1. 初步了解有关地震及常见灾害的知识；

2. 熟悉几种警报声、几个常用报警电话号码及其正确使用方法；

3. 了解红十字运动基本知识和救护概论；

4. 了解常见急症与突发事故的类型；

5. 掌握一些基本的应急避险方法；

6. 产生了解、亲近自然的意愿，树立热爱生命、人与自然和谐发展的观念，懂得用比较的方法拓展学习内容。

七年级：

1. 基本掌握地震及几种常见灾害的成因；

2. 掌握地震以及火灾、触电、溺水等突发灾害、突发事件的避险和自救方法；

3. 有进一步探究自然奥秘的欲望，产生珍视生命、鄙视及抵制破坏自然活动的情感和行为；

4. 尝试用综合比较的方法拓展学习，尝试用辩证方法分析观察到的现象。

八年级：

1. 初步了解地震及几种常见灾害的物理成因；

2. 掌握心肺复苏、气道异物梗阻、伤员搬运等初级救护知识和技能；

3. 初步了解和掌握常见急症的处理方法；

4. 有合作探究自然奥秘的欲望，坚定人与自然和谐共生的信念，有较强的保护自然的社会责任意识和行为；

5. 掌握综合比较方法，学会利用信息技术拓展学习内容，初步尝试用辩证方法分析、解决问题。

九年级：

1. 初步学会分析地震及几种常见灾害的物理、化学成因；

2. 初步学会设计防震减灾措施及设备；

3. 有合作和自主探究自然奥秘的欲望，能够辩证地看待灾害的发生，进一步树立关爱生命、与自然和谐相处的生命意识和环境道德意识；

4. 充分利用综合比较方法和信息技术自主探究学习内容，进一步运用辩证方法分析、解决问题。

三、课程内容

<table>
<tr><th colspan="3">课 程 内 容</th><th>建议课时</th><th>单 元 设 计 说 明</th></tr>
<tr><td rowspan="4">第一单元</td><td rowspan="4">灾害概述</td><td>可怕的灾害</td><td>2</td><td rowspan="4">从生活中的实例出发了解灾害，初步体会到灾害的可怕性，意识到防灾减灾的重要性；通过各种媒体关注各种灾害的动态信息；广泛搜集资料，初步培养信息收集、处理能力；了解红十字运动基本知识和救护的基本原则、程序等，加深对红十字精神的理解，提高尊重生命和保护生命的意识</td></tr>
<tr><td>灾害的分类</td><td>1</td></tr>
<tr><td>常见急症与突发事故</td><td>1</td></tr>
<tr><td>红十字运动与救护概论</td><td>1</td></tr>
<tr><td rowspan="4">第二单元</td><td rowspan="4">地震基础知识</td><td>地震概念、地震成因</td><td>2</td><td rowspan="4">地震基础知识的介绍不必面面俱到，在学生可以认知的基础上，对一些重要的概念进行介绍；利用一些相关课件，将较为枯燥的概念形象化，激发学生学习科学的兴趣；理解地震发生的不可抗拒性，树立人与自然和谐发展的观念</td></tr>
<tr><td>地震分布</td><td>0.5</td></tr>
<tr><td>震中、震源、震中距、震波</td><td>1.5</td></tr>
<tr><td>震级、地震烈度</td><td>1</td></tr>
<tr><td rowspan="4">第三单元</td><td rowspan="4">地震灾害</td><td>灾害特点</td><td>0.5</td><td rowspan="4">通过各种途径搜集关于地震的实例，议一议地震的特点；比较各地震造成的危害，尝试分析影响地震灾害大小的因素；介绍中国地震灾害的发生情况，再次树立防震减灾的意识</td></tr>
<tr><td>灾害类型（直接、次生）</td><td>0.5</td></tr>
<tr><td>影响灾害大小因素</td><td>1</td></tr>
<tr><td>中国地震灾害情况</td><td>1</td></tr>
<tr><td rowspan="4">第四单元</td><td rowspan="4">地震预报</td><td>地震前兆</td><td>1</td><td rowspan="4">介绍地震预报，进一步培养学生防灾能力；了解现代地震预报的难度，激发学生要学科学，将来解决预报难题的决心；通过了解我国地震预报在世界属于领先水平的情况，抒发爱国热情</td></tr>
<tr><td>高科技预报</td><td>1</td></tr>
<tr><td>地震预报三要素、类型</td><td>0.5</td></tr>
<tr><td>我国地震预报情况</td><td>0.5</td></tr>
</table>

续 表

课程内容			建议课时	单元设计说明
第五单元	防震减灾	地震谣言	1	介绍几种场合下地震灾害以及几种多发事故的避险逃生方法，并通过在灾难教育实验室观看模拟影像、实际操作等方法，使学生能够掌握地震、火灾、触电等灾害事故的基本避险逃生技能，再次增强学生的防震减灾意识
		家庭避震	1	
		学校避震	1	
		公共场合避震	1	
		其他事故的避险逃生	1	
第六单元	灾害救护	地震埋压后自救方法	1	结合红十字生命健康安全课程，通过讲授、实际操作、播放影像等丰富的教学形式，使学生了解地震埋压、遭遇创伤、突发常见急症等情况下的应急救护知识，掌握初级的自救和救护技能
		创伤处理	1	
		初级救护	1	
		常见急症的处理	1	

四、课程实施

1. 实施形态

七年级将限定拓展（每周1课时）课堂教学与活动（参观、竞赛）相结合；六、八、九年级与学科相结合的形式，开设各个相关主题，将课堂教学与活动（参观、讲座、竞赛）相结合；同时，六、八年级以自主拓展社团活动的形式进行（参观、讲座、研讨、演讲竞赛、小报等）。

2. 开发、实施的大致过程

（1）成立由分管校长为组长，课程教学部、学生工作部、科技总指导、各教研组为组员的课程开发、实施领导小组、开发团队。规划、设计协调课程内容及课程实施的具体事宜。

（2）师资培训。以专家导读、自学、研讨、机房实践操作等形式学习有关理论、学科知识与信息技术整合技术，帮助教师提高课程意识和课程开发能力。

（3）设计课程内容、活动方案、评价方式及检测工具。

（4）组织落实。七年级以整班必修限定拓展，通过每周一节拓展课的课时开展课堂教育；六、八年级结合社团活动形式让学生自主选择拓展。

五、课程评价

1. 评价机构与主体

由校课程领导小组承担此功能并邀请地震局、民防办专家、学科教研员及社区居民参与评价。

除专家、领导、教师、社区居民参与评价外，还引导学生参与评价。通过自评、互评激发学生参与课程学习的积极性，提高课程实施的效度。

2. 对课程的评价

邀请专家（地震局、民防办、学科教研员等）对课程内容（价值、科学性、完整性）与实施的方式（合理性、有效性）等方面进行评价。

3. 对学生的评价

（1）评价思路

本课程的评价注重多种评价方式并行，包括校内外评价相结合，过程和结果评价相结合，知识考查与竞赛活动成绩、制作作品数、质量相结合，并侧重于过程，即注重学生在本课程实施中的参与程度，注重评价的激励作用。

（2）评价方式

以日常学习过程评价、活动、成果（作品）展示、演讲、竞赛等方式进行。如七年级以试卷形式检测学生对相关知识的了解掌握程度，同时，通过模拟活动的开展检测学生对应急避险的基本方法的掌握程度；六、七、八年级以活动参与率、竞赛得奖率、成果数量、质量为依据评价教育目标的达成度。

（3）具体评价内容与方法

项　目		学生自评/互评/专家评价/社区评价				教师评价
		优秀	良好	合格	待提高	
日常学习	学习的投入性					质性评价
	发言的主动性					
	自主学习					
	合作学习					
	信息综合运用学习					

续 表

<table>
<tr><td colspan="2" rowspan="2">项　　目</td><td colspan="4">学生自评/互评/专家评价/社区评价</td><td rowspan="2">教师评价</td></tr>
<tr><td>优秀</td><td>良好</td><td>合格</td><td>待提高</td></tr>
<tr><td rowspan="4">活动参与</td><td>参与率</td><td colspan="4">——</td><td>百分制</td></tr>
<tr><td>投入程度</td><td></td><td></td><td></td><td></td><td rowspan="3">质性评价</td></tr>
<tr><td>合作态度</td><td></td><td></td><td></td><td></td></tr>
<tr><td>探究精神</td><td></td><td></td><td></td><td></td></tr>
<tr><td>期末笔试</td><td>基础知识与基本技能</td><td colspan="4">——</td><td>百分制</td></tr>
<tr><td rowspan="2">项目成果</td><td>成果数量</td><td colspan="4">——</td><td>百分制</td></tr>
<tr><td>成果质量</td><td></td><td></td><td></td><td></td><td>等第制</td></tr>
</table>

（杨燕文、唐露园）

“机器人探究”课程方案

一、课程背景

随着科学技术的进一步发展，机器人除了智能程度持续提高之外，应用范围也逐步扩大，迅速从工业向其他行业渗透。当代人也都需要了解机器人，能够合理使用机器人。教育也要紧跟科学技术发展潮流，开发并不断更新机器人相关课程，提升学生理解、使用，甚至研发机器人的能力。

习近平主席强调：落后就要挨打，发展才能自强。在发展和改革的关键时期，空谈误国，实干兴邦。要实现中华民族伟大复兴的“中国梦”，我们比任何时候都需要创新型人才。人才需要培养，而机器人教育无疑是最佳途径之一。

素质教育的实现也离不开机器人课程。素质教育的既定目标要求学生应该具备多种能力。而机器人课程因为融合了电子、传感器、机械、软件和人工智能等技术，在培养和提升学生科学素养方面可以起到积极的作用。除此之外，因为机器人课程具有“玩中学”的特点，深受青少年的喜爱，合乎教育教学改革理念，可以作为发展学生核心素养的主干课程。

机器人课程通过开展机器人搭建、编程、创意等实践活动，在玩中学，激发学生爱科学、学科学、用科学的积极性和主动性，推动跨学科学习，发展审美创造能力和理工创意能力，提升学生的高阶思维能力，推动不同程度的创新与创造。这有助于贯彻教育方针，培养学生的动手实践能力，推进素质教育，提升园南中学“满园春”课程的品质。

二、课程目标

1. 了解机器人的发展史及其应用情况，了解我国机器人技术，增强自豪感；
2. 掌握机器人的基本结构特点，认识课程内机器人的零件；
3. 能够完成机器人的基础搭建，并且能够为机器人编写基本程序；
4. 能够根据任务要求，正确运用基本传感器，设计和改造机器人的机构；
5. 能够在程序修改与重构过程中融入预先提出的设计理念；
6. 通过模拟制作了解机器人的当代价值，增强学习的紧迫感与危机感；
7. 养成科学探究的习惯，了解科学探究的基本精神。

三、活动对象及指导教师

活动对象：七、八年级学生。

主要指导教师：机器人教师。

辅助指导教师：物理教师、数学教师、美术教师、英语教师。

四、课程内容

课 程 内 容			建议课时	教学设计说明
第一单元	机器人的“前半生”		2	走进人工智能的世界，通过背景资料和视频图片，了解机器人和人工智能的定义以及发展动向；学习机器人结构中的关键构成，通过视频了解各种结构设计和传感器的应用领域
第二单元	机器人的“三头六臂”	基本零件	5	学习各种规格的梁和销的使用，完成3个简单模型课程，此阶段结束安排了“最坚固的立方体”的自主任务
		齿轮传动	5	对齿轮传动进行练习，包括两个规格的黄色齿轮、四个规格的蓝色齿轮以及一些搭配使用的零件的使用，完成3个模型课程，此阶段结束安排了“齿轮迷镇”的自主任务

课 程 内 容			建议课时	教学设计说明
第二单元	机器人的“三头六臂”	让机器动起来	5	加入了马达和电池盒，主要练习细节结构件对于整体模型的作用，完成可以运动的4个模型课程，此阶段结束安排了“奔跑的机器人”的自主任务
		主题课	1	一学期课程中，根据学校的活动也会穿插一些设计的主题课，例如“桥梁设计”（结合物理力学中的受力分析相关知识）与“陆地搜救”模型的制作课
第三单元	机器人的“灵魂工程师”	基础操作	1	主要是对控制器的介绍和熟悉，知道控制器锂电池、4个马达接口和8个传感器接口、充电口、数据链接口的使用，熟悉触屏操控以及程序的下载流程，会使用控制器播放音乐、采集数据、测试传感器等
		马达	4	学习使用控制器连接马达，学习通过程序编写，控制马达按规定速度、角度、时间等做运动
		光电、触碰传感器	4	学习光电传感器和触碰传感器的使用方法，制作避障机器人和光电寻迹机器人，并结合搜救机器人的使用和模仿扫地机器人，把课程内容生活化
		遥控操作模式	3	学习2.4G无线首发传感器和遥控器搭配控制机器人，通过编程，可以使用遥控器控制机器人完成行走、抓取、提升、旋转等任务
		主题：物理《速度》习题课（针对八年级拓展课学生）	1	1. 通过物理知识以及实验测量验证机器人是否在做匀速直线运动； 2. 通过物理知识以及实验测量出做匀速直线运动的机器人通过的路程和所用时间，计算出机器人的速度； 3. 绘制S−t图像，对比各组同学使用的机器人小车的速度，进行比赛
第四单元	机器人的“华丽现身”	主题一：扫地机器人	2	自主制作、调试作品，完成最终的评比
		主题二：越野、竞速场地赛	4	自主制作、调试作品，完成最终的比赛

五、课程实施

1. 本课程适用于七年级，共计36课时，另设1课时，适用于修读八年级拓展课的学生，均以班级为单位开展活动。

2. 教学使用图片和视频资料、订制零部件、笔记本电脑等，以教师讲授为辅，以观看图片和视频、动手制作、评比调试等活动为主。

3. 教学结合简单物理学力学知识，分析机器人的结构特点；教学环节结合生活中简单的结构类似的机械机构和模型，揭秘一些看似复杂但也是我们可以接触到的结构件，体会机器人课程在生活中的直接作用。

六、课程评价

<table>
<tr><th colspan="2" rowspan="2">指　　标</th><th rowspan="2">内　　容</th><th colspan="4">评　　价</th></tr>
<tr><th>优</th><th>良</th><th>合格</th><th>须努力</th></tr>
<tr><td rowspan="6">模型搭建</td><td rowspan="2">文本阅读能力</td><td>能根据零件清单准确选取零件</td><td></td><td></td><td></td><td></td></tr>
<tr><td>能从搭建步骤图中准确找到搭建部位</td><td></td><td></td><td></td><td></td></tr>
<tr><td rowspan="2">团队合作能力</td><td>能根据分工明确任务</td><td></td><td></td><td></td><td></td></tr>
<tr><td>能配合组员完成搭建</td><td></td><td></td><td></td><td></td></tr>
<tr><td rowspan="2">创新能力</td><td>能在模型搭建中完成简单创新</td><td></td><td></td><td></td><td></td></tr>
<tr><td>能准确描述创新点</td><td></td><td></td><td></td><td></td></tr>
<tr><td rowspan="6">程序编写</td><td rowspan="2">团队合作能力</td><td>相互了解，求同存异，组建团队</td><td></td><td></td><td></td><td></td></tr>
<tr><td>在解决团队冲突过程中，逐渐形成团队规范</td><td></td><td></td><td></td><td></td></tr>
<tr><td rowspan="4">程序编写</td><td>能将任务翻译成程序语言</td><td></td><td></td><td></td><td></td></tr>
<tr><td>能选择正确的程序图标</td><td></td><td></td><td></td><td></td></tr>
<tr><td>能准确连接程序逻辑</td><td></td><td></td><td></td><td></td></tr>
<tr><td>编写的程序能够完成既定任务</td><td></td><td></td><td></td><td></td></tr>
</table>

续 表

指 标		内 容	评 价			
			优	良	合格	须努力
程序编写	积极合作交流	建立包容、尊重、妥协、互助、信任的合作意识				
	创新能力	能在程序编写时完成简单创新				
		能准确描述创新点				
综合任务	团队合作能力	能分工合作完成任务制作				
	应对能力	通过测试阶段，能观察出问题所在				
		能根据问题分析出原因				
		能根据原因调试程序				
	物理学科素养	体现物理思维，有基于抽象化处理问题的模型建构能力				
		能完成实验探究，掌握实验探究的方法				
表达交流	学会倾听、理解他人的想法，能够清晰表达自己的观点。	学会倾听，了解他人的想法，并积极表达自己的意见				
		养成良好的倾听和交流习惯，能有条理地表达自己的观点，并及时听取意见补充或调整自己的观点				
成果展示	学会展示学习成果	能根据机器人运作的过程展示自己的研究成果				
		能分析遇到的问题并讲述所做修改的原因				
		能分析成功/失败的原因				
评价	围绕活动要求，及时、客观地对自己和同伴进行评价	能根据教师提供的评价单评价自己和同伴，能肯定和赞赏同伴的学习活动和研究成果				
		依据学习单和评价单，对自己和同伴的学习活动以及研究成果进行及时、客观的综合评价，并说明理由，提出改进的意见或建议				

（沈博维）

“生活中的化学”课程方案

一、课程背景

远古时期，人类就已经发现并开始使用火，逐渐学会利用化学知识服务生活，造福生活。在熊熊烈火中，黏土被制作成陶器，矿石被烧成金属。此外，人们还学会了利用谷物酿造美酒，给本来无色的丝麻等织物染上缤纷的颜色。后来，为了长生不老，人们还努力炼丹和炼金。据说，豆腐就是古人在炼丹过程中的意外发明。到了近代，道尔顿和阿伏加德罗分别提出原子论和分子论，确立了化学这门独立的学科。

化学来源于生活，又服务于生活。生活中的化学知识是化学学科学习启蒙的重要素材。日常生活中，如果你善于观察和思考，就不难发现：樱桃汁遇到肥皂会变色，菜锅底部总是发黑，喝碳酸饮料容易打嗝……

化学不仅与日常生活密切相关，还与生命科学、能源科学、信息科学等领域相互交叉、相互渗透、相互促进、协同发展，推动人类社会的发展。

学校“满园春”课程着力培养学生的探究能力和实际操作以及解决问题的能力，“生活中的化学”正是这个课程体系的重要组成部分。本课程是化学拓展课程，集知识性、趣味性、实用性和参与性为一体，关注日常生活中的吃、穿、住、行，从四个方面的热门话题入手展开探究学习，旨在通过丰富多样的活动激发学生的学习兴趣，增进学生对化学学科功能的理解，塑造健康生活理念，培养健康生活习惯，提高学生的化学核心素养。

二、课程目标

1. 通过“衣”“食”“住”“行”单元的学习，掌握生活中常见的化学基础知识；

2. 通过“衣”“食”两单元中的验证性实验过程，学会观察和记录实验现象，掌握基本的化学实验操作方法；

3. 通过“住”“行”两单元中的探究性实验，学会设计科学的化学实验方案；

4. 通过查阅资料、调查采访等形式的活动，提高信息的获取、整合能力；

5. 通过科学探究活动，发现问题、分析问题、解决问题，提升综合分析能力与科学素养；

6. 通过“粉碎谣言”“虚假广告的辨识”等活动，提高学生的健康生活意识，帮助学生树立正确的化学价值观和化学社会观；

7. 通过课程中师生、生生间的交流与合作，培养尊重他人的品质，提高语言表达能力和团队合作的能力。

三、学习主体及指导老师

学习主体：八年级学生。

主要指导教师：化学教师。

辅助指导教师：生命科学教师、艺术教师、科学教师等。

四、课程内容

本课程课时数为16节，具体内容如下：

<table>
<tr><th colspan="3">课 程 内 容</th><th>建议课时</th><th>单元设计说明</th></tr>
<tr><td rowspan="4">第一单元</td><td rowspan="4">衣</td><td>衣服的面料</td><td>1</td><td rowspan="4">1. 学会观察实验现象，得出实验结论；
2. 根据任务要求尝试设计调查问卷，并且能够搜集、整合资料，得出结论；
3. 按照所给的实验方案，规范操作，完成实验报告；
4. 通过我校“蓝韵坊”了解民间扎染技艺，了解黄道婆文化，感悟黄道婆精神。</td></tr>
<tr><td>衣服的印染</td><td>1</td></tr>
<tr><td>衣物的洗涤和保存</td><td>1</td></tr>
<tr><td>未来的服装畅想</td><td>1</td></tr>
</table>

课 程 内 容			建议课时	单元设计说明
第二单元	食	餐桌上的营养素	1	1. 查阅资料，能设计科学、可行的验证实验方案，并完成实验报告； 2. 在解决问题的过程中，学会比较和筛选信息；通过讨论交流，培养反思、评价能力； 3. 学习“餐桌上的营养素”，塑造健康的饮食理念，培养健康的生活方式； 4. 通过粗盐提纯实验，体验古法制盐过程，体会我国非物质文化遗产的匠心精神。
		厨房中的调味品 ——食盐、醋	1	
		食物中人体的必需元素 ——钙	1	
		食物的有效保存 ——干燥剂和保护气	1	
第三单元	住	房屋的变迁	1	1. 根据实验目的，设计具有科学性的实验方案； 2. 实验过程中能规范操作，仔细观察实验现象，记录完整的实验结果； 3. 通过虚假广告的辨识、流言的破解等实践活动，辩证地看待化学对人类生活的影响； 4. 查阅资料，掌握房屋建筑的特点和变迁背后的历史以及人文价值，了解科技对人类生活和思维的积极影响。
		室内环境的“杀手”	1	
		活性炭的吸附性	2	
第四单元	行	探究燃烧的条件	1	1. 根据实验目的，设计具有科学性、完整性的实验方案； 2. 通过探究性实验，养成实事求是的科学态度； 3. 通过化学反应中能量变化的学习，体验燃料充分燃烧的重要价值，体认节能环保、开发新能源的重要意义。
		探究反应与能量	1	
		尾气的危害	1	
		分享成果 ——如何减少汽车的积碳	1	

五、课程实施策略

本课程的每个单元分“引入主题”、“查找收集资料”、“实验探究”、“成果制作与交流”四个板块按顺序进行探究活动。在过程中，注重学生的积极参与，让学生通过查阅资料、调查采访、实验探究等活动，积极进行自主学习、探究学习和合作学习，切实感受化学知识与生活实践的关系。

（一）引入主题

在教学上采用影像资料、小实验、歌曲等多种媒体创设情景，引入探究主题。

在教学过程中，注重运用形象化的教学手段，促进情智融合，强化人文关怀。例如，可以开展相声“报菜名”活动，生动有趣地引入“食”这一单元的教学，培养学生均衡膳食的健康意识；可以播放力波啤酒的经典广告，让学生身临其境，感受改革开放以来上海房屋建筑的变迁历史，引入“住”这一单元的教学。

（二）查找收集资料

在学习过程中学生可以通过以下途径查找获取资料：

一是从教材、课本、图书馆书籍、报刊杂志上查阅相关知识资料。在“食”这一单元的教学中，学生通过查阅八年级生命科学教材中的“健康与疾病”、七年级科学教材中的“健康的身体”、七年级科学教材中的“身边的溶液”获取课题所需资料。在“住”这一单元的教学中，学生通过查阅艺术和历史“中国乡土”教材，了解房屋的历史变迁，学会欣赏建筑之美。学生还可以通过查阅八年级生命科学教材中的“城市居室安全”了解室内污染物及其对人体危害。在“行”这一单元的教学中，学生可以通过查阅六年级科学教材中的“空气与生命”获取“燃烧与灭火”原理的相关资料。

二是在互联网上搜索。例如，在“衣”这一单元的教学中，学生可以通过网络自主查找，也可以采访老师同学获取我校黄道婆棉纺文化传承——“非遗进校园”项目中展示的“半畦棉田”“蓝韵坊”等相关资料。

三是在日常生活中进行观察。

（三）实验探究

化学是一门以实验为基础的学科。中考新政策加大了对实验操作的考查力度。本课程采用了初中常见的两种化学实验类型：验证性实验、探究性实验。

实验类型	涉及的课程内容		涉及的实验
验证实验	第一单元	衣服的面料	学生实验：通过燃烧法鉴别衣服的面料
		衣服的印染	家庭实验：从植物中提取染料
		衣物的洗涤和保存	学生实验：制作肥皂

续 表

实验类型	涉及的课程内容		涉及的实验
验证实验	第二单元	餐桌上的营养素	学生实验：检验食物中淀粉、脂肪、蛋白质
		厨房中的调味品——食盐、醋	学生实验：鉴别厨房中的两种常见液体——白醋和食盐水
		食物中人体的必需元素——钙	学生实验：豆腐中pH值的测定 豆腐中钙质的检验
		食物的有效保存——干燥剂和保护气	学生实验：生石灰与水反应
探究实验	第三单元	探究活性炭的吸附性	教师实验：活性炭吸附NO_2气体 学生实验：活性炭吸附红墨水的色素 家庭实验：活性炭吸附饮料中的色素
	第四单元	探究燃烧条件	教师演示：烧不坏的手帕、水中燃烧白磷 学生实验：探究可燃物燃烧的两个条件
		探究反应与能量	学生实验：自嗨锅、自制冰包

（四）成果制作与交流

完成主题单元学习后，结合收集的资料、得出的结论、学习体会，以实验报告、小报制作、PPT、实物等形式展示学习成果。

六、课程评价

（一）评价原则

1. 多元评价原则

一是参与评价者的多元性，采用学生自评、小组互评、教师评定和家长评定相结合的方式，形成师生互动，生生互动，家校互动的评价体系；

二是评价角度的多元性，针对学生个体和班级群体的评价，不仅限于知识、能力，更需关注对学生的学习习惯、学习品质等方面的评价。

2. 差异性原则

由于学生间学习习惯、能力、方法等差异造成个体间的不均衡性，在评价过程中，教师不仅要比较学生间的层次差异，更需关注学生个体的进步与发展，最大限度地提高学生自我进取的意识。

（二）评价方式

采用学生自评、小组互评、教师点评相结合的方法。具体评价表格如下：

课堂表现评价表

标准 项目		须努力（1）	达标（3）	良好（5）	自评	互评	教师评价	平均分值
行为习惯	态度	上课未经允许发言，作业未按时完成	上课能认真听讲，按时完成作业	上课认真听讲不插话，做好笔记，按时完成作业				
	参与	很少举手，极少参与讨论与交流	能举手发言，有参与讨论与交流	积极举手发言，积极参与讨论与交流				
	合作	缺乏与人合作的精神，难以接受别人的意见	能与人合作，能够接受别人的意见	善于与人合作，虚心听取别人的意见，助人为乐				
思维与方法	条理性	不能准确表达自己的想法，做事缺乏计划性、条理性	能清楚地表达自己的想法，有解决问题的能力，但条理性不强	能清楚表达自己的意见，解决问题的过程具有条理性				
	创造性	思考能力差，缺乏创造性，不能独立解决问题	能用老师提供的方法解决问题，有一定的思考能力和创造性	具有创造性思维，能用不同的方法解决问题，独立思考				
作品与成果	语言表达	语言不简洁，缺少对资料的研究、分析和整合。作品主题不明确	对收集的资料进行研究、分析和整合，语言简洁；作品主题较明确	对收集的资料进行认真研究、分析和整合；表达简明扼要；作品主题突出				
	科学与艺术性	作品中存在科学性错误。作品缺乏美感	作品内容具有科学性。作品整洁美观	作品具有科学性、艺术性、创造性				
老师、同学的话：							总分	

探究实验课堂评价表

标准 项目	达标(1)	良好(3)	优秀(5)	自评	互评	教师评价	平均分值
学习兴趣	能参与小组讨论、实验、制作等活动,不缺席	能自觉参与小组讨论、实验、制作等活动,遵守纪律	能积极参与小组讨论、实验、制作等活动,且表现踊跃				
实验设计	活动过程中能参与实验,发表自己的见解	活动过程中能积极参与实验,设计方案具有科学性	活动过程中能展现自己的个性特长,设计科学、可行的实验方案				
动手实验	实验过程中,能独立完成实验且完成后整理好仪器	实验过程中,能规范操作,仔细观察实验现象,完成后整理好仪器	实验过程中,不仅能独立规范操作,仔细观察实验现象,还能助人为乐				
完成报告	基本能完成实验报告内容	实验内容和实验过程记录较完整;实验报告结果正确	实验内容和实验过程记录完整;实验报告结果正确				
团结合作	能在教师指导下与同学协作活动	能主动与同学协作	能积极主动与同学、老师协作,乐于助人				
老师、同学的话:						总分	

家庭实验评价表

评 价 内 容	评 价 结 果			备　注
	好	较好	须努力	
实验前的准备情况				1. 是否明确实验目的,是否了解实验操作步骤; 2. 有关材料是否准备妥当
实验的规范性与完成质量情况				1. 实验操作是否规范; 2. 是否能制作出作品或者作品是否具有艺术性
实验后整理实验器材情况				1. 观察是否主动收拾; 2. 是否整理干净
记录与分析情况				1. 观察是否及时完整地记录; 2. 能否作初步统计和分析
家长评价: 老师意见: 日期:				

课后作业——实验报告

姓名：	小组：	日期：
实验名称：		
实验目的：		
仪器及药品：		
实验原理：		
实验步骤：		
实验结论：		
反思与交流：		

（张　珏、赵　闻）

“校园雨棚设计探究”活动方案

一、活动背景

校园文化是一种以学生为主体，以校园为主要空间，以育人为主要导向的群体文化，可以分为物质文化与精神文化两大类，也可以细分为制度文化、行为文化等。校园建筑环境是校园文化最生动、最直观的表现形式。校园环境在人的成长过程中具有不可替代的作用。“没有户外互动，最低程度的接触就不会出现”，这是丹麦著名建筑理论家扬·盖尔（Jan Gehl）在《交往与空间》中提出来的观点。这充分说明了校内室外空间的重要性。学生拥有广阔的室外空间，课余饭后，可以悠闲散步，也可以开展各类活动。这样的空间和空间里的各类活动都有助于学生身心发展，是学校教育不可或缺的重要环节。

我校地处繁华街市之中，占地面积不大，空间布局却十分精巧。前有半畦轩和晴耕园，中有跑道、球场与书法长廊，后有绿竹丛林，处处体现办学者的良苦用心，时时体现立德树人的方法与途径。唯一不足之处在于，教学楼与体操房之间有一段距离，雨雪天通行不便。学校经过研究决定，征集创意，在两楼之间设计并搭建艺术化雨棚。此举作用有三，其一，可以有效解决通行问题；其二，可以拓展有限的室外活动空间，传递园南中学独特的人文气质；其三，可以给学生提供培养能力、展现才华的舞台，让他们充分发挥想象力和创造精神，同时提升归属感和主人翁意识。

二、活动目标

1. 能够通过查阅数学教科书梳理出与测量相关的知识点，并运用知识测量、收集雨棚相关数据；

2. 能够通过查阅资料法、调查法、观察法、实验法、互联网信息收集法等方法收集影响雨棚安全性的主要因素；

3. 能够运用测量得到的数据以及对安全因素的分析，结合校园环境的布置，分析雨棚的设计结构，并发挥想象力和创造力初步绘制出雨棚的立体设计图；

4. 能够利用网络资源收集市面上雨棚的主要原材料信息，分析对比不同材料的安全性能和价格等方面的区别和优缺点，最终确定所选的最优原材料；

5. 学习使用3D打印笔，掌握使用3D打印笔初步绘制立体模型的能力，培养动手操作的能力；

6. 能够通过3D打印笔搭建设计图的3D模型，设计压力产生的形变效果与哪些因素有关的探究活动，探究流体压强与流速的关系；

7. 能够根据3D模型的实验操作，运用所学知识并结合美学等方面的因素，改善设计的模型的结构，使雨棚应用性和校园环境的优美性达到最优值，最终确定绘制出立体设计图；

8. 能够制订活动计划，组织开展活动，做到分工合理，组织有序。能够撰写制作简单的雨棚设计方案汇报材料，养成严谨求实的科学态度，形成团结协作以及友爱互助的作风；

9. 结合设计，设计雨棚名称，并小组汇报最终成果，最终评选出最优的设计方案和名称；通过该项活动陶冶情操，培养对校园的热爱，增强责任感。达到爱校园、爱劳动、爱公共财物的德育效果。

三、活动对象及指导教师

活动对象：八、九年级学生。

主要指导教师：数学教师、物理教师。

辅助指导教师：劳技教师、美术教师、语文教师、信息技术教师。

四、活动内容

（一）准备阶段（一至两周时间）

1. 通过晓黑板发布活动通知，由学生自主成立探究小组，每组4人左右，确定组长；

2. 各环节前期材料收集准备：查阅收集中学数学教科书中与测量相关的知识点；教学楼与体操房相关所需数据测量汇总表、雨棚安全性主要因素分析表、雨棚主要原材料的分类、性能、价格等对比表；

3. 学习准备：自主初步学习3D打印笔的使用方法和注意事项；

4. 辅助学科资料包（校园雨棚设计与中学数学相关知识点汇总、校园雨棚设计与初中物理力学相关知识点汇总、3D打印笔使用操作说明）；

任务：

1. 上传中学数学教科书中与测量相关的知识点；

2. 上传教学楼与体操房所需数据汇总表；

3. 上传雨棚安全性主要因素分析表；

4. 上传雨棚主要原材料的分类、性能、价格等对比表各一份（资料需标注出处）。

评价：详见教师评价表1。

（二）第一阶段（两至三周时间）

要求：

能够通过搭建3D模型，设计压力产生的形变效果与哪些因素有关的探究活动，探究流体压强与流速的关系。

1. 根据准备阶段收集到的数据，结合对雨棚各方面安全性能的因素考虑，各小组初步设计、绘制出雨棚立体结构设计图。设计图中需按照相关数据比例确定尺寸并标注清晰，并结合实际校园环境等各方面情况，简明分析设计的意图。

2. 按照3D打印笔使用操作说明，小组合作学习使用3D打印笔。教师可先通过演示，告知学生3D打印笔的基本使用方式以及安全操作的重要性；学习使用分为两个阶段：第一阶段，根据已有的平面图形，用3D打印笔进行临摹，绘制出零件，然后组装完成立体模型；第二阶段，给学生特定主题，让学生自主设计分组制作作品。可以直接绘制模型，也可以先制作局部零件然后进行拼接。

3. 在教师的帮助下，熟悉3D打印笔的使用后，各小组根据本小组图纸中的设计，模拟搭建出雨棚模型。为了后续试验的有效性，在搭建模型时，务必按照图纸中的尺寸严格操作。

4. 结合安全因素各方面的分析，对雨棚进行相关试验，检验其结构的稳固性，减少外来物如雨量的大小对雨棚的影响，分别改变对雨棚的压力和受力面积，探究压力产生的形变效果与二者的关系，从而制作飞机模型，深入体验流体压强与流速的关系。

任务：

用相机记录试验的过程，并以视频的方式上传试验最终结果到网络平台（视频中以文字或旁白的方式说明试验的目的和方法），上传雨棚设计草图。

评价：详见教师评价表2。

（三）第二阶段（一至两周时间）

要求：

能够通过3D模型的试验，完善并确定最终设计图。

1. 根据3D模型的试验操作结果，结合对雨棚各方面安全性能的因素考虑，通过不断的试验和咨询等方式，各小组不断完善雨棚的设计图纸，整理分析出在试验中发现的问题以及改进的方法，并最终确立图纸设计的意图；

2. 结合我校校园精神和人文气息，征集小组成员和语文教师的意见，讨论确定雨棚最适合的名称；

3. 各小组汇总所有的过程性材料和最终的设计方案，并制作出汇报文案，由组长为主要汇报人，小组成员为协作者一起完成各小组的汇报。评委老师对各小组的设计进行点评，最终挑选出最优的设计方案并实施。

任务：

上传所有的过程性资料和最终的设计图纸和设计说明，分别放在不同的文件夹中。图纸可以是电子档也可以是手绘稿，手绘稿需拍照片上传。

评价：详见教师及学生评价表和雨棚设计图评价表。

五、评价方式

教师评价表1

指　　标		内　　容	评　　价			
			优	良	合格	须努力
文本阅读能力	搜集筛选	能完整搜集课内资料				
	整理归纳	能完成课内资料分类归纳，形成课内知识清单				
信息科技能力	收集能力	能基于给定的目标，实现雨棚测量数据、安全因素及原材料等资料较全面且有效的收集				
	记录能力	能根据收集的资料通过适当的方式及时、清晰地记录相关的数据或信息				
	识别能力	能在众多的信息中判断、识别其内容，选择所需的信息				
	处理能力	对于收集到的信息，能进行适当的处理				
综合分析能力	判断能力	能准确判断资料中包含与雨棚的测量、安全因素、原材料有关的知识				
	综合思维能力	能运用数学、物理等学科知识多角度、多层面分析和运用相关知识和信息				

教师评价表2

指　　标	内　　容	评　　价			
		优	良	合格	须努力
动手操作能力	能熟练手动或计算机等绘图工具的使用，熟悉3D打印笔的基本操作方法				
	能利用3D打印笔临摹不同的图案				
	能利用3D打印笔搭建立体雨棚模型				

续 表

指　　标	内　　容	评　　价			
		优	良	合格	须努力
数学学科素养	能运用数学知识将实际测量和图中数据进行合理的比例切换				
	能运用数学常见工具，如三角尺、圆规等帮助解决绘图问题				
	能合理运用数学的直观想象能力和数学建模能力搭建雨棚的模型				
物理学科素养	能合理利用物理中的运动观念，明确试验的目的、步骤细节、记录的形式和方案				
	能运用物理的科学知识对试验中的问题进行可靠性分析				
	能对产生的问题，提出合理、科学的解决方案				
艺术设计能力	能根据原材料的特点设计优美的雨棚设计图案				
	能表现出学校的校园人文精神				
	雨棚的设计具有科学性和美观性				

教师及学生评价表

指　　标	内　　容	评　　价			
		优	良	合格	须努力
学习表现	具有学习和研究课题的好奇心和求知欲，认真开展课题研究				
	能主动与他人合作，尊重他人，主动承担任务				
	能基于证据和逻辑发表自己的见解，实事求是				
学习能力	能正确运用科学思维方法，进行科学推理，找出规律，形成结论，并能解释自然现象、生活现象和解决实际问题				
	知道基本研究过程，掌握基本研究方法，具有使用科学证据的意识和评估科学证据的能力，能运用证据对研究的问题进行描述、解释和预测				
	具有批判性思维，能基于证据大胆质疑，从不同角度思考问题，追求创新				

续 表

指　　标	内　　容	评　　价			
		优	良	合格	须努力
实践能力	具有科学探究意识,能在学习和日常生活中发现问题、提出合理猜测与假设				
	具有设计研究方案和获取证据的能力,能正确实施研究方案,使用科技手段和方法搜集信息				
	具有分析论证的能力,会使用不同方法和手段分析、处理信息,描述、解释研究结果				
	具有交流与合作的意愿与能力,能准确表述、评估和反思研究过程与结果,完成研究报告				

雨棚设计图评价表

指　　标	内　　容	评　　价			
		优	良	合格	须努力
草图阶段	一草阶段				
	二草阶段				
	三草阶段				
构思与整体关系	与校园环境的关系				
	空间特色				
	构思与创造力				
	特殊要求(需注明)				
建筑设计	建筑位置与出入口				
	使用功能说明				
	流线与交通的合理性				
	符合规范、结构合理				
	面积指标				
图面表达	线条表现				
	重点突出、图面整洁				
	字迹工整无误、制图正确				
	设计说明科学、语句表达清晰				

(方　园)

附件1

校园雨棚设计与初中物理力学相关知识点汇总

知识点	课程章节	教 学 目 标	重点、难点
重力学	八年级 第三单元	1. 知道重力是物体由于受地球吸引而产生的力； 2. 理解重力的大小跟质量成正比，会用公式G=mg计算重力； 3. 知道重力的方向是竖直向下的； 4. 知道重心的概念。知道等效代替是研究物理学的一种方法； 5. 通过观察和实验，感知重力的存在； 6. 通过探究，了解重力与质量的关系，激发参与科学探究的热情	重力的大小与质量的关系和重力的计算公式G=mg；重力的方向总是竖直向下的；重心的概念
流体力学	九年级 第六单元 第六节	1. 了解流体压强与流速的关系，并能用其解释某些生活现象； 2. 了解飞机升力是怎样产生的； 3. 通过观察和实验，学会运用归纳、类比、逆向思维等研究方法，培养学生观察和分析概括信息的能力； 4. 领略气体压强差异所产生的现象的奥妙，培养对科学的热爱和亲近感。培养学生敢于表达自己的想法，随时关注周围的人和事以及有关现象	流体压强与流速的定性关系；流体压强与流速的关系的规律，并以此解释生活现象
结构力学	八年级 第三单元 第一节	1. 初步理解力的概念； 2. 知道力的作用效果； 3. 了解力的三要素，力的单位	用控制变量法研究力的作用效果与力的大小、方向、作用点的关系；力的概念的形成
压力学	九年级 第六单元 第二节	1. 理解什么是压力，什么是物体的受力面积； 2. 理解压强。知道压强公式中各物理量的名称、单位及符号。知道压强单位的物理意义和由来； 3. 观察生活中各种跟压强有关的现象。了解对比是提高物理思维的基本方法； 4. 经历压强概念的建立过程，认识控制变量的科学方法； 5. 经历观察、实验以及探究等学习活动。培养尊重客观事实、实事求是的科学态度	压强概念的理解；压力与受力面积的正确理解

续 表

知识点	课程章节	教 学 目 标	重点、难点
材料力学	九年级 第六单元 第一节	1. 理解密度的概念；理解密度是物质的一种特性； 2. 通过“探究物质质量与体积的关系”实验，感受科学探究的一般过程； 3. 通过学习“单位体积的质量是物质的特性之一”，认识分析数据、正确处理数据在科学实验中的重要性； 4. 通过“探究物质质量与体积的关系”实验，养成小组合作与交流分享的团队意识	密度的概念；密度概念的形成过程
平衡力学	八年级 第三单元 第五节	1. 知道物体的平衡状态； 2. 理解二力平衡条件； 3. 会用悬挂法找薄板的重心位置； 4. 经历探究二力平衡条件的过程，感受实验、归纳的科学方法； 5. 通过利用二力平衡条件解释实际问题的过程，感悟生活中处处有物理，激发用所学知识解释生活现象的兴趣	二力平衡条件；探究做匀速直线运动物体的二力平衡条件
机械力学	八年级 第四单元 第一节	1. 能识别出杠杆，并能准确找出支点、动力、阻力、动力臂、阻力臂； 2. 知道杠杆的平衡条件，并能利用杠杆的平衡条件进行相关的计算； 3. 能对杠杆进行分类，并能根据实际需要选择合适的杠杆； 4. 通过实验探究，得出杠杆的平衡条件； 5. 通过对杠杆的研究，逐步学会透过现象认识事物本质的方法，培养学生观察能力和用科学的方法解决问题的能力。培养交流与合作的能力和学习物理的兴趣； 6. 通过从生活中的实例，建立杠杆模型的过程，了解物理学中研究问题的方法。通过探究杠杆的平衡条件，勇于并乐于参与科学探究，增进交流与合作的意识，加强相互协作精神	探究杠杆的平衡条件；杠杆示意图中动力臂和阻力臂的画法

（张 悦）

附件2

校园雨棚设计与中学数学相关知识点汇总

知识点	课程章节	教 学 目 标	重点、难点
长方体 的直观图画法	六年级 第二学期 第八章 第二小节	1. 通过对事物长方体的观察，掌握长方体的特征，并学会用斜二侧画法画长方体的直观图； 2. 具有初步的空间观念和空间想象能力	用斜二侧画法画长方体的直观图
三角形 的有关概念	七年级 第二学期 第十三章 第一节	1. 知道三角形具有稳定性； 2. 能将三角形的稳定性合理运用到设计图中	三角形具有稳定性
相似形 与比例线段	九年级 第一学期 第二十三章	1. 通过图形的放缩运动理解相似的含义； 2. 知道相似的概念，理解图形放缩的比例尺之间的关系； 3. 关注生活、关注生产，感受数学在实际生活中的应用	运用比例尺放缩图距与实距
解直角三角形 的应用	九年级 第一学期 第二十四章	1. 能把数学问题转化为数字问题； 2. 能够进行三角函数的计算，并对结果的意义进行说明，发展数学的应用意识和解决问题的能力	能把数学问题转化为数字问题并解决问题
数据整理 与表示	九年级 第二学期 第二十八章 第一节	1. 知道条形图、折线图、扇形图各自的优势； 2. 会用表格和条形图、折线图、扇形图整理与表示数据； 3. 会从图表中正确获取各种有用信息，解决实际问题	从图表中正确获取各种有用信息
统计的意义	九年级 第二学期 第二十八章 第二节	1. 统计的意义及其相关概念； 2. 普查与抽样的方法对某件事物进行考察，对数据进行整理	统计的相关概念
多面体 的直观图	高三 第十五章 第二节	1. 了解空间图形的表现形式，掌握空间图形在平面内的表现方法； 2. 会用斜二侧画法画水平放置的平面图形以及空间几何体的直观图； 3. 会画简单空间几何组合体的直观图	用斜二侧画法画直观图；空间几何体的直观图画法

（方　园）

附件3

3D打印笔使用操作说明

一、3D打印笔功能

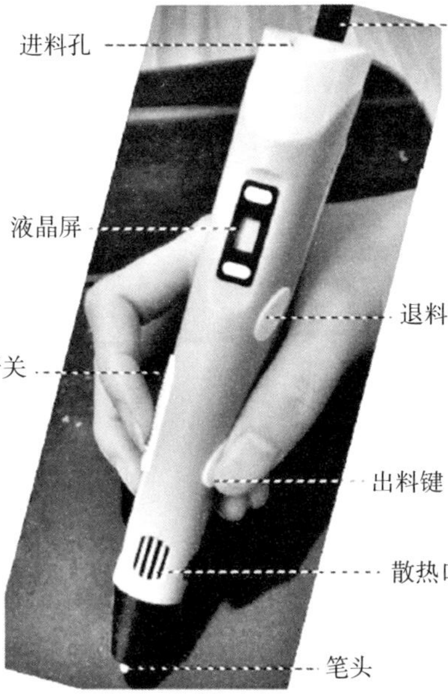

二、使用操作步骤

1. 将电源适配器AC端插入电源插座，另一端DC插头插入3D打印笔的电源口，此时液晶屏幕处亮起红灯，表明设备已经进入通电待机状态；

2. 当液晶屏上显示PLA或者ABS字样，通过位移液晶屏幕上下的按钮进行材料选择；

3. 选择材料后，点按“出料键”，LED灯点亮，标明设备已经进入预热状态，此时液晶屏幕显示实时加热温度，当LED灯由红变黄，标明预热结束，设备方可进行使用；

4. 将耗材插入进料口，装载前保证材料端口平整，长按“出料键”，耗材便由内置马达进行输送，待喷嘴端有料吐出，即装载成功；

5. 由于地域温度差异，在使用过程中可以进行微调，本设备有“变速”开关，创作中可以根据出料速度实时调整；

6. 停止工作一分钟后，程序将自动进行休眠状态，此时液晶屏显示SLP，如再次使用，点按“出料键”重新进行预热，预热完成即可工作；

7. 按下“退料键”约3秒钟，程序自动退料。更换不同材料需要先切断电源，然后重新选择相应的材料程序即可；

8. 创作完毕，卸载耗材，清理笔头。注意，此时笔头仍然有余温，警惕烫伤。

三、注意事项

1. 输送耗材中，务必保证耗材前段平整，如遇耗材输送不畅，请退出修剪耗材前端，切勿蛮力输送；

2. 设备工作中，严禁用手触碰喷头或发热部件；

3. 如遇喷头堵塞，可以按压两侧黑色按钮取下笔头进行清理；不能自行清理的，请咨询维修人员；

4. 若马达发出“卡卡卡”的声音，说明温度过低，请用液晶屏上下两侧按钮调节温度3—5℃；如耗材出现气泡，说明温度过高，请调低温度3—8℃；

5. 更换耗材的时候要将耗材放入打印笔的一头剪平。

四、简单故障排除

故障现象	故 障 原 因	故障排除方法
电源指示灯不亮	电源适配器故障	更换电源适配器
	插座引线脱落	焊接插座引线
	主板故障	更换主板
喷嘴不出丝	喷嘴堵塞	更换加热喷头组件
	温度不够	更换加热喷头组件或调温
	没有温度	更换加热喷头组件或主板
	齿轮输送耗材打滑	清洗齿轮，重新装载

续　表

故障现象	故 障 原 因	故障排除方法
喷嘴不出丝	耗材续丝失败	退丝,将耗材端口剪切平
	加热喷头接触不良	拆卸加热喷头重新安装
	马达损坏或断引线	更换马达组件
	程序故障	更换主板
加热无温度	加热喷头损坏	更换加热喷头组件
	主板故障	更换主板
	内部引线脱落	焊接引线
温度过高烧喷	主板故障	更换主板
	加热喷头故障	更换加热喷头组件

“为雨伞找个家”活动方案

一、活动背景

上海地处长江三角洲，属亚热带季风性气候，四季分明，日照充分，雨量充沛。上海气候温和湿润，全年60%以上的雨量集中在5月至9月的汛期。一旦到了汛期，湿雨伞滴水问题、存放问题比较突出，随手携带，随意乱放，容易带来安全隐患。学校在大修前夕，组织开展“为雨伞找个家”综合实践活动，号召全体同学献计献策，提出“雨伞架”的构想，让雨伞有“家”可归。

“为雨伞找个家”综合实践活动旨在引导学生将所学的物理、数学、艺术等学科知识付诸实践，弘扬科学精神，整合学科知识与技能，激发和发展兴趣爱好，将学生从传统课堂和常规学习实践中解放出来，将“要我学”转变为“我要学”，激发他们的探索求知欲，增强人文关怀，发展核心素养。

二、活动目标

1. 能够通过设计问卷，了解其他同学对设置雨伞架必要性的看法，以及对雨伞架位置、功能性、外形美观度的需求；

2. 能够通过整理、分析数据，给出实际的操作建议；

3. 能够实地勘察、测量，确定雨伞架选址，绘制雨伞架设计方案；

4. 能够通过探究雨伞架下方排水口排水效果与哪些因素有关，改进雨伞架设计方案；

5. 能够运用所学知识进行模拟实验，根据实验结果对雨伞架的设计进行合理改进；

6. 能够初步掌握装饰画的题材、造型、构图、色彩、材质等独特的艺术语言；

7. 能够制订活动计划，组织开展活动，做到分工合理，组织有序；

8. 能够撰写简单的汇报材料，养成关注身边人、事、物的习惯，提高人文关怀的意识。

三、活动对象及指导教师

活动对象：八年级学生。

主要指导教师：物理教师、数学教师。

辅助指导教师：美术教师、信息技术教师、班主任。

四、活动内容

（一）准备阶段

1. 通过晓黑板发布活动通知，由学生自主成立探究小组，每组8人左右，确定组长与分工；

2. 各阶段演示范例准备：问卷调查、雨伞架设计图纸、开题报告及结题报告；

3. 辅助学科资料包（数学课中的立体几何绘图、平面与立体几何图形的计算，物理课中的力学原理，美术中的装饰画等）。

（二）第一阶段（两周时间）

要求：通过问卷调查，了解其他同学对设置雨伞架必要性的看法，以及对雨伞架功能性、外形美观度的需求。

1. 各组设计问卷，并下发给各年级、各班同学；

2. 整理、分析数据，对雨伞架的位置、功能性与艺术性给出实际的操作建议。

任务：上传雨伞架问卷调查数据分析一份，开题报告一份。

（三）第二阶段（三至四周时间）

要求：学会制订雨伞架设计方案，并设计模拟实验，根据实验结果对雨伞架的设计进行合理改进。

1. 根据第一阶段分析数据得出的位置以及功能性、艺术性倾向，初步制订雨伞架设计方案；

2. 通过实地观察、临摹、想象绘制雨伞架，并分析、测量、估算雨伞架的尺寸；

3. 设计实验，探究雨伞架下方排水口排水效果与哪些因素有关，根据探究实验所得结果对雨伞架下方排水口的设计提出合理建议；

4. 通过了解装饰画的艺术价值，初步掌握装饰画的题材、造型、构图、色彩、材质等独特的艺术语言。通过作品欣赏、分析和讲解，能设计出造型合理的雨伞架形态，并画出单位纹样。

任务：上传雨伞架设计方案一份。

（四）第三阶段（一周时间）

要求：整理活动过程，完善设计方案，完成最终结题报告并准备展示。

任务：上传结题报告、最终版设计方案、展示用文档等。

五、评价方式

<table>
<tr><th colspan="2" rowspan="2">指　　标</th><th rowspan="2">内　　容</th><th colspan="4">评　　价</th></tr>
<tr><th>优</th><th>良</th><th>合格</th><th>须努力</th></tr>
<tr><td rowspan="2">计划先行</td><td rowspan="2">设计出解决问题的规范方案</td><td>描述研究计划的组成要素</td><td></td><td></td><td></td><td></td></tr>
<tr><td>设计一个完整的研究计划</td><td></td><td></td><td></td><td></td></tr>
<tr><td rowspan="7">团队合作</td><td rowspan="2">合理组建团队</td><td>相互了解，求同存异，组建团队</td><td></td><td></td><td></td><td></td></tr>
<tr><td>在解决团队冲突过程中，逐渐形成团队规范</td><td></td><td></td><td></td><td></td></tr>
<tr><td rowspan="4">明确个人角色分工</td><td>每个成员明确课题的总体目标和实施流程</td><td></td><td></td><td></td><td></td></tr>
<tr><td>明确个人在团队合作中的角色</td><td></td><td></td><td></td><td></td></tr>
<tr><td>明确个人在课题实施每个阶段的具体任务</td><td></td><td></td><td></td><td></td></tr>
<tr><td>积极主动地完成个人的任务</td><td></td><td></td><td></td><td></td></tr>
<tr><td>积极合作交流</td><td>建立包容、尊重、妥协、互助、信任的合作意识</td><td></td><td></td><td></td><td></td></tr>
</table>

续　表

指　标		内　容	评　价			
			优	良	合格	须努力
假设预测	提出合理的假设,预测判断	根据问题提出猜测,并设计问卷				
科学严谨	数据统计能力	准确整理、分析问卷数据并清晰记录				
观察	培养观察意识,学会观察方法	对身边人、事、物有好奇心和兴趣,在教师的引导下有意识地观察事物				
		有目的、有计划地观察周围的自然和社会环境				
学科素养	数学学科素养	画不规则的立体图形,并能体会“化曲为直”、“化立体为平面”的思想				
		经历观察、临摹、想象绘图的过程,体会由具体到抽象的立体几何绘图过程				
		经历分析、测量、估算的过程,体会到数学的严谨性				
	物理学科素养	通过设计实验,培养物理思维				
		通过实验操作,学会运用物理学的理论来解释自然现象				
	美术学科素养	了解装饰画的艺术价值,初步掌握装饰画的题材、造型、构图、色彩、材质等独特的艺术语言				
		通过作品欣赏、分析和讲解,设计出造型合理的雨伞架形态,并画出单位纹样,培养创新能力,美化身边环境				
表达交流	学会倾听、理解他人的想法,清晰表达自己的观点	学会倾听,了解他人的想法,并积极表达自己的意见				
		养成良好的倾听和交流习惯,能够有条理地表达自己的观点,并及时听取意见,补充或调整自己的观点				

续 表

<table>
<tr><th colspan="2" rowspan="2">指　　标</th><th rowspan="2">内　　容</th><th colspan="4">评　　价</th></tr>
<tr><th>优</th><th>良</th><th>合格</th><th>须努力</th></tr>
<tr><td rowspan="3">成果展示</td><td rowspan="3">学会运用多种形式展示学习成果</td><td>运用PPT、实物等形式展示自己的研究成果</td><td></td><td></td><td></td><td></td></tr>
<tr><td>小组合作，选择恰当的形式展示研究成果，并合作讲解研究过程</td><td></td><td></td><td></td><td></td></tr>
<tr><td>依据研究目标，积极思考自己在研究过程中发现的问题，并及时调整和完善</td><td></td><td></td><td></td><td></td></tr>
<tr><td rowspan="2">评价</td><td rowspan="2">围绕活动要求，及时、客观地对自己和同伴进行评价</td><td>根据教师提供的评价单评价自己和同伴，肯定和赞赏同伴的学习活动和研究成果</td><td></td><td></td><td></td><td></td></tr>
<tr><td>依据学习单和评价单，对自己和同伴的学习活动以及研究成果进行及时、客观的综合评价，并说明理由，提出改进的意见或者建议</td><td></td><td></td><td></td><td></td></tr>
</table>

（史逸翔）

附件

我们的研究实践（开题报告）

组名________ 班级________ 组长________

研究主题	雨伞架设计方案	
小 组	组 长	组 员
指导老师		

我们打算用这些方法进行研究（请在合适的选项括号内打“√”） 研究观察法（ ） 调查访问法（ ） 预测研究法（ ） 文献查阅法（ ） 内容分析法（ ） 其他（ ）
我们是这样分工合作的（整个活动过程各阶段的分工情况） __________负责________________ __________负责________________ __________负责________________ __________负责________________
我们的成果打算用这种方式呈现给大家（请在合适的选项括号内打“√”） 手抄报（ ） 视频（ ） PPT（ ） 图片（ ） 展台（ ） 其他（ ）
预计困难及解决方法：
参与探究活动的感想和体会：

（史逸翔）

“几何画板数学实验设计”方案

一、活动背景

当前，初中数学教学中对数学直观性背景的创设和数学探究发现过程的展示关注较少。这种局面导致学生学习兴趣不高，理解能力、探究能力薄弱，给学习数学带来了困难。为了全面发展学生数学学科核心素养，我们既要重视数学内容形式化、抽象化的一面，又要重视数学发现、数学创造过程中具体化的一面。后者对于数学基础教育显得更为重要。

几何画板提供了移动、画点、画圆、画线和书写相关文字工具，它能以动态方式表现对象之间的几何关系，可以帮助学生从直观动态中观察、探索、发现对象之间的数量关系变化与空间结构特征，开创形象的“数学实验室”，为学“做”数学提供必要的手段。学生借助几何画板可以自主地在问题空间进行探索，开展数学实验，在问题解决过程中获得丰富的数学体验，提升实践能力和创新能力。

二、活动目标

1. 通过设计数学实验，培养主动探究和主动创新的能力；

2. 通过定理整理，培养整理、归纳的能力，使其对数学知识有系统的理解；

3. 通过几何画板的学习，能够利用信息技术对数学知识的动态化呈现，理解数学思想；

4. 通过分析、合作、归纳等活动亲历知识建构过程，激发学习兴趣，培养观察实验能力；

5. 能够体验到进步的快乐与成功的喜悦，同时也可以经受一定的挫折教育，实现智力与能力的共同发展。

三、活动对象及指导教师

活动对象：七年级几何画板拓展课学生（有一定的几何画板基础）。

主要指导教师：数学教师。

辅助指导教师：信息技术教师。

四、活动内容

（一）准备阶段（一周时间）

1. 通过晓黑板发布活动通知，由学生自主成立探究小组，每组4人左右，确定组长与分工；

2. 各阶段演示范例准备：数学实验设计样例、几何画板软件样例、操作实验表格样例；

3. 辅助学科资料包（数学课中的几何定理、几何画板教程等）。

（二）第一阶段（两周时间）

要求：梳理初中数学课本中的几何定理，分析可以用数学实验得到的定理。

1. 各组布置组内任务，梳理数学几何定理；

2. 分析、整理可以用数学实验得到的定理。

任务：上传几何定理梳理文件及可数学实验操作分析表。

（三）第二阶段（三周时间）

要求：确定数学实验研究主题；设计数学实验方案；制作几何画板实验文件并进行实验；设计实验记录表并记录实验结果。

1. 根据第一阶段整理的几何定理，确定数学实验研究主题；

2. 利用已学的几何画板知识，查阅几何画板相关操作资料作为技术支持，制作数学实验文件。

3. 利用设计实验记录表，几何画板文件进行试验并记录实验结果。

（四）第三阶段（两周时间）

要求：整理活动过程，完善设计方案，完成最终结题报告并准备展示。

任务：上传实验用几何画板文件、实验记录表、最终版设计方案等。

五、评价方式

指　　标		内　　容	评　　价			
			优	良	合格	须努力
课题选择	确定可行的研究课题	小组研讨后确定数学实验研究课题，并且得到小组成员的认同				
		确定的研究课题具有可行性				
团队合作	合理组建团队	相互了解，求同存异，组建团队				
		在解决团队冲突过程中，逐渐形成团队规范				
	明确角色分工	每个成员明确课题的总体目标和实施流程				
		明确个人在团队合作中的角色				
		明确个人在课题实施每个阶段的具体任务				
		积极主动地完成个人的任务				
	积极合作交流	建立包容、尊重、妥协、互助、信任的合作意识				
制定计划	根据课题合理制定计划	能根据课题合理制定计划，制定研究方案				
实践实验	动手实践制作软件，操作实验并处理数据	能运用几何画板制作实验				
		能处理收集的数据和实验信息				

续　表

指　　标		内　　容	评　　价			
			优	良	合格	须努力
资源运用	运用多种渠道收集资料	根据内容的需要恰当、合理地使用各种媒体				
		收集丰富的资料，并且都与课题相关				
学科素养	数学学科素养	能梳理、分析、理解数学几何定理				
		经历数学实验，体会几何动态化的过程				
		经历分析、实验的过程，体会到数学的严谨性				
	信息科技素养	通过实验操作，学会运用信息技术分析数学问题				
		通过设计实验，提高信息科技技术水平				
表达交流	学会倾听、理解他人的想法，清晰表达自己的观点	学会倾听，了解他人的想法，并积极表达自己的意见				
		养成良好的倾听和交流习惯，能够有条理地表达自己的观点，并及时听取意见，补充或调整自己的观点				
成果展示	学会运用多种形式展示学习成果	实验成果能很好地说明定理				
		制作的几何画板文件完全符合要求				
		成果展示能说明定理，且逻辑清晰				
评价	围绕要求，及时、客观地对自己和同伴进行评价	能根据教师提供的评价单评价自己和同伴，能肯定和赞赏同伴的学习活动和研究成果				
		依据学习单和评价单，对自己和同伴的学习活动以及研究成果进行及时、客观的综合评价，并说明理由，提出改进的意见或者建议				

（赵　璞）

“数学高阶思维”课程方案

一、课程背景

数学思维教育是21世纪教育教学的核心之一，面对日新月异的变化，如何提高学生的高层次思维，使之适应在短期内快速变化、竞争激烈的现代化社会，这对数学教师提出了很重要的高层次要求。当今，我国教育教学改革正不断推进，高阶思维的培养绝不仅仅是智力上的提升，更是对人格的塑造，是综合素质的体现，是数学教育中持久且长期的目标。

初中学生的数学思维主要有低阶思维和高阶思维两种。其中，低阶思维具体表现为思维浅表性、非结构性、不可变通性。国内学者对数学思维的研究比较早，但是对高阶思维的研究比较少。较早对高阶思维展开研究的是钟志贤教授。他提出所谓数学高阶思维，是发生在数学活动中的较高认知水平上的心理活动或较高层次的认知能力。高阶思维能力主要包括创新、问题求解、决策和批判性思维能力，它在教学目标分类中表现为分析、综合、评价和创造。高阶思维与低阶思维的对比见图1。而在日常的教学中，教师的一些灌输型教学加上学生的大量机械训练识记导致学生的数学思维长期呈现低阶状态。当学生遇到新颖、困难的问题等，没法利用所学的知识探究和解决问题。

初中数学知识少、浅、难度低、知识面窄。而在今后的数学学习中，对于数学思维能力的要求比较高。八年级学生的抽象思维能力处于关键的发展阶段，学生求知欲也比较强。结合学生的学习特点，本课程主要从两个角度加强学生的数学高阶思维能力，一方面是基于新课程标准的数学奥数拓展学习，在学生日常数学学习

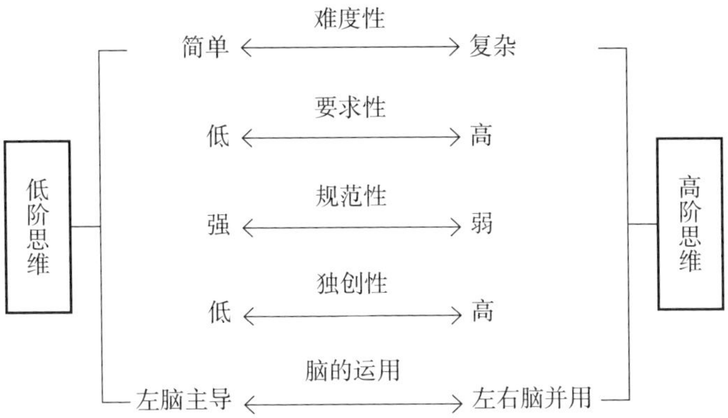

图1　低阶思维与高阶思维对比图

内容的基础上，提升知识点思维层次，拓展奥数内容的学习；另一方面由于高中数学相比初中在思维方式、抽象程度、知识体量上有很大的飞跃，导致部分初中生升入高中后难以适应，成绩出现滑坡，因此很有必要在渗透数学高阶思维思想的同时，强化学生初中数学学习的体系，使学生初中数学知识学得更扎实，并为今后九年级乃至高中数学的深层次学习打下坚实的基础，让学生在学习的过程中体验数学的乐趣和价值。

二、课程目标

知识技能方面：

1. 从代数和几何两个方面入手，以八年级数学教材课程内容为出发点，扩大知识点的思维角度，开展基于知识点的奥数拓展内容学习，提高学生的高层次思维能力；

2. 从代数和几何两个方面入手，找出初高中数学教学衔接中的重要关键点，从而为初中数学教学提出有用的建议，让学生在掌握初中课程的基础上，适度拓展知识面；

3. 经过二次根式、方程等代数知识的扩展学习，掌握其概念的本质核心，并理解相关知识点之间深层次的关系；

4. 经过三角形相关定理的学习，掌握各个定理之间的联系和区别。

数学思考方面：

1. 渗透数学思想，强化学生初中数学学习的体系，使学生初中数学知识学得更扎实，并为之后数学的深层次学习打下坚实的基础；

2. 培养开放性的数学逻辑思维，在学习的过程中体验数学的价值；

3. 通过相关知识的学习，建立数感、符号意识，发展高阶思维；

4. 参与观察、猜想、验证等数学活动，发展合情推理和演绎推理能力，清晰地表达自己的想法；

5. 学会独立思考，体会数学的基本思想和高阶思维能力。

问题解决方面：

1. 通过串联知识的学习，提升从数学的角度看待问题、发现问题、提出问题，并能用所学知识解决问题的能力；

2. 通过代数和几何两个方面内容的学习，学习分析问题和解决问题的一些方法，体验解决问题方法的多样性，培养创新意识；

3. 通过多种形式的学习，学会与他人合作交流，形成一些评价和反思的能力。

情感态度方面：

1. 在积极参与课堂数学活动的学习中，提高学习数学的兴趣和求知欲；

2. 通过高阶思维知识的学习，并用其解决问题，体验学习的成就感，增强克服困难的勇气，建立自信心；

3. 通过知识的串联性学习，体会数学的结构美，了解数学的价值；

4. 在数学活动学习的过程中，养成独立思考、认真勤奋、合作交流、反思质疑的学习习惯以及科学严谨的求知态度。

三、活动对象及指导教师

活动对象：八年级部分学生。

主要指导教师：数学教师。

四、课程内容

<table>
<tr><th colspan="3">课　程　内　容</th><th>建议课时</th><th>单元设计说明</th></tr>
<tr><td rowspan="6">第一单元</td><td rowspan="6">代数知识拓展</td><td>二次根式的化简与求值</td><td>2</td><td rowspan="6">本单元主要涉及代数，选取了二次根式与一元二次方程两个方面的内容进行拓展，以八年级数学教材课程内容为出发点，找出初高中的衔接点，扩大知识点的思维角度，开展基于知识点的拓展内容学习，提高学生的高层次思维能力</td></tr>
<tr><td>实数与二次根式</td><td>2</td></tr>
<tr><td>一元二次方程根与系数的关系</td><td>1</td></tr>
<tr><td>一元二次方程根与系数的关系应用</td><td>1</td></tr>
<tr><td>一元二次方程根的分布——零分布</td><td>1</td></tr>
<tr><td>有趣的等式思想</td><td>1</td></tr>
<tr><td rowspan="6">第二单元</td><td rowspan="6">几何知识拓展</td><td>三角形中的“四心”</td><td>1</td><td rowspan="6">本单元主要涉及几何，以三角形为基础图形，以三角形面积为出发点，主要研究了三角形的“四心”和“四定理”，渗透数学思想，强化学生初中数学学习的体系，提高学生的探究思维能力</td></tr>
<tr><td>与三角形有关面积问题</td><td>1</td></tr>
<tr><td>与三角形有关的定理——燕尾定理</td><td>1</td></tr>
<tr><td>与三角形有关的定理——角平分线定理</td><td>1</td></tr>
<tr><td>与三角形有关的定理——赛瓦定理</td><td>1</td></tr>
<tr><td>与三角形有关的定理——梅涅劳斯定理</td><td>1</td></tr>
</table>

五、课程实施

本课程适用于八年级，共14课时，让学生自主选择拓展。一个内容一个课时，在教师的指导下学生进行知识学习，从而提升探究思维能力。

六、课程评价

对学生采用激励性评价方式，建立发展性的评价提醒，主要以“优秀、良好、合格”三个的等级，评价主要采用自我评价、教师评价、活动评价三种评价方式，评价内容主要有：一看学生考勤记录。二看学生在学习过程中的表现，如思维能力展现力，情感态度价值观、参与课堂积极性等。三看学生学习的成果，可通过课堂笔记、数学知识小报评比、期末考查等形式体现，根据学生综合表现给予相应的学习总成绩评价。

附件　学生成绩评定表格

评价项目	评　价　要　点	自评	互评	师评
思维能力	1. 知道每节课学习的任务和要求，知道新学知识点的用途并能制定学习和复习计划			
	2. 每节课前后了解相关知识点，建立与新知之间的联系			
	3. 能根据新知的概念和性质，在具体问题和情境中将其辨别出来，并理解			
	4. 能整合已掌握信息，建立知识点间的联系，选择和创造适当的途径解决相对复杂的数学问题，在复杂的情境下能有自己对问题的独特见解和判断			
	5. 能娴熟运用技巧，进行灵活推理，能从多个方面完成学习任务，并能从多个要点之间寻找联系，最后形成完整的、有逻辑意义的独立解释和观点			
情感价值	1. 按时认真参加每周一次的课程学习，不无故缺席			
	2. 有责任心，有求知的好奇心和探索的欲望			
	3. 乐于合作交流，尊重他人，不怕吃苦，勇于克服困难			
	4. 能和小组成员及时做好资料的积累和处理，能及时对自己的表现进行反思			
	5. 尊重他人的想法与成果，同时能分享自己的学习心得			
技能学习	1. 能用多种途径获取信息，能熟练查阅相关文献			
	2. 乐于研究，勤于动手，主动学习用新知识解决问题			
学习成果	数学小报、课堂笔记、期末考察			
成绩总评				

备注：评价采用等级制，分为优秀、良好、合格。

（方　园）

“心灵维生素”活动方案

一、活动背景

中学生正处于青春发育期，是生理变化发展的重要时期，也是人生观、世界观、价值观形成的关键时期，是人格发展的重要时期。我们在教育教学过程中，既要关注中学生的身体健康，也要关注心理健康，关注中学生品格的养成便成了一大难题。

体育是学校教育中的重要组成部分，不仅能帮助学生增强体质，同时也能培养学生积极向上的良好品质，健全人格。本活动方案受哈佛积极心理学课程的启发，结合心理调查、体育运动等方法，从自我概念、人际交往、团队合作、生涯发展等方面具体展开，针对初中生心理成长的特点，帮助初中生掌握心理学知识，增强体质，健全人格。

二、活动目标

1. 通过参与体育活动、调查研究等，认识自己，开发自己的潜能，挖掘内心积极向上的一面，从而达到身心健康发展；

2. 了解并掌握认识自己的方法和途径。接受并能正确面对自己的一些不如意，认识自己、悦纳自己、发展自己；

3. 在实践中直面人际关系难题，学习有效解决人际关系问题的方法，提升交往能力，促进身心健康发展；

4. 在体育活动中，体验愉快的情绪，激发对体育活动的兴趣，塑造积极向上的

良好品质,促进身心健康发展;

5. 认识“现实中的我”和“理想中的我”,进行初步职业规划。

三、活动对象及指导教师

活动对象:七年级学生。

主要指导教师:心理教师、体育教师。

辅助指导教师:班主任、数学教师。

四、活动内容

(一) 准备阶段

1. 通过晓黑板发布活动通知,由学生自主成立探究小组,每组4人左右,确立组长;

2. 各阶段演示范例准备:“我心目中的自己”记录表、“别人眼中的我”问卷调查表、职业规划书;

3. 辅助学科资料包(棒球基础知识、棒球动作要领、棒球比赛规则)。

(二) 第一阶段(二至三周时间)

要求:了解如何全面、客观的认识自我。

1. 通过查找网络、书籍等方式,了解认识自我的途径和方法。

2. 设计“我心目中的自己”记录表。小组内讨论确定“我心目中的自己”表格需要涵盖个人的哪些方面,如外貌、性格、能力、兴趣、天赋、价值观、家庭环境等;讨论确定表格的形式;通过全班分享优化表格内容。

3. 设计“别人眼中的我”问卷调查表。通过网络或其他方式查找问卷调查表的编制方法;设计问卷调查表;全班分享后优化问卷调查表。

任务:上传“我心目中的自己”表格设计一份、“别人眼中的我”问卷调查表一份。

评价:详见阶段一教师评价表。

（三）第二阶段（二至三周时间）

要求：在团体棒球活动中，促进对自我的认知和人际交往能力。

1. 为棒球比赛做充分的准备。学习棒球基本知识，了解比赛规则，理解规则的重要性。以小组为单位，练习抛接球和击打，基本掌握动作要领。讨论比赛前的分工与合作，提高集体意识、合作意识；

2. 进行棒球比赛。全班分为甲、乙两队，每队包括参赛选手、后勤保障人员和拉拉队成员，在比赛过程中相互配合，争取胜利；

3. 对活动进行总结。各队分别对本次活动的准备工作、比赛过程中的队员表现和团队合作等方面进行文字总结。

任务：上传各队赛前分工名单和活动总结。

评价：详见阶段二教师、学生评价表。

（四）第三阶段（四至六周时间）

要求：进行初步职业规划。

1. 在阶段一完成“我心目中的自己”记录表设计的基础上，综合团体棒球活动中自身表现和日常表现如实填写“我心目中的自己”记录表。

2. 开展“别人眼中的我”调查活动。在阶段一完成“别人眼中的我”问卷调查设计的基础上完成调查，调查对象可以是同组组员、班级同学、老师、家长等不同人群。

3. 综合记录表和调查结果，对自我进行较为客观的综合评价，体现自身优点和缺点。

4. 通过查找网络、访谈、实地体验等方式广泛地认识各类职业，了解人才市场需求，初步确定想要从事的职业。

5. 在充分认识“现实中的我”和“理想中的我”的基础上，进行初步职业规划。完成职业规划书，包含自我评价与环境评价、个人职业目标、学业规划等方面。

任务：上传职业规划书。

评价：详见阶段三教师评价表。

五、评价方式

阶段一教师评价表

指标		内容	评价			
			优	良	合格	须努力
信息科技能力	收集能力	能基于给定的目标，实现课外资料较全面的收集				
	识别能力	在众多的信息中，判断、识别其内容，选择所需的信息				
	处理能力	适当处理收集到的信息				
团队合作能力	团队组建	在团队形成初期，成员能主动自我介绍、相互了解，形成良好的团队氛围				
	分享交流	学会倾听，并积极表达自己的想法适时给予他人鼓励和支持				
	团队成果	团队有一定的凝聚力，能通过合作，较好地完成任务				
问卷设计能力	内容适切	能根据调查内容设计有针对性问题				
	结构合理	讲究结构安排，做到条理分明				
	语言艺术	注意语言艺术，文字言简意赅				

阶段二教师、学生评价表

指标		内容	评价			
			优	良	合格	须努力
体育学科素养	基础知识	掌握棒球基本知识，了解比赛规则				
	动作要领	掌握棒球动作基本要领				
	参与程度	对活动有兴趣，积极参与活动				
团队合作	分工合理	成员明确自己在团队中的角色和任务，能积极主动地完成个人任务				
	分享交流	学会倾听，了解他人想法，并积极表达自己的想法				

续　表

指　　标		内　　容	评　　价			
			优	良	合格	须努力
团队合作	团队成果	团队有一定的凝聚力，能通过合作，较好地完成任务				
综合能力	观察能力	养成观察意识，有目的、有计划地观察周围的人和事				
	自我觉察	在活动中，不断增进对自身情绪、性格、价值观等内心活动的觉察				
	人际交往	提高人际沟通能力，学会尊重他人的不同观点，主动与他人合作、沟通				

阶段三教师、学生评价表

指　　标		内　　容	评　　价			
			优	良	合格	须努力
问卷调查能力	开展调查	调查过程中有礼有节				
		收集不同人群对自己的评价				
	数据统计	准确整理、分析问卷数据，清晰记录				
		能对数据进行综合分析，从数据中提炼出有用信息				
自我成长	自我意识	正确认识自我，提高自主自助能力				
	人际交往	提高人际沟通能力，学会尊重他人的不同观点，学会合作				
	潜力开发	探索兴趣，积极看待自身发展				
	健全人格	形成良好的、积极的个性心理品质				
文字表达能力	信息准确	以职业规划为主题，信息准确无误				
	结构合理	讲究结构安排，做到条理分明				
	语言艺术	注意语言艺术，用词准确，语言流畅				

（设计者：李琛珏）

附件1

棒球入门知识

传球

要用食指、中指及拇指持球。传球时前脚要指向目标，传出时注意甩腕，投传后要把前送和跟进动作做完。传球姿势有3种，即肩上传球、肩侧传球、肩下或低手传球。

击球

有持棒挥击和持棒触击两种方法。击球员双手握棒，根据投手的投球动作和来球的路线采取相应的击球方式，力争将球击到守方队员接不到的远方或空档。

跑垒

击球员击出球后，在守方队员未接到球的瞬间，立即上垒，抢垒位。打棒球的技巧跑垒是击球后要利用挥棒的力量迅速迈出第一步，沿跑垒线冲向1垒。安全到达1垒后可以冲过垒位，但应立即返回。有可能更进一垒时，应按照跑垒指导员的手势，及早做好拐小弯的动作，用左脚踏触1垒垒包内侧后，奔向2垒。

击球有3种方法，分别是挥棒击、执棒触击和执棒推击。挥击时双手要靠拢，小臂拉平，后肘不宜贴身，双脚分开站立，挥棒时前脚伸踏不宜太大，以免影响准确性。

挥棒力量主要靠后蹬，转体，拉臂，甩腕。力量大的多用直臂挥击姿势，争取打出“本垒打”。另一种为了安全上垒，采用转体甩腕，双臂稍曲的动作，做到下棒快，棒轨短，打出迅猛而平直的安打球。触击法是双手轻执棒，平放身前，棒头稍高。

附件2

棒球比赛规则

两队比赛，每队各有9人，两队轮流攻守。攻队队员在本垒依次用棒击打守队投手投来的球，并乘机跑垒，能依次踏过1、2、3垒并安全回到本垒者得一分。守队截接攻队击出之球后可以持续碰触攻队跑垒员或持球踏垒以“封杀”跑垒员。

当球落地之前防守队员如果接住球，则称之为跑垒员被“截杀”，如果投手对击球者投出三个“好”球，则跑垒者被“三振出局”。攻队3人被“杀”出局时，双方即互换攻守。两队各攻守一次为一局，正式比赛为9局，以得分多者获胜。

守队队员按其防守位置及职责规定名称如下：投手，捕手，1垒手，2垒手，3垒手，游击手，左外野手，中坚手，右外野手。攻队入场击球的队员叫击球员。合法击出界内球且没有被场上防守人员截杀时，该击球员应即跑垒，称为“击跑员”。

当投手投出四个坏球或者让球接触到跑者身体，则跑者“保送”上一垒（“好”球即为投手将球投入好球区且击球者没有击中球，“擦棒球”，“界外球”和挥棒挥空也属于“好”球范畴，“坏”则指投手将球投在好球区外，且击球者没有挥棒）。击跑员安全进入1垒后，即称为“跑垒员”。

（李琛珏）

“快乐足球”课程方案

一、课程背景

足球运动是少年儿童最为喜爱的体育项目。经常从事足球运动会给人的思想、身体、心理、学习、生活带来诸多益处，能较有效地发展和提高人的心理素质。

园南中学于2018年被评为全国足球联盟学校。我校非常关注学生的健康成长，积极开展各类健康教育和实践活动。学校通过丰富的体育活动包括足球项目的开展，促进学生的健康成长。在本校体育老师开展足球教学的基础上，学校还借助校外力量，聘请专业足球教练，对足球项目进行全覆盖普及，增强了学生对足球的兴趣，提高学生的足球技术水平。

本课程理念是：普及为先、逐步提高。坚持“以球润德、以球健体、以球启智、以球育美”的校园快乐足球，提高中学生的多元智能中的动觉智能。广泛开展足球运动，培养学生足球兴趣，掌握足球的基本理论和技战术，足球运动队的训练，形成浓厚的校园足球氛围。

二、课程目标

1. 认知目标：了解足球运动的锻炼价值，培养学生参与足球运动的兴趣和爱好；

2. 技能目标：在足球游戏和比赛中运用所学的基本技术和简单战术，发展学生速度、力量、耐力、灵敏、柔韧等各项身体素质和基本活动能力，促进身心的全面发展；

3. 情感目标：培养学生自信、吃苦耐劳、公平竞争、团结协作等优良品质，提高社会适应能力。提高对个人健康和群体健康的责任感，表现出人际交往的能力和合作精神。发扬体育精神，具有良好的心理品质，形成积极进取的生活态度和爱国情操。

三、课程内容

课 程 内 容			建议课时	单元设计说明
第一单元	足球基本技能及技战术配合	脚内侧传接球	2	熟练掌握运球、传球、停球等基本要领以及技战术的配合，并能熟练运用其技能
		正脚背带球	2	
		外脚背带球	2	
		射门	2	
		技战术配合	2	
第二单元	足球基本规则	足球的场地大小	1	掌握系列足球规则，能进行3人制、4人制、5人制足球对抗赛
		比赛的基本规则	2	
第三单元	足球游戏	抢球游戏	1	采用游戏的形式，在提高学生身体素质的情况下进一步提高学生的足球技能
		运球游戏	1	
第四单元	足球比赛	足球队内比赛	2	通过比赛检验以往学过的重点技、战术及在比赛中灵活运用的能力，同时，对以往足球知识建立正确的理论体系，尝试观赏和评价足球比赛

四、课程实施

本课程共17课时，主要由体育教师和教练运用直接教授基本技术和战术以及比赛等教学手段。本课程适合足球队及各年级的学生练习。

五、课程考核与评价

1. 课程评价

本课程采取多样的评价方法，重视学习结果的评价，更重视过程的评价。重视开展学生之间的互评和自评，鼓励学生通过活动充分表现自己。

根据学生平时的考勤、训练表现、小组合作分别给予相应积分。

评价指标		分值	评价			
			自评（20%）	互评（30%）	指导教师评价（50%）	综合评价
平时	出勤情况	10				
	训练表现	30				
	技能的掌握	40				
	小组合作	20				

2. 技能考核

	目标	训练次数时间	训练内容	身体训练	心理训练	理论传授内容	比赛方式	考核
水平一	I 满足队员对足球比赛的需求，培养积极进取意识及遵守纪律的良好作风。 II 发展球感和控球能力，学习基本的运球技术。 III 通过比赛领会“进球和阻止进球”这一足球比赛的基本战术思想。 IV 训练正确的带球跑技术、发展身体行动的协调性和灵敏性	每周一训	球性和运球	正确的跑姿	积极进取意识	进球与阻止进球	三对三	三个
水平二	I 进一步发展队员对足球运动的兴趣和爱好，学习和感受小组合作行为（包括帮助同伴与被同伴帮助，被同伴接受和认同等）。 II 继续发展球感和培养控球基本能力，提高控球和处理球的过程中，球和身体的协调程度，初步掌握基本的运、传、接技术，了解射、抢和头顶球	每周一训	球性和传接球	协调性和速度灵敏素质	合作意识	二过一配合	五对五	五个

续 表

	目 标	训练次数时间	训练内容	身体训练	心理训练	理论传授内容	比赛方式	考核
	III 了解战术行动准则,传授个人战术。 IV 基本掌握正确的跑动技术,注重发展身体动作的协调性、速度和灵敏素质							
水平三	I 培养和巩固对足球运动的兴趣,发展对足球比赛的积极态度,培养良好的训练和比赛作风。 II 充分利用提高足球技术的“敏感期”,系统全面地发展个人足球技术,在进一步发展球感和完善控球能力的前提下,注重发展技术动作的速率与时间的快速连接。 III 传授战术基础知识,基本掌握战术要素,在全面发展个人战术的基础上,开始学习全队战术。 IV 在提高全面身体基础素质的前提下,注重提高队员的速度、灵敏和协调素质,基本掌握协调、快速、敏捷的足球专项跑、跳技术	每周一训	熟悉比赛规则	全面身体基础素质	团队协作意识和规则意识	足球比赛规则	七对七	七个

(陈瑶、柴明辉)

“小脚丫走大社区”活动方案

一、活动概述

历史可以让人们铭记过去，以史为鉴，开创未来。文化是一个国家的软实力，是获得民众认同的根本，对国家的发展起到重要的作用，可以增强民族认同感，提高国家综合实力。

触摸历史，访古问今，有助于走近历史，感受曾经存在过的时间与空间，了解历史中的人文精神，反思当下的生活方式与价值取向；也有助于确立人生目标，增强克服困难的意志力，提升抗压能力。

徐汇区有着悠久的历史，区内有著名的上海交通大学，有上海交响乐团音乐厅和上汽·上海文化广场，还有黄母祠和徐家汇天主教堂等人文深厚的文化场馆。也有许许多多的名人曾在这片土地上留下过足迹。至今许多弄堂间还流传着他们的传奇故事，当然也还保留着一些他们的故居。徐汇区是一个人文教育的大课堂，这里文化底蕴深厚，有太多历史和人文待我们去挖掘、去解读、去品味。

二、活动目的

1. 通过触摸历史、访古问今的体验式学习方式，了解徐汇区的历史变迁，感受它历史的厚重，品读“魔都”的城市韵味；

2. 了解社区里弄里的先贤事迹，掌握相关史实，学习先贤精神，树立自己的人生目标；

3. 通过行走体验和生存体验，了解市井百态，记录人生冷暖，切实感受生活的快乐与艰辛；

4. 在活动中学会自我保护，提升团队合作能力。

三、组织形式

主办单位：徐汇区教育党工委，徐汇区妇联，长桥街道党工委、办事处。

承办单位：上海市园南中学。

执行单位：炫徒教育。

参加人数：六年级学生，人数××人，分为××组。

志愿者：××位成人志愿者（每队志愿者由×位家长、×位老师组成）。

炫徒工作人员：总领队5人、医疗工作人员20人。

四、组织流程

（一）活动宣传及招募

1. 招募发布：由学校各个年级班主任老师发布，学校提供学生及家长的报名信息；

2. 分队建群：炫徒教育负责分队和建群工作。

（二）前期筹备

1. 数据筛选：进行队员及志愿者入选通知、联络、沟通、分组；

2. 最终挑战任务踩点并确定方案；

3. 挑战赛物料物资筹备；

4. 建立微信公告群。

（三）活动路线

参加队员分五条路线开展活动。

路线1：园南中学——汇城中心街花园（黄杨木雕）——上海市聋哑青年技术学校（手语艺术）——华轻梅陇购物中心——上海交通大学（名校历史与文化）——

园南中学（1—7小队）。

路线2：园南中学——上海市工商外国语学校（舞龙文化）——上海植物园（黄母祠历史人物）——徐汇日月光中心——土山湾博物馆（历史文化）——园南中学（8—14小队）。

路线3：园南中学——上海中学（建筑解读）——凌云商业中心——华东理工大学（名校历史）——徐家汇天主教堂（百年建筑）——园南中学（15—21小队）。

路线4：园南中学——徐汇区教育学院附属实验小学（品读江南丝竹）——中星城——土山湾博物馆（历史文化）—— 上海交通大学（名校历史与文化）——园南中学（22—29小队）。

路线5：园南中学——长桥街道社区学校（剪纸艺术）——上海植物园（黄母祠历史人物）——汇阳广场——徐光启纪念馆（历史人物）——园南中学（30—37小队）。

（四）活动任务

触碰历史人文建筑，听老房子讲那过去的故事：以读、游、览、谈、品等多种方式，穿越古今中外不同时间经纬织就的独特“海上景观”，走访、参观龙门楼（上海中学）、先棉堂（上海中学）、土山湾博物馆等优秀历史建筑，品读建筑美学及背后的故事。

漫步徐汇，一砖一瓦皆故事：徐汇区有许多老街区，也有许多老建筑，漫步在徐汇的古老街区，体验老上海的风情，感受历史的厚重。

聆听徐汇，忆蹉跎岁月：历史虽然无言，但它会说话。能够听见历史说话已经很了不起了，而能够听懂历史在说什么，这就是伟大的智慧。听懂历史说话是一种巨大的才智。上海交大有着百年历史，她见证了中国近现代文化的历史变迁，同学们需要做的便是在学姐学长们的解说中聆听历史的教诲。

食在徐汇，寻找传统美食：都说餐食最能反映一个地方的民风民俗，那你知道徐汇区都有哪些传统美食吗？这些美食已经有多久的历史了呢？它们的背后又都有什么动人的故事呢？这不仅需要我们的同学去解答，更需要我们的同学靠自己的智慧和劳动去获取。

忆，平凡中的伟大：人的一生很短暂，通常都只有短短的几十年岁月，但有的人却可流芳百世，名留青史。在中国的纺织史中就有这样的一个人，她出身平凡，只是一个普通的农家妇女，但她却因她巧妙的纺织手艺为后世所祭奠。她的纪念祠就在徐汇的植物园中，同学们能否找到它呢？又能寻访到多少她的传奇故事呢？

（五）活动时间

1. ××××年××月××日14:50—16:50

召开培训会，所有队员、家长及志愿者参与培训。

2. ××××年××月××日

参加对象：参赛队员、家长志愿者共同参与。

时　　间	流　　程	备　　注
07:30—08:00	志愿者签到、队员签到	
08:00—08:30	启动仪式	
08:30—16:00	任务活动时间	
16:00—16:30	总结，颁发奖品、证书	
16:30	队员接领	

五、保障说明

1. 一流的安全管控和预案管理

自主开发针对户外教育的安全保障与风险管控体系，包括参与者全风险意识与行为准则、户外项目安全风险评估及应对措施、野外应急与医疗措施、服务方保障标准（包括活动场所/食/宿/交通/医疗）等。

安全管控将所有相关人员（参与者及监护人，主办方，服务方及第三方）的职责标准及责任义务包含在内，共同知晓并共担风险；针对课程体系进行流程管控，包括活动分级、风险分类与分级、场地安全评估、应对措施、急救培训与紧急救援、授权管控、事件处理、权责追查。

最重要的安全风险管控，是自我保护和自救。所以每一位参与者都需要经过安全风险应对的学习，掌握相关能力。针对活动操控流程与细节中可能出现的突发情况预判，并制定出的应对策略，这是工作团队、参与队员全部要事前学习的。

预案包括交通风险、伤病医疗风险的应对，食宿及餐饮卫生风险、野外活动风险、自然灾害的风险应对，队员常见病应对，以及意外突发情况及不可抗力因素造成的意外的应对，并针对事件处理流程进行详细指导说明。

2. 炫徒教育保障团队

保障人员配比：学生与工作团队配比约为3—3.5：1。

工作团队构成包括：指挥管理组、对外联络组、志愿者组。

志愿者：每6位学生，配备2名志愿者随队。

学生分组：6位学生为一个小队，队员内部分工。

3. 保险说明

为所有参与人员购买保险，包括未成年学生及成人工作人员、志愿者家长等。

购买保险：旅行意外险，基本保障包括意外伤害医疗，意外伤害身故/残疾。

（园南中学“小脚丫走大社区”活动项目管理委员会）

“跟着节气去探究”活动方案

一、活动背景

二十四节气在春秋战国时期形成，是我国劳动人民创造的辉煌文化，它能反映季节的变化，指导农事活动，影响着千家万户的衣食住行，是世界级的非物质文化遗产。二十四节气是以气候、物候为依据建立起来的。从二十四节气的命名可以看出：节气的划分充分考虑了季节、气候、物候等自然现象的变化。在学校开展“跟着节气去探究”综合实践活动，有利于弘扬科学精神，传承非遗文化，提升学生整合学科知识与技能的能力，提升综合思维能力及创新精神。同时，我校是徐汇区气象联盟校和上海市跨学科项目研究基地校，并成功申请了“二十四节气与植物”的科技项目，此项活动的实施有效地推动我校对这些项目的进一步深入研究。

二、活动目标

1. 能够通过查阅语文教科书梳理出与二十四节气有关的诗歌和文章，并能简单说出某个节气的由来、气候特点、民俗等相关知识；

2. 能够欣赏诗歌之美，分析其中蕴藏的科学知识，撰写简单的节气说明文；

3. 能够通过列表的方式记录天气预报信息，并能依据记录的气温数据绘制气温曲线图；

4. 能够通过观察气温曲线图，分析气温变化的规律，并能用规范的地理语言表述；

5. 能够运用所学的黑白灰知识，科学规范地绘制黑白植物自然笔记或利用手绘招贴画的方法，用简洁的造型语言为校园植物设计植物名牌；

6. 能够利用网络资源获取某一植物的分布信息，并能绘制简单的植物分布示意地图；

7. 能够运用实地考察法、文献调查法等多种方法进行调查研究，发现气象与动植物以及人类生活之间的密切关联，并能够从中发现问题，在分析问题、解决问题的过程中，提升综合分析能力与科学素养；

8. 能够制订活动计划，组织开展活动，做到分工合理，组织有序；能够撰写简单的汇报材料；养成严谨求实的科学态度，团结协作和友爱互助的作风；养成关注气象、关注节气、关注周围生物环境、农事等习惯，提升社会责任感。

三、活动对象及指导教师

活动对象：六年级学生。

主要指导教师：地理教师、科学教师。

辅助指导教师：语文教师、数学教师、美术教师、信息技术教师。

四、活动内容

（一）准备阶段

1. 发布活动通知，由学生自主成立探究小组，每组4人左右，确定组长；

2. 各阶段演示范例准备：资料清单、天气预报记录表、气温曲线图、植物名牌、植物自然笔记、开题报告及结题报告；

3. 辅助学科资料包（语文课内二十四节气相关诗歌和课文合集30篇、初中数学图形统计图知识点整理、中小学美术相关内容课标要求）。

（二）第一阶段（一周时间）

要求："学一学"二十四节气基础知识。

1. 各组梳理及搜集小学和初中语文课本中与二十四节气有关的诗歌及课文，

并汇总一份二十四节气课内学习清单；

2. 选择课内资料中的某一首诗歌或课文，说明它描绘了哪个节气，运用了什么事物描述了该节气的哪个方面或特点，其中包含了哪些地理、科学或生物等其他学科的知识，并将该节气作为本次活动重点探究的节气；

3. 通过网络或其他方式查找该节气的其他相关诗词、由来、气候特点、风俗、农业谚语、气象谚语、节气谚语、歌谣等相关知识，最后将资料整理成为一份该节气的介绍文稿。

任务：完成二十四节气课内学习清单一份、课内诗歌或课文节气说明一份、节气介绍文稿一份（资料需标注出处）。

评价：详见阶段一教师评价表。

（三）第二阶段（两至三周时间）

要求：学会制作天气预报记录表，绘制气温曲线图，制作植物名牌自然笔记。

1. 以第一阶段选定的探究节气为起点或终点，制作两个相邻节气之间的天气预报记录表（含两个节气的信息）。记录表中除天气状况、气温、风力风向，还可以增加感冒指数、穿衣指数、运动指数、舒适度指数等其他相关信息。记录完成后制成一份气温曲线图，简单分析这段时期气温的变化趋势。

2. 在选定的探究节气时期有哪些盛开的花，认识开花的植物，给其中一种植物制作一个植物名牌或以自然笔记的形式把它记录下来，绘制一幅该植物在中国的分布图。探究问题：为什么这些植物在此时期开花？你所在的小区或校园中是否有这些植物？为什么有或没有？

任务：完成天气预报记录表及相应气温曲线图一份、植物名牌或自然笔记一份、植物探寻报告内含植物分布图一份。

评价：详见阶段二教师评价表。

（四）第三阶段（十天时间）

要求：议一议二十四节气与动植物、人类生活的关系。根据第一阶段和第二阶段中学习的相关知识及发现的问题，选择合适的研究课题，制定研究活动开题报告，完成结题报告。

研究主题建议：

1. 可结合第二阶段的植物探寻报告，研究该节气时我国各地的气候特点及该特点对人类活动（农事、民俗等）、动植物生长等各方面的影响；

2. 可研究各类节气之最，如最冷、最热、昼最长、夜最长等，分析其地理原因，对人类活动、动植物生长的影响等；

3. 可结合现状研究二十四节气在现代是否还有意义；

4. 其他各类与二十四节气有关的话题都可研究。

任务：完成开题报告（见附录）和结题报告。

评价：详见阶段三教师及学生评价表。

五、评价方式

阶段一教师评价表

指标		内容	评价			
			优	良	合格	须努力
文本阅读能力	搜集筛选	完整搜集课内资料*				
	整理归纳	完成课内资料分类归纳，形成课内学习清单				
	阐释分析	理解文意，分析作品景物描写的意蕴，概括节气的特征				
文字表达能力	主题鲜明	抓住节气特征，围绕主题编写				
	结构合理	讲究结构安排，做到条理分明				
	语言艺术	注意语言艺术，文字确切生动				
信息科技能力	收集能力	能基于给定的目标，较全面地收集课外资料				
	识别能力	在众多的信息中，判断、识别内容，选择所需的信息				
	处理能力	能适当地处理收集到的信息				

续　表

指　　标		内　　容	评　　价			
			优	良	合格	须努力
综合分析能力	判断能力	能准确判断资料中包含的地理、生物等学科知识				
	综合思维	能运用地理、生物等学科知识多角度、多层面分析、解释课内文本				

*部编版中小学语文教材中与二十四节气相关的篇目共计30篇，其中一至六年级占25篇。

阶段二教师评价表

指　　标	内　　容	评　　价			
		优	良	合格	须努力
数据统计能力	能用列表方式准确、清晰记录天气预报				
	能根据气温数据准确绘制气温曲线图				
	能从图表中正确获取各种有用信息				
地理学科素养	能用规范的地理语言归纳气温变化规律				
	能运用地图从空间角度分析植物的分布特点				
	能说出植物的生长受到气候、地形、人类活动等多种因素的影响，有正确的人地观念				
生命科学素养	学会观察，能用植物名牌或自然笔记概述植物的基本特征				
	能简单分析植物形态结构与生活环境的适应性				
	能概述植物与人类的关系，有人和自然和谐发展的责任意识				
艺术设计能力	能提取植物最具特征的图形与线条，并通过适当变化后合理运用到植物名牌或自然笔记的设计中，体现植物特征				
	能表现出植物的形态和穿插关系，画面有主次关系，有层次感				
	植物名牌或自然笔记设计美观、独特、有创意				

阶段三教师及学生评价表

指　标	内　容	评　价			
		优	良	合格	须努力
学习表现	具有学习和研究课题的好奇心和求知欲，认真开展课题研究				
	能主动与他人合作，尊重他人，主动承担任务				
	能基于证据和逻辑发表自己的见解，实事求是				
学习能力	能正确运用科学思维方法，进行科学推理，找出规律，形成结论，并能解释自然现象、生活现象，解决实际问题				
	知道基本研究过程，掌握基本研究方法，具有使用科学证据的意识和评估科学证据的能力，能运用证据对研究的问题进行描述、解释和预测				
	具有批判性思维，能基于证据大胆质疑，从不同角度思考问题，追求创新				
实践能力	具有科学探究意识，能在学习和日常生活中发现问题、提出合理猜测与假设				
	具有设计研究方案和获取证据的能力，能正确实施研究方案，使用科技手段和方法搜集信息				
	具有分析论证的能力，会使用不同方法和手段分析、处理信息，描述、解释研究结果				
	具有交流与合作的意愿与能力，能准确表述、评估和反思研究过程与结果，完成研究报告				

（杨燕文）

附件

我们的研究实践（开题报告）

组名________　班级________　组长________

<table>
<tr><td>研究主题</td><td colspan="2">“跟着节气去探究”之________________</td></tr>
<tr><td rowspan="4">小　组</td><td>组　长</td><td></td></tr>
<tr><td rowspan="3">组　员</td><td></td></tr>
<tr><td></td></tr>
<tr><td></td></tr>
<tr><td>指导教师</td><td colspan="2"></td></tr>
<tr><td colspan="3">我们选这个主题的原因：</td></tr>
<tr><td colspan="3">我们打算用这些方法进行研究：（请在合适的选项括号内打“√”）
研究观察法（　　）　调查访问法（　　）　预测研究法（　　）
文献查阅法（　　）　内容分析法（　　）　其他（　　）</td></tr>
<tr><td colspan="3">我们是这样分工合作的：（整个活动过程各阶段的分工情况）
负责　　　　负责
负责　　　　负责</td></tr>
<tr><td colspan="3">我们的成果打算用这种方式呈现给大家：（请在合适的选项括号内打“√”）
手抄报（　　）　视频（　　）　PPT（　　）　图片（　　）
展台（　　）　其他（　　）</td></tr>
<tr><td colspan="3">预计困难及解决方法：</td></tr>
<tr><td colspan="3">参与探究活动的感想和体会：</td></tr>
</table>

（杨燕文、张行云）

鸟鸣麦收

园南中学“满园春”课程实施剪影

鸟鸣麦收的密码

一、教学目标

1. 识记气候的两大要素；例举气候区划的意义；比较不同气候类型的特征。
2. 初步学会选用相关图表，提取地理信息，并尝试分析解决实际问题。
3. 通过自然物候现象的探究，感受跨学科的学习过程。
4. 通过认识气候对动物、植物以及人类活动的影响，初步树立因地制宜，和谐发展的观念。

二、教学重点和难点

重点：运用图表资料，解释地理事象。

难点：理解气候区划的意义，树立因地制宜，和谐发展的观念。

三、教学方法

讲授法、小组合作、问题驱动法、科际联系法。

四、教学用具

1. 学生课堂任务单。
2. 自制多媒体课件。

五、教学流程

教学环节	学习资源	教学活动
新课导入	四声杜鹃的鸟鸣及俗称	问题：鸣声及俗称特点？
探究鸟鸣麦收的密码	中国政区图 四声杜鹃始鸣期表 四地气温及降水变化图 冬小麦生长环境表 中国气候类型分布图	探究一：鸟鸣的密码 提问：何时鸣叫？为何鸣叫？ 探究二：麦收的密码 提问：影响麦熟的因素？与鸟鸣相同的影响因素？
探究橡胶禁种区的突破	世界气候类型分布图 中国气候类型分布图 橡胶树的资料	小组活动：突破橡胶树的禁种区 任务一：读图判断橡胶原产地和西双版纳的气候类型及特点。 任务二：阅读图文资料，分析西双版纳种植橡胶的有利自然条件。
课堂小结		

六、教学过程

1. 开启密码探寻之旅

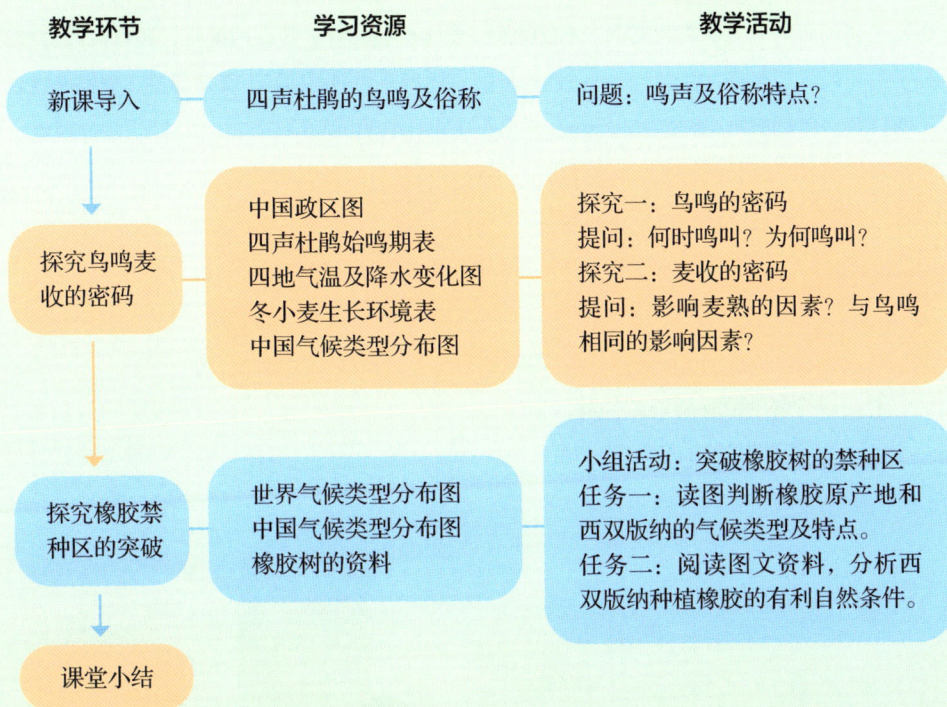

“咕、咕、咕、咕，咕、咕、咕、咕”数声鸟鸣突然在课堂上响起，学生的脸上露出了诧异的表情，一些学生似乎还在寻找声音的来源，此时教师故意惊讶地问到：“这是什么声音？”

生：我觉得是鸟叫声。

师：这个鸟的叫声有什么特点？

生：这只鸟一直在很有规律地叫。

生：这只鸟一直在重复同一个声调。

生：鸟叫的声音像吹口哨……

师：谁能来模仿一下这只鸟的叫声？

当发现没有出现能引出下一环节的回答时，教师提出了这个模仿的要求。一位男生迅速举手，随后站起来模仿着发出“咕、咕、咕、咕”四声一度的鸟叫声。男孩的大胆和自信，引发了现场师生饱含赞赏的笑声，不仅缓解了学生们被 200 人观课的紧张，还自然地过渡到了下一环节，本课的主角之一——四声杜鹃。随后，“割麦种谷、算黄算割、光棍好过、家婆打我、麦黄咋割、割麦插禾……”十多个四声杜鹃的民间俗称，引出鸟鸣麦收的现象，也开启了本节课对于密码的探寻之旅。

2. 寻觅鸟鸣的密码

要解开鸟鸣的密码，自然先从聆听鸟鸣声开始。教师再次播放了一段鸟鸣的音频。

师：这段鸟鸣声和之前那段鸟鸣声有什么不同？

生：这个不是同一只鸟在叫。

生：这些鸟叫的音调声不一样。

听完鸟鸣声后，学生们很明显地发现了这段音频中鸟鸣声和上一环节鸟鸣声的不同。而这不同的鸟鸣声，来源于我国四个不同的城市。在发现了两个“不同”之后，学生继续阅读“2019 年我国部分地区四声杜鹃始鸣期时间表”，又发现了一个不同——不同地区的四声杜鹃始鸣期不同。

师：如此多的不同背后，到底有什么是相同的？鸟鸣背后到底隐藏着什么样的秘密？

至此，很多学生陷入了迷茫之中。为了解开这个谜团，教师播放了一段上海自然博物馆中关于杜鹃的科普视频“狸猫换太子”，这段用手机拍摄的现场视频，画面不够清晰，声音也比较嘈杂，但是学生们却很快从中找到了四声杜鹃不断鸣叫的原因——求偶。

之后，在阅读“我国四城市月平均气温曲线图”时，学生们发现四城市四声杜鹃始鸣期所在月平均气温都在“22℃”左右。由此，学生们大胆推测：四声杜鹃的鸣叫虽然不同声、不同地、不同时，却有着一个共同的目标“大地回暖，它要求偶，繁殖后代”，鸣叫背后的密码是气温。

3. 探究麦收的密码

麦子的成熟与哪些自然条件有关？在问题的指引下，学生们读取“冬小麦生长环境表”，在众多的数据中发现冬小麦成熟时的最适宜温度是 20—22℃，与四声杜鹃始鸣期的月平均气温基本一致。麦收背后的密码亦有气温。

“广东为什么没有与割麦有关的叫法？”的设问，又激发学生对于密码的进一步探寻。再次查阅“冬小麦生长环境表”，比较广州与北京的气温降水量变化图，学生发现各地的水分条件也是影响小麦种植的重要因素。由此得出鸟鸣与麦收两个现象是否有关联，决定因素在于气温与降水的组合，气候是鸟鸣麦收的密码。

4. 突破橡胶禁种区

地图是地理事象基本的密码呈现方式之一，气候类型的分布图则是气候密码的地理表达。我们有时可以利用这种地理密码来解决实际问题。小组活动“突破橡胶禁种区”，学生们运用所学，利用所给的四份资料：中国气候类型分布图、西双版纳傣族自治州图、主要气候类型气温和降水变化图、橡胶树生长习性资料，完成学习任务单，从中感受地理要素的相关性、地理密码的复杂性以及我国地理学家考察的艰辛。

资料一

不同气候类型气温及降水变化图

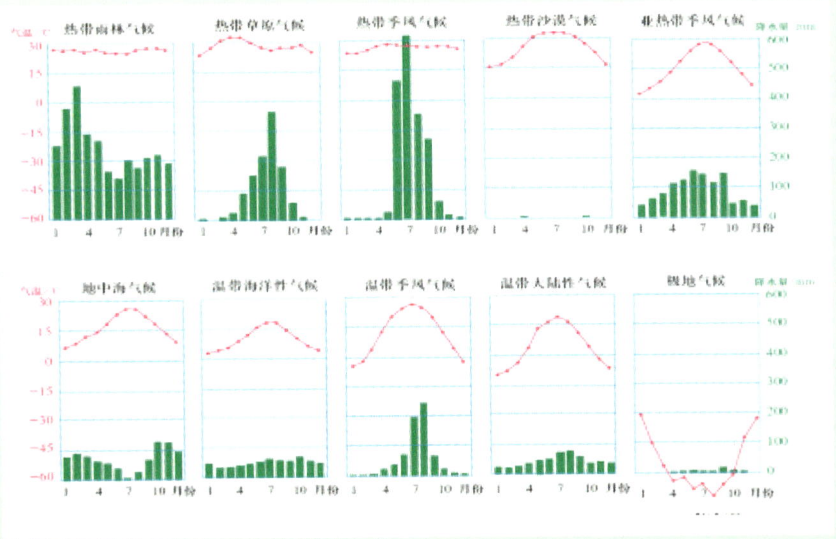

资料二

橡胶树原产地巴西亚马孙雨林，巴西橡胶树有较大的变异性和适应性。适于年平均温度 26-27℃，而且没有 15℃以下绝对最低温度；年降雨量 2500 毫米以上，分布均匀；年平均相对湿度 80% 以上；海拔高度一般 300m 以下，无大风的地区种植。

任务一：气候类型调查

橡胶树原产地属于____________气候，西双版纳属于____________气候。

任务二：气候特征分析

橡胶原产地（　　）　西双版纳（　　）

A. 全年高温，有干季和湿季之分　　B. 全年高温，有旱季和雨季之分

C. 全年炎热少雨　　D. 全年高温多雨

任务三：比较两地气候特征的相同点____________不同点____________。

任务四：结合上述任务，参考所给资料，试分析西双版纳种植橡胶树有哪些有利的自然条件？____

案例反思

跨界，从真实情景的研究和解决开始

乍一看“鸟鸣麦收的秘密”这个课题名称，很多老师都会产生疑问“这是一节什么课？是不是生命科学课？”随着课堂教学的展开，大家会发现这是一节地理基础课，一节从跨学科的视角来学习的地理基础课。为什么是这么“跨界”的一个课题，并非是出于市级跨学科教学研讨课需要些所谓的“噱头”，而是因为这节课的明线就是探寻“鸟鸣”与“麦收”之间相互关联的秘密。在明线任务的驱动下，暗线的学科知识学习也将自然进行——学生需要使用地理的知识和技能去分析及解决这个“生命科学”的问题。经历过研讨课的打磨，作为授课教师深刻地感受到跨界要从真实情景的研究和解决开始。

1. “真”问题才“育”人

这节课是沪教版六年级第二学期地理教材中《世界气候类型》一课，从接到上课任务到正式亮相，这节课的教学设计一直在不断调整中。最初的构思是一群动物逃离动物园，回归家乡的故事。在制定逃跑计划时，学生需要分析动物身体结构和生活习性上的特点与气候之间的关联，并根据气候类型的分布图准确地找到它们的家乡。这个设计有趣，也能吸引学生参与课堂活动，但在初期便被舍弃，你知道是为什么吗？因为它不真实，并带有天然的缺陷——将人与动物对立。无论教师如何精心设计，巧妙安排，虚拟的情境和不具备现实意义的问题都会带来这样或那样的缺憾，因为“假”问题设计时思考的是“如何将本课知识点呈现出来”，过于明显的目的性，显然无法带领学生进入更深层次的思考和探索。一个高质量的问题，是驱动课堂的关键所在，而真实性是高质量的根本。

2. “真”场景能“利”人

教学设计不应该以完成教学任务为目的，而是应该从学生的真实需要出发，回归真实生活。所以在设计本课时，教师尽量还原解决真实世界中问题的途径。如为了分析四声杜鹃为什么鸣叫的原因，播放了一段上海自然博物馆“狸猫换太子”的视频。这段视频是游客用手机拍摄，画面像素低、背景声音嘈杂，网络上有更清晰的视频可以代替，可教师却还是坚持使用它。原因无他，只因真实的世界就是充满了各种干扰因素，我们必须学会从杂乱的环境中获取信息。通过上海新中考改革，我们可以明显地感受到现代教育迫切需要未来能够在真实场景中，解决真实问题的人，而不是“知识的存储器”。因此，教师必须改变自己的教育理念，课堂不应是“真空”世界，而是应该将真实的，可能略带复杂的世界呈现在学生面前。教会他们如何从中获取有用的信息，而不是将信息包装美化之后再给他们。因为这样才更有利于学生自然习得课程标准中要求的知识、技能，养成综合思维能力。

3. “真”融合促“全”人

人们为了便于学习和认识事物的运行规律，人为地划分出许多学科。各门学科长期相互孤立，这将直接导致人的发展也必然是片面的，思维方式是孤立的。我们需要更全面的人，他能更好地适应这个瞬息万变、庞杂而有机联系的世界。上海新中考的改革则是对跨学科综合思维的培养提出了明确的要求。跨学科学习并非是简单的多学科拼盘式的知识输入，而是以培养跨学科意识为宗旨，以解决真实问题为核心的学习。“鸟鸣麦收的密码”这节课就是通过物候学的方法和思路，让学生感受跨学科的学习过程。在真实问题的解决过程中，学生逐步学会选用相关图表资料，提取其中有关的地理信息，利用这些信息分析及解决实际问题，从而理解气候区划的意义，树立因地制宜、和谐发展的观念。只有透过学科之间真实的互动、影响和渗透，超越学科间的各种限制，才能开拓新知识的学习与研究问题的视野，真正促进人全面的发展。

（杨燕文）

作为课程建设成果的有氧校园剪影

上海市园南中学地处徐汇之南，北与上海植物园毗邻，一年四季鸟语花香，生机盎然。这里有优雅的环境、清新的空气与充足的阳光，静待莘莘学子如花绽放。

园南中学是上海市一所普通中学，是一所花园式学校，学校占地13433平方米，植被覆盖率高达41%。校园内景色宜人，一年四季鸟语花香，是莘莘学子们读书奋进的良

好场所。学校以空间课程领导的理念建构校园微生态地图，建设“有氧校园”，效果显著。如今，园南中学已经被打造成为设计比较合理、环境非常优美、能够充分展现人文精神和艺术品位的现代化“有氧校园”。

学校六、七年级学生通过分组活动，利用课余时间查阅了相关资料，对校园内的几十种植物的种类和分布情况进行了调查归类，留下了一份宝贵的资料，让大家都来关心和爱护校园里的一草一木，共同为绿化校园，美化学习环境而努力。在调查过程中，学生们学习到了很多有关植物分类方面的知识，对每一种植物的形态特征、生活习性和主要用途有了一定的了解，并为校园里的木本植物设计制作了标本牌，对同学们进行科普宣传，让大家一同认识、了解和珍惜校园内的一草一木。

经过鉴定整理得到种子植物共 2 门 7 纲 30 目 44 科 66 属 73 种。被子植物门种数占比高达 89.04%，包含 2 纲 24 目 38 科 58 属 65 种；其中双子叶植物纲占比 84.62%，包含 20 目 33 科 50 属 55 种。主要以蔷薇目和毛茛目植物为主，该目主要分布于北半球温带与寒带地区。毛茛目木兰科木兰属玉兰的别称为白玉兰，即上海市市花，是中国有名的观赏树种，有 2500 多年的栽培历史，象征着一种开路先锋、奋发向上的精神。校园内还分布着同科属的广玉兰及辛夷，均为优良的庭园、绿化观赏树种。园南精致花卉中，梅花、牡丹、菊花、月季、杜鹃、茶花、桂花隶属于中国十大名花，其中梅花是中国十大名花之首，与兰花、竹子、菊花一起列为四君子，与松、竹并称为“岁寒三友”。在中国传统文化中，梅以它的高洁、坚强、谦虚的品格，给人以立志奋发的激励。在严寒中，梅开百花之先，独天下而春。牡丹更是中国特有的木本名贵花卉，中国是月季的原产地，杜鹃是典型的酸性土指示植物，以桂花做原料制作的桂花茶是中国特产茶，十月金桂飘香是上海一道特别的风景线。

从初夏芳菲携手走进寒冬暮雪，身处园南，花开四季。

2017 年，学校以校舍大修为契机，在“有氧教育”理念引领下，统筹规划校园环境布局，秉持因地制宜、力求创新、凸显特色的建设原则，精心打造校园文化特色。历时三载，逐步构建起“整洁精致，内涵丰富；寓教于景，情景交融”的校园文化环境，不断提升学校空间与学习的互动性和美感度，切实发挥校园环境的育人功能。园南人用实际行动响应苏霍姆林斯基的号召：“营造优美、积极向上的环境，无论是种植花草树木，还是悬挂图片标语，或利用墙报，我们都要从审美的高度深入规划，以便提供潜移默化的育人功能，并最终连学校的墙壁也在说话。”

一、半畦轩

创建时间：2017 年 8 月

地点：学校操场北部

半畦轩静伫校园一角，绿柳周垂，明花环绕。春日芳草鲜美，落樱缤纷。春花兼着劲竹争奇斗艳，非迥常素色可比拟。翠树荫护明灯，灯旁悬一匾额，上书“半畦轩”三字，雄健有力，似入木三分。佳木茏葱，丽花纷呈，小亭四角皆隐于其中。远观不觉非常，近看方瞧出其中典雅古朴。阑干纵横交错，铺排有序，亭台端庄，苍劲周正。亭内设有凳椅，师生皆可于此小憩。树声飒飒，鸟鸣窃窃，欢愉之情油然而生。

再近数步，亭后忽开一隙，蜿蜒甬路自亭前缘至后方，盘旋竹下而出，叫人顿生柳暗花明之意。

自然之景携建筑之美交相辉映，此乃半畦轩也。

（文字：许蔓琛）

二、红十字生命健康安全体验教室

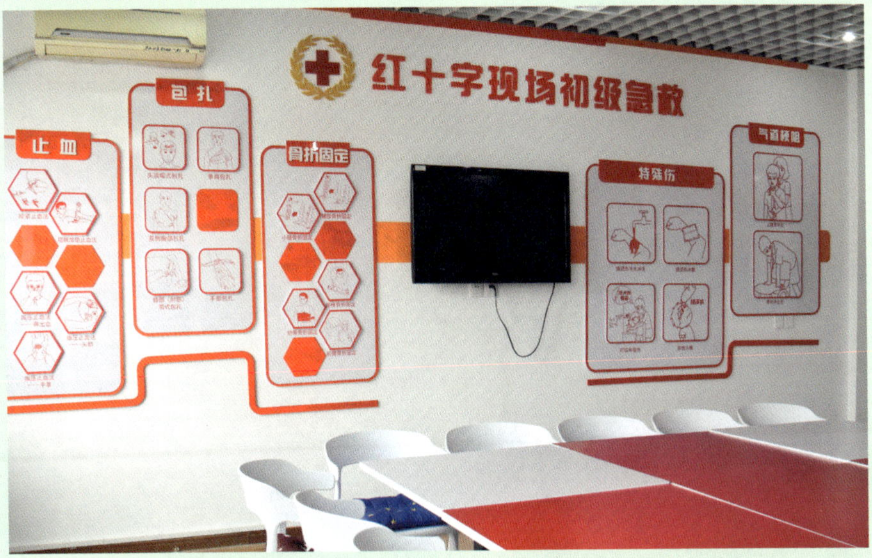

创建时间：2017 年 6 月

地点：教学楼五楼

红十字生命健康安全体验教室，是学校红十字会员及红十字特色项目“创伤救护”社团学员学习和培训的场所，融科普教育与互动体验于一体，旨在促进师生对红十字文化和精神有更深入的了解。

红十字生命健康安全体验教室分为五个功能区：自动体外除颤仪区，拥有一部练习模拟 AED，可以让学习者在模拟的人靶上进行操作；心肺复苏区，显示屏可以针对在模拟人身上所操作的心肺复苏术进行评价；逃生绳结区、避险逃生小技巧区、现场初级急救区，通过生动形象的宣传画普及生命健康安全知识。通过在红十字生命健康安全体验教室的系列学习和体验，提高同学们的自我保护意识和技能，同时进一步弘扬红十字文化和精神。

（文字：姚　虹）

三、黄道婆陈列室

创建时间：2012 年 4 月

地点：体育馆

黄道婆陈列室面积约 60 平米，是学校非遗传承特色项目——“黄道婆棉纺文化”主题陈列室，也被称之为“棉纺文化”一期。它是学校传承中华优秀传统文化、促进对外交流的窗口，也是学校着力打造的校园文化“名片”之一。

陈列室以其独特的文化内涵和品质，成为我校校园文化建设的重要组成部分，其功能定位主要有两方面：一是学校“锦韵”学生棉纺社团的专用活动场所，社团学员定期在这里开展国家级非遗项目“乌泥泾（黄道婆）手工棉纺织技艺”的学习和传承；二是作为首批上海市十佳非遗传习基地，陈列室全年免费向社会公众开放，通过以点带面、全面普及的方式，促进更多中小学生和广大市民了解黄道婆、走近非遗。

（文字：杨秋芸）

四、蓝韵坊

创建时间：2017 年 9 月

地点：体育馆

“蓝韵坊”这个名称取自“靛蓝染春秋”，靛蓝是最古老的色素之一，也是传统扎染最有代表性的颜色。“蓝韵坊”手工体验室面积约 40 平米，小巧而精致，为喜爱扎染文化的学生提供了亲身实践体验的场所。

学校作为上海市首批中华优秀传统文化研习暨非遗进校园十佳传习基地，自 2008 年以来一直致力于开展“乌泥泾（黄道婆）手工棉纺织技艺”国家级非遗项目传承活动。“蓝韵坊”是学校“黄道婆棉纺文化”非遗系列场馆的二期工程，着力于传承和弘扬与棉纺文化一脉相承的另一项国家级非遗技艺——白族扎染，通过指导学生了解、掌握一定的扎染知识和技能，丰富学生的课余文化生活，在自然丰富的染色之旅中体验古老的染艺之美，感受蓝韵悠长的非遗文化。

学校特聘“白族扎染技艺”民间艺人担任社团指导老师，带领同学们领略扎染的魅力。

（文字：石峻丞）

五、“乐创空间”机器人创新实验室

创建时间：2017 年 9 月

地点：教学楼五楼

“乐创空间”由史晓燕校长亲自提名，喻意“乐于创造”，旨在鼓励园南学子们走近科学、热爱科学，在参与机器人项目的过程中享受创新的乐趣。

“乐创空间”机器人创新实验室是我校学生学习机器人的专属空间。在“乐创空间”机器人创新实验室里，学校配备了足量的机器人材料、3D 打印设备和无人机设备，给热爱科学、热爱机器人的同学们提供了一个展示自我的平台。

“乐创空间”机器人创新实验室由学校“AIR”学生社团管理，“AIR”全称“Artificial Intelligence Robot”，既表达了社团同学对人工智能的向往之情，“AIR”这个别称也别具意味，在英文中它指的是“空气”，与学校“自由呼吸，如花绽放”的办学理念和“有氧教育”的教育哲学相呼应，社团同学希望在这个创新实验室里学习，开展机器人项目相应的活动，自由探索，大胆创新。

（文字：沈博维）

六、墨韵轩——书法创新实验室

创建时间：2018 年 9 月

地点：教学楼四楼

“墨韵轩”是基于数字平台的书法教育创新实验室。“墨韵”寓意园南学子通过学习书法感受中国传统艺术的神韵与魅力。该书法创新实验室旨在通过实现软、硬笔书法的数字化教学，促进学校、教师、学生通过现代信息技术获取丰富的书法教育资源，构建开放的网络书法教学平台，提高书法教学效率，缓解师资压力，提升园南学子的书写基础技能和艺术欣赏能力，培养审美情趣，陶冶情操，提高文化修养，以此传承中华优秀传统文化，培养爱国情怀，促进全面发展。

（文字：花　汇）

七、晴耕园

创建时间：2016 年 6 月

地点：校园西北角

“晴耕园”取意“晴耕雨读”，意境出自诸葛亮“乐躬耕于陇中，吾爱吾庐；聊寄傲于琴书，以待天时”。字面理解即为晴天耕耘，雨天读书，展现出一种天人合一的生活方式。晴、雨是天气的变化，是客观条件，但耕耘和读书是主观能动。“晴”音同“勤”。“晴耕园”展示了园南师生向阳而立的生命姿态，无论客观条件如何，园南中学的师生员工总是通过自身勤奋努力，主动把握人生。

“晴耕园”面积约 60 平米，此园是学校特色项目“黄道婆棉纺文化”系列课程《棉花种植》的专属活动区域，由“欣云”学生社团管理。园区四周的篱笆、门头，均由学校后勤的师傅们采用学校自产的竹料亲手制作而成。门头牌匾的书法题写者为 2017 届毕业生严昊同学。

（文字：徐　英）

八、“笔迹”书法艺术长廊

创建时间：2018 年 7-8 月

地点：校园西南

“笔迹”书法艺术长廊位于校园西南侧，整体长度达 200 余米。“笔迹”取义于中国古代书法艺术的代表人物锺繇的“笔迹者，界也”，向我们展示出书法以笔墨之道，能开垦出广袤无垠的空间；塑造出种种精灵活现、囊括世间万物的艺术之美。学习书法，就是传承民族最古老、最优秀的文化精粹，所谓“笔迹”就是用书法之笔书写最灿烂的人生轨迹。

“笔迹”书法艺术长廊包括六部分内容：书法艺术综括、书法历史长卷、近现代名家撷英、“梅兰竹菊”文化四景、分年级书法活动区、仿真碑帖体验区。作为上海市书法教育实验学校，学校创建此书法长廊旨在充分利用有限的校园空间，发挥长廊的场馆效应，给予师生传统文化熏陶和感染的同时，促进园南学子在了解中国书法历史沿革、感受书法艺术魅力、学习书法常识技法、开展书法专题活动的过程中，逐渐养成良好的书写态度和习惯，进而在潜移默化中厚植爱国情怀，增强民族文化自信和自豪感。

（文字：花　汇）

九、向日葵手作社

创建时间：2018 年 10 月

地点：校园西南侧

向日葵手作社是学校“黄道婆棉纺文化”系列专用室的三期工程。手作社以学校吉祥物——“向日葵”为名，展现了园南学子始终向阳而立、积极乐观的人生态度。手作社包括“土布纺织”、“布艺制作”两个部分。其中，“土布纺织”区域所使用的织布机是经过改良后的便携式小型织布机，操作简单、方便。

向日葵手作社是学校“经纬”织布社团及“棉韵”布艺社团专用活动场所，社团定期聘请非遗传承人、民间艺人进行专业技术指导。手作社及相关社团活动不仅丰富了园南学子的课程体验和校园生活，同时也促进非遗技艺和中华优秀传统文化在传承中不断创新。

（文字：张　悦）

十、新生态植物探究实验室

创建时间：2017 年 7 月

地点：学校教学楼三楼

新生态植物探究创新实验室，是一间基于互联网 + 的智能生态教室，兼具创新实验室和生物实验室两个功能。以植物为载体，着眼于培养学生的创新能力，激发学生的探究热情。

在新生态植物探究实验室中，包含了无土栽培探究系统、土培探究系统、沙培探究系统等。生态教室的多个种植区域展现了植物的多样性，学生可以进一步学习和拓展植物乃至生物的实验课程，通过分区域、分品种种植植物，探究生命的成长变化。数字化技术的应用（智能传感器、电子笔记等），实现探究实验数据的可视化和实验过程跟踪，提供植物生长数据采集，数据分析，助力探究实践。在自然中学习让学生回归自然，充分体验实验的乐趣、学习的乐趣、探究的乐趣。

（文字：张行云）

十一、“易读园”创意数字图书馆

创建时间：2017 年 8 月

地点：教学楼三楼

“易读园”创意数字图书馆建馆总面积为 270 平方米，可同时容纳近 100 人。在 2017 年创意图书馆项目建设中，学校将图书情报中心与信息化建设紧密结合，以此进一步提升图书馆“学习场所”、“课程资源中心”、“虚拟学习空间”的功能定位。“易”字既是英语“Electronic”的首字母发音，又取义“容易”与变化，寓意师生们在现代化的数字学习空间中，让阅读成为一件“容易”的事，更好地享受阅读带来的乐趣。

“易读园”立足于中小学校图书馆日常管理、数字交互阅读、校本特色课程开设等，顺应变化，并求新求变。建设以校本课程服务为特色的全媒体、多终端、数字化、智能化、主题化的数字图书馆。馆内设有馆藏、流通、阅览、检索、宣传等功能区域，配备管理用的计算机、服务器、条码阅读器、数字阅览终端、多媒体等设备。目前，纸质总藏书量 46536 册，电子校本资源、数字图书 13600 余册，报刊 160 余种。阅览、外借全天开放，并实行全开架服务，满足图书馆文献资源收藏、管理和读者利用等需求。

（文字：李琳娜）

十二、银杏广场

创建时间：2018 年 9 月

地点：校园西北角

银杏广场位于校园的西北角，广场正中央矗立着校园里年岁最长的一棵银杏树，深秋时节，一阵风儿拂过，金黄色的银杏叶儿纷纷洒落，广场上满目金黄，令人沉醉其中，故名“银杏广场”。

从教学楼俯瞰广场，白色瓷砖铺成的地面形如一朵含苞待放的白玉兰，诗意而浪漫；广场旁的三道喷水景墙，依次错落；由广场拾级而下，池塘中五颜六色的锦鲤游曳其中……每每课间，师生们都爱到此小憩，或漫步赏景，或三两耳语，构成园南校园最灵动而有趣的景致。

（文字：叶　楠）

十三、“印迹”篆刻艺术角

创建时间：2019 年 9 月

地点：教学大楼四楼

“印迹”篆刻艺术角基于学校“篆刻方寸之间 弘扬正大气象”的篆刻教育理念而生，旨在引领学生欣赏篆刻的古朴意韵，学习篆刻之于书画的内在文化关联，体悟“印信”作为古代诚信契约的实物载体的重要功能和精神象征。

精美的篆刻展柜让师生感悟篆刻文化独特的实用价值和艺术价值，实物工具的展示辅以篆刻知识展板的陈列有助于提高学生的篆刻欣赏能力，了解篆刻用材的细腻精致、学习篆刻名家的精神品质、感受篆刻名作的文化价值。

（文字：花　汇）

十四、运笔台——书法临摹实践区

创建时间：2018 年月

地点：校园西南角

“运笔台”——书法临摹实践区是“笔迹”书法艺术长廊的延展，其中厚重肃穆的歙砚台均是从安徽歙县精挑细选的制砚籽料，质地细腻而温润，书写留痕而速干，在其一侧辅以注满清水的龙泉青瓷缸。学生利用业余时间，以毛笔沾清水挥毫运笔，是重要的书法实践和难得的艺术体验。

抬头可见的是书法艺术创作的各类形式介绍、古代名家著名法帖导读以及与学生书法基础学习密切相关的楷书四大家技法指导。

在三人都无法合围、由龙泉瓷窑特制而成的龙泉荷花大青瓷缸的周围畅游书海。在看、写、思、悟的过程中，让书法艺术的明澈之水灌溉在学生热爱艺术的心中砚田之上。

（文字：花　汇）

“说文解字　翰墨诗书”
跨学科活动剪影

学校组织“说文解字 翰墨诗书”跨学科活动，通过活动，加深学生对语文篇目中字、词、句的理解，了解临摹与创作的关系，掌握临摹到创作的方法，对于创作中的字体、书体、风格、用纸、落款、钤印等各类要素的要求有进一步的理解。

利用社团活动时间进行展示
交流，加深理解

学习“重点字”的起源、
古今异义、书体演变

指导教师进行“重点字”的
笔法和结构指导

利用社团活动进行创作专题

主题创作展赛效果

利用社团活动时间交流对于重点字、
创作句和活动篇目的体会和理解

（文字：花　汇）

“黄道婆棉纺文化的传承”
课程群实施剪影

“乌泥泾（黄道婆）手工棉纺织技艺”于2006年6月被国务院公布列入第一批国家级非物质文化遗产名录。园南中学因地理位置毗邻黄母祠、先棉堂、黄道婆墓及华泾镇黄道婆纪念馆。2008年，学校在当时的区文化局、教育局以及团区委的牵线搭桥下，开始了“乌泥泾（黄道婆）手工棉纺织技艺”这项非遗技艺的学习和传承，并在2009年正式成立了“黄道婆手工棉纺织传承基地”。

10多年来，学校以国家级非遗项目“乌泥泾（黄道婆）手工棉纺织技艺”的学习和传承为核心，通过筹建棉纺文化系列特色场馆，组建棉纺文化系列学生社团，开发校本特色课程等，让同学们在非遗技艺学习的过程中，体会“半丝半缕，恒念物力维艰”的道理，更感受到非遗文化带来的魅力。

一、棉花的种植——“欣云”社团

1. 培训活动

社团邀请上海植物园的专家、学校美术老师、语文老师等对社团成员展开专业的培训活动，从生物学观察、绘制自然笔记、记录所见所闻等不同角度进行讲解，社团成员们通过培训，了解自然笔记的形式、要素等多方面的内容。

植物园自然笔记培训。
教师在讲解观察、记录植物的方式与方法。

分组学习与讨论。
B 组同学在分辨不同植物的枝干区别。

2. 棉田种植过程

社团成员体验棉花种子播种和棉花幼苗移栽的不同过程，通过定期的观察、除草、施肥、除虫等过程，了解棉花的生长过程，培养对于植物的兴趣和观察能力。

棉田整地

播撒种子

覆土 1

移栽幼苗

覆土 2

覆膜

膜上开洞

拉出幼苗

浇水

喷洒烟草浸出液

搭架子

采棉

采摘辨认

收获的喜悦

3. 活动记录

社团成员在棉花生长期间，通过自然笔记的形式观察、记录棉花每个时期的变化，并留下自己的感悟。在这与一草一木交流的过程中，社团成员们慢慢感悟到生命的伟大和坚强。

活动记录

1. 观察记录表

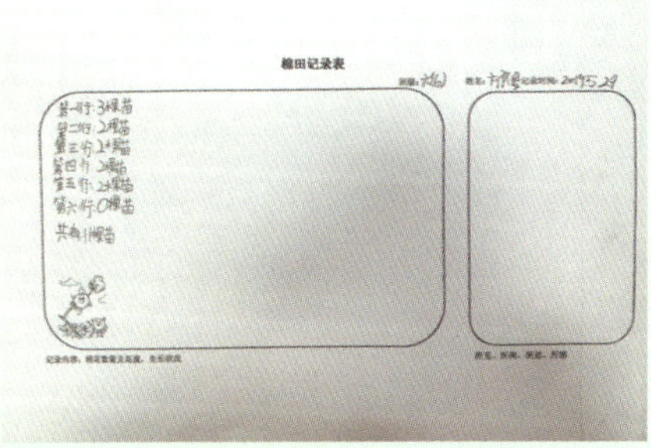

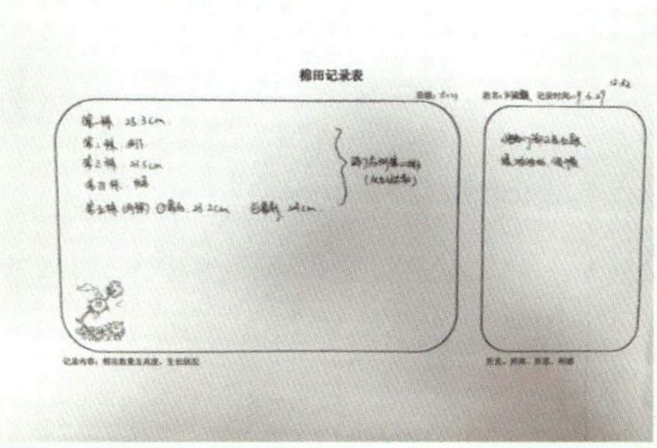

2. 各个节气中的棉花生长自然笔记

棉籽到底什么样？

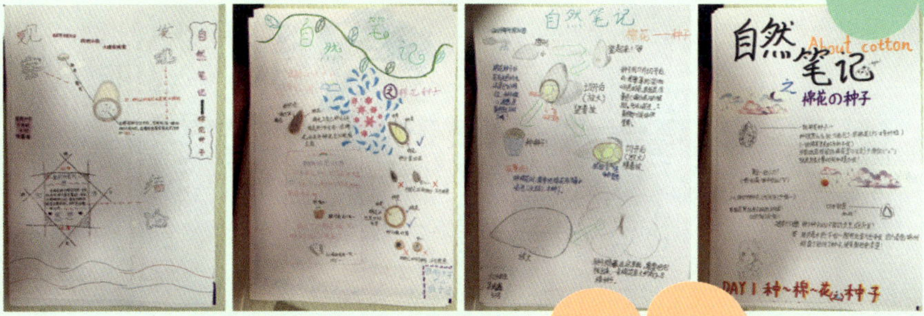

谷雨自然笔记

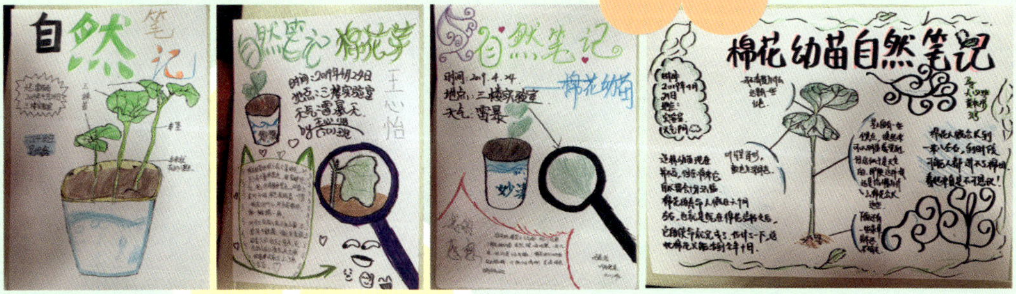

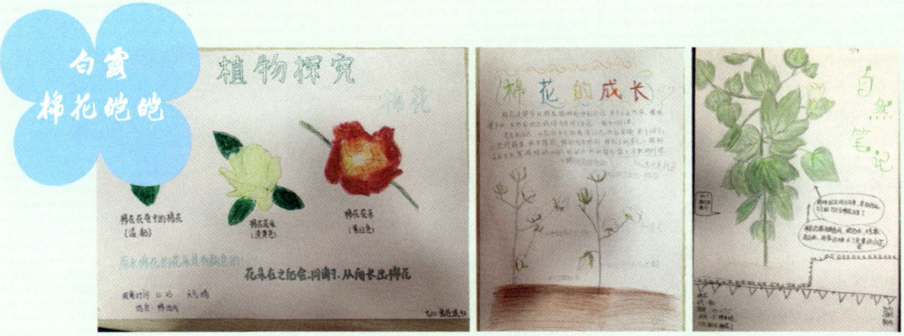

（图文：张行云）

二、“三锭纺车”手工棉纺织技艺——“锦韵”棉纺社团

“乌泥泾（黄道婆）手工棉纺技艺”的核心内容，就是三锭纺车技艺。每学年初，学生可以通过自主报名的方式组成“纺车班”，在学校聘请的非遗技艺专家指导下，学生们分阶段学习一锭、二锭、三锭技艺。看似简单的技艺，在实践中需要做到手、脚协调，相互配合，还要做到眼到、心静。

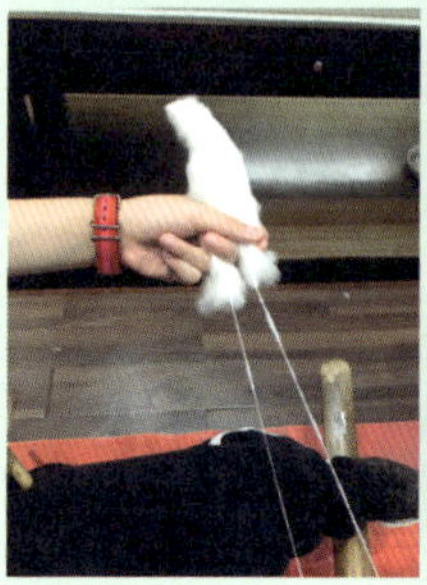
二锭拉线手部特写

二锭手部特写

二锭压线特写

回收线特写

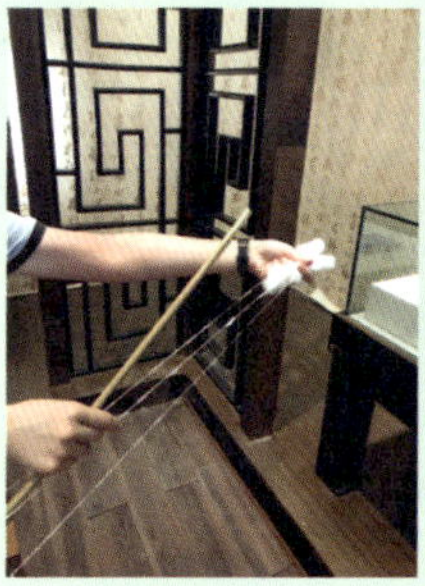
三锭捻线

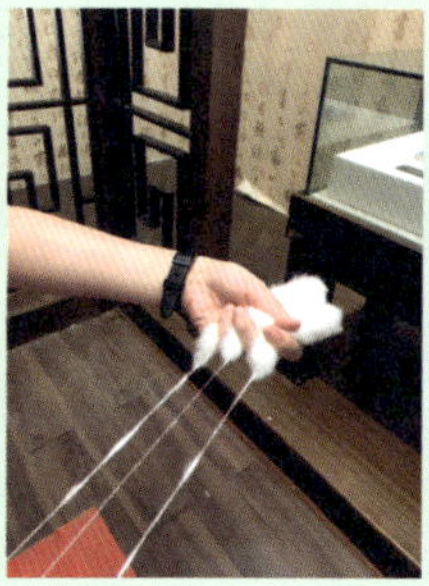
三锭手部特写

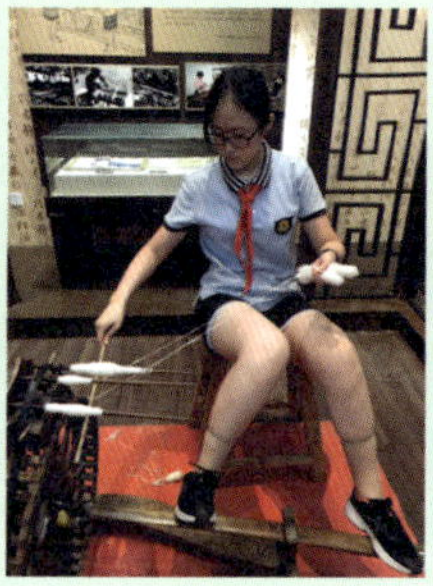
三锭手脚协调

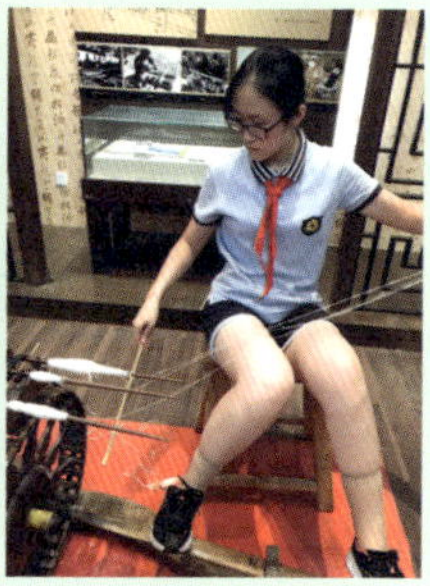
三锭压线特写

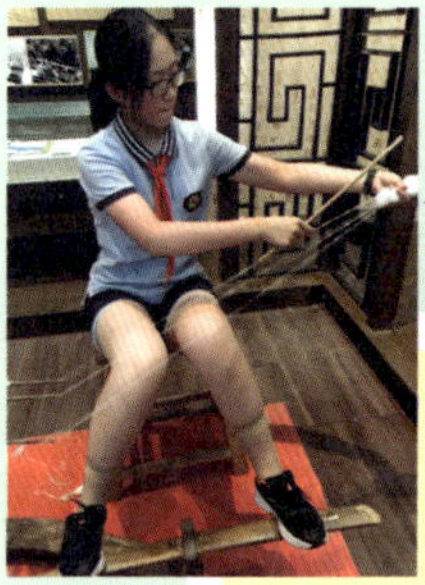
三锭整体

手脚协作

左手拉线

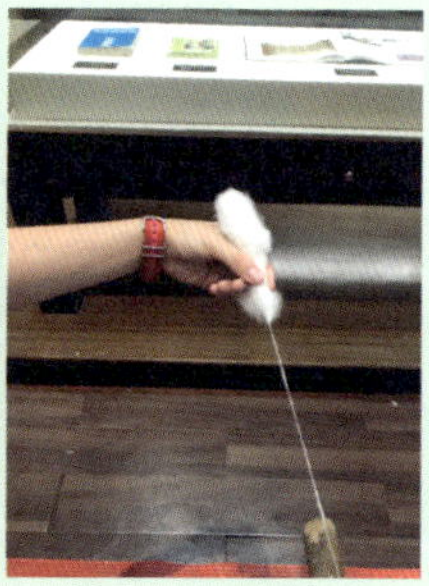
左手手部特写

右手持压纱棒压线　　坐姿端正

除了三锭纺车技艺，学校从项目的可持续发展出发，近三年又陆续引入了与三锭纺车技艺一脉相承的土布纺织（织布：省级非遗项目）和扎染（白族扎染：国家级非遗项目）两项非遗技艺，大大促进了项目非遗技艺学习的系列化。

（图文：徐　妍）

三、土布纺织——“向日葵”手作社团

端坐在织布机前，双脚放在脚踏板，左手持梭　　踩下左脚　　经线开启织口　　左手持梭，向织口推入

梭穿过织口

右手接梭

右手拉梭

左手准备打筘

左手筘紧织入的
纬线

筘推回原位，
右手持梭，从右往左
继续织布

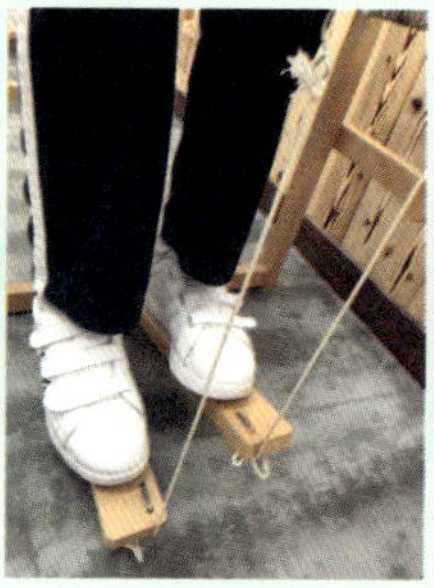

踩下右脚

右手持梭，
从右往左
向织口推入

梭穿过织口

左手接梭

左手拉梭

右手准备打筘

右手筘紧织入的
纬线

将梭推回原位，
重复 1 到 18 的
动作继续织布

织布

织布

（图文：朱　麟）

四、白族扎染——“蓝韵坊”社团

处理布料

材料准备

折叠布料

捆扎布料

清水浸泡

放入染料

浸没布料

氧化

氧化完成

再次染色

氧化

氧化

拆线

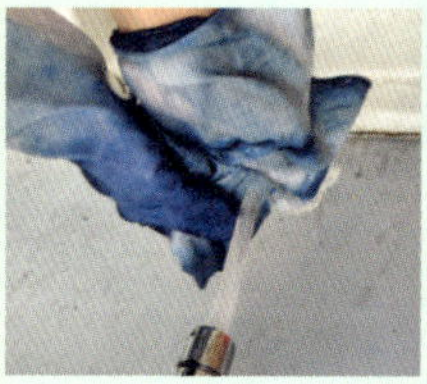

清洗

晾晒

熨烫处理

完成作品

（图文：石峻丞）

“防震减灾”课程剪影

本课程通过专门场所的沉浸式体验，引导学生初步掌握防灾减灾的基本知识和逃生、救护的基本技能；培养学生信息收集处理能力、实践动手能力和科学探究能力。

广泛搜集资料，初步培养信息收集、处理能力；了解常见急症与突发事故，红十字运动基本知识和救护的基本原则、程序等。

教师讲解急救知识

地震知识讲解

搜集关于地震的实例，议一议地震的特点，介绍中国地震灾害的发生情况，介绍地震预报，进一步培养学生防灾能力；了解现代地震预报的难度。

通过在灾难教育实验室观看模拟影像、实际操作等方法，使学生能够掌握地震、火灾、触电等灾害事故的基本避险逃生技能。

逃生演练

学习逃生技巧

通过讲授、实际操作、播放影像等丰富的教学形式，使学生了解地震埋压、创伤、常见急症等情况下的应急救护知识，掌握初级的自救和救护技能。

学习应急救护技能

（文字：杨燕文）

“机器人探究”课程实施剪影

学校开展机器人探究课程，通过开展机器人搭建、编程、创意等实践活动，在玩中学，激发学生爱科学、学科学、用科学的积极性和主动性，推动跨学科学习，发展审美创造能力和理工创意能力，提升学生的高阶思维能力，推动不同程度的创新与创造。

一、第一单元活动

第一单元活动包括学习机器人结构中的各类零件，了解各种结构设计和传感器的应用领域。

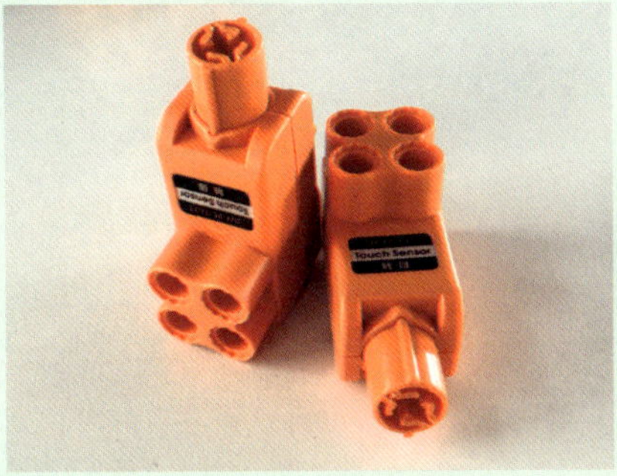

第一单元活动

机器人零件辨识

二、第二单元活动

第二单元活动课程包括各种规格的梁和销等的使用，对齿轮传动的练习，学习细节结构件对于整体模型的作用。

手动初级

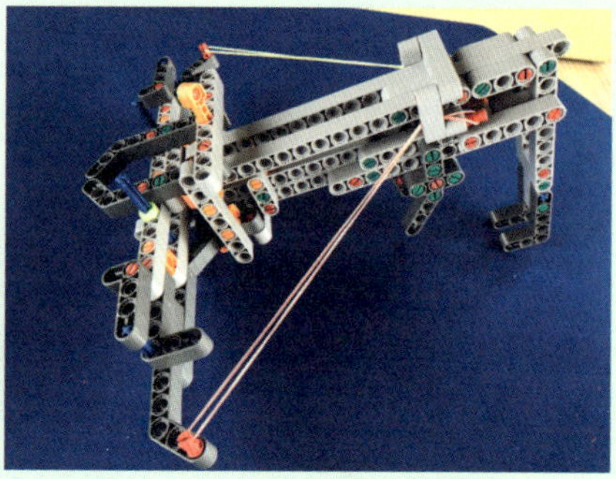

手动高级

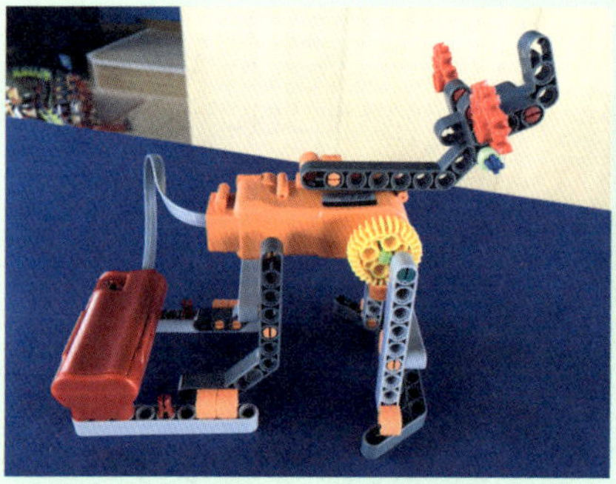

电动

齿轮迷阵

最牢固的正方体

第二单元活动　机器人结构中的关键构成

三、第三单元活动

第三单元活动的主要内容是对控制器的介绍和熟悉，对控制器连接马达的使用，学习光 电传感器和触碰传感器的使用。

第三单元活动　综合使用变成机器人

第三单元作品　乒乓球发射器

四、第四单元活动

第四单元活动课程内容为自主制作、调试作品，完成最终的比赛和评比。

第四单元活动　作品调试及赛前指导

遥控机器人

（图文：沈博维）

"生活中的化学"课程剪影

化学是一门以实验为基础的学科，中考新政策加大了对实验操作的考查力度。本课程采用了初中常见的两种化学实验类型：验证性实验、探究性实验。接下来，我们将采用探究性实验的方法，鉴别厨房中的两种常见溶液——白醋和食盐水。

环节一

学生用 PPT 形式汇报分享白醋、食盐的常见用途。

环节二

学生分组讨论设计实验方案：鉴别厨房两瓶无色液体白醋和食盐水。

环节三

学生操作实验：鉴别白醋和食盐水，并完成实验报告。

1. 方案一：扇闻法
2. 方案二：使用紫色石蕊试剂鉴别试剂 A、B

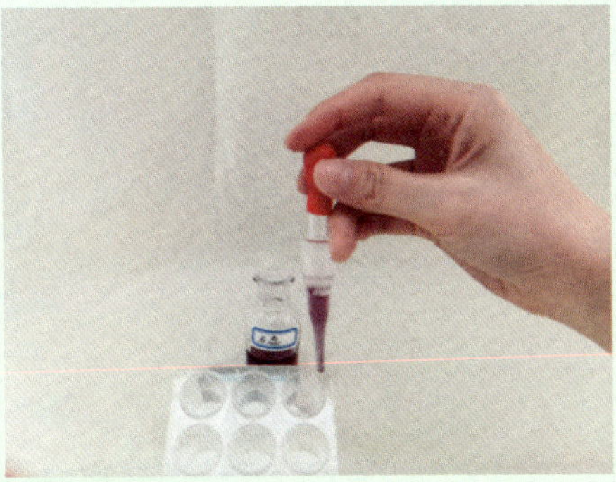

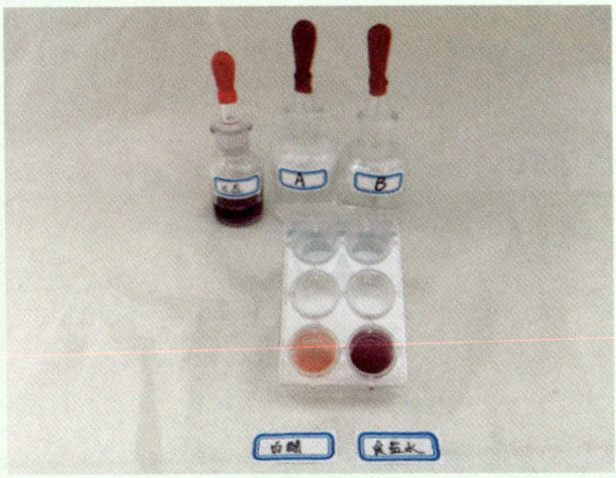

3. 方案三：用 pH 试纸鉴别试剂 A、B

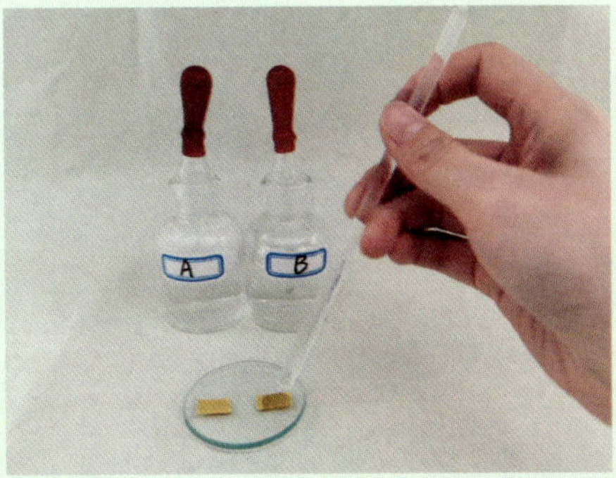

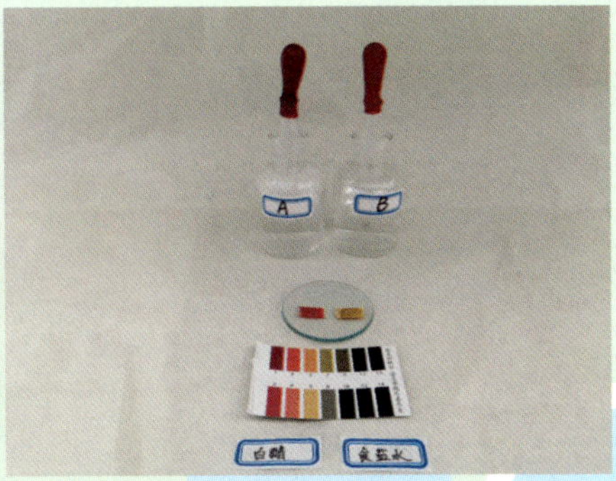

4. 方案四：使用小苏打鉴别试剂 A、B

5. 方案五：用紫甘蓝或者咖喱或者胡萝卜自制指示剂鉴别试剂 A、B

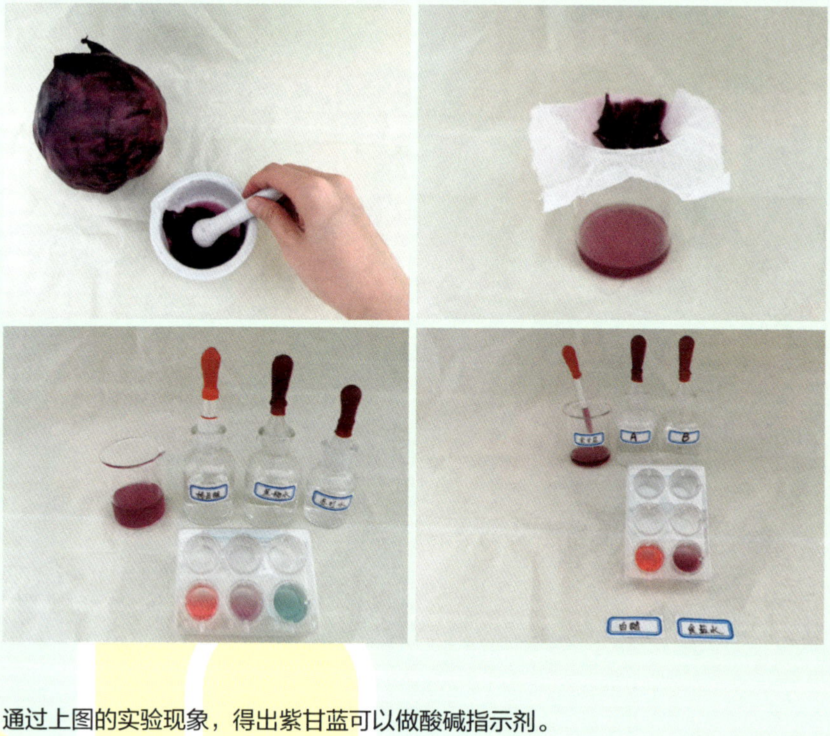

通过上图的实验现象，得出紫甘蓝可以做酸碱指示剂。

用咖喱自制酸碱指示剂，根据下图可知咖喱不适合检验白醋和食盐水。

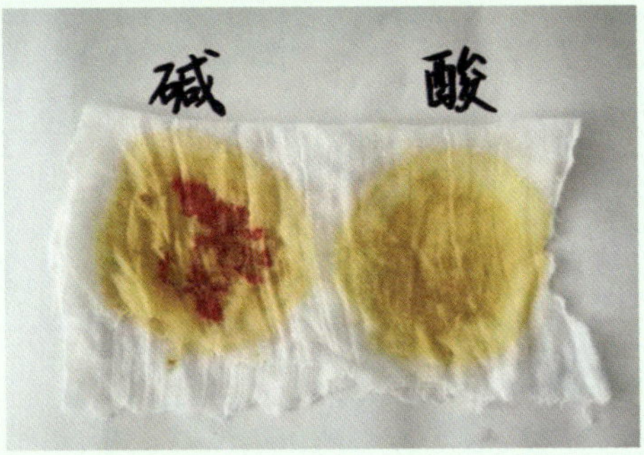

用胡萝卜自制酸碱指示剂，根据下图可知胡萝卜不适合检验白醋和食盐水。

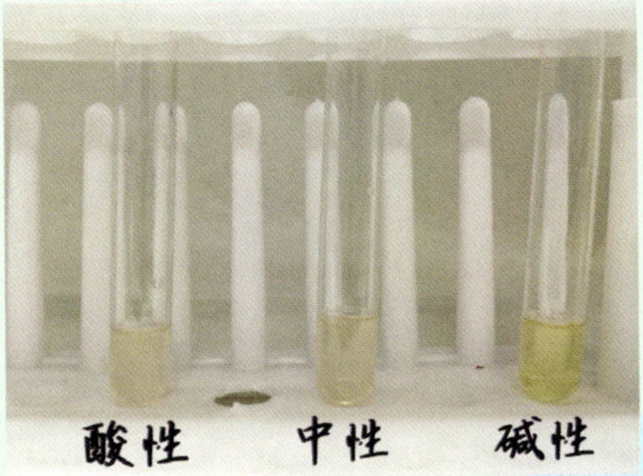

6. 清洗实验仪器，整理桌面

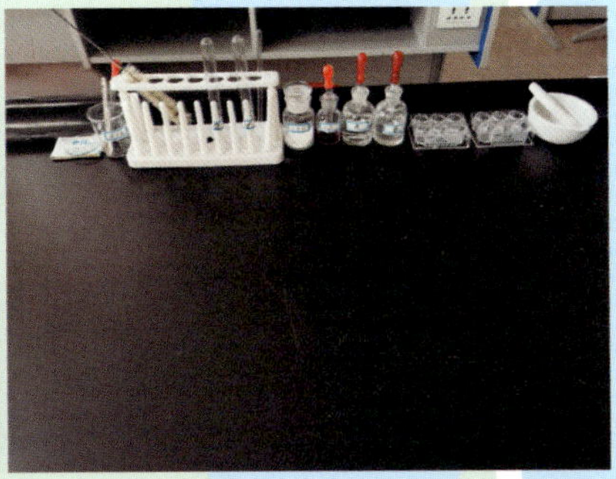

环节四

巩固与练习——完成实验报告以及 pH 试纸检测生活中物品的酸碱性。

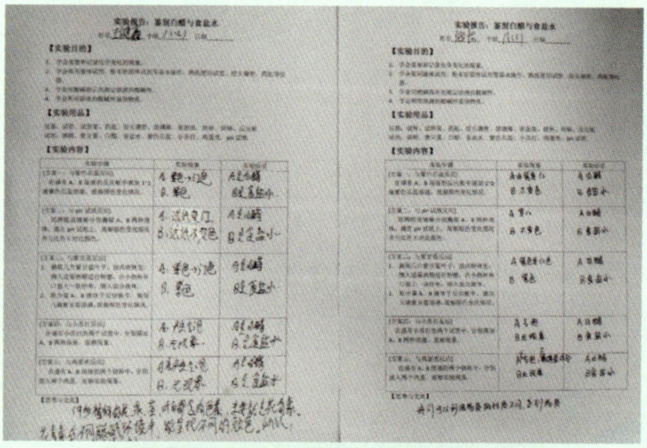

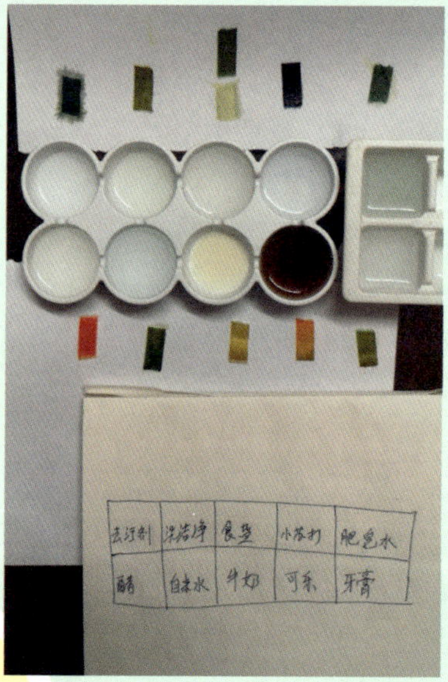

（图文：张　珏、赵　闻）

“为雨伞找个家”活动剪影

学校在大修前夕，组织开展“雨伞去哪儿”综合实践活动，号召全体同学献计献策，提出“雨伞架”的构想，让雨伞有“家”可归。

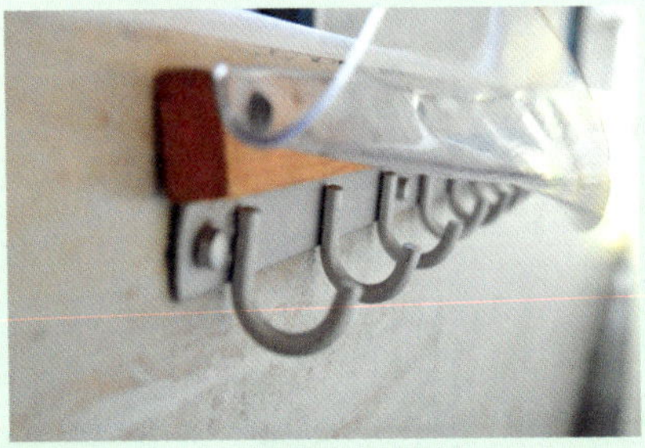

校园雨伞架

（图文：史逸翔）

“运营商比价方案”活动剪影

学生们探访了电信、移动、联通这三大营业厅，随机抽取六个套餐，研究当中流量以及语音时间的性价比，并根据数据的分类与分析制成了研究报告。调查的过程能提高学生的团队协作能力以及数据分析能力，同时能开拓视野，提高知识面。

一、报告一

移动/电信/联通套餐调查

调查目的　　调查经过
调查方式　　调查结果

调查目的

找出移动、电信、联通三大运营商的各类套餐中相对价格最低的一类

调查方式

通过移动、电信、联通三大运营商的不同平台，如：官方网站、电话查询等方式，了解到不同公司各类套餐的最低价格，并作出比较

调查经过

我选择就【价格最低】、【主打套餐】、【全球通】三个方面进行比较，三种套餐各取其中最低价格，最后把三家运营商的套餐放在一起综合比较。

首先，我通过电话查询了解到了移动的三种套餐，并通过官网查询与网上搜索的方式，综合找出了电信及联通的三种套餐，发现在不另外办理特殊电话卡以及合约机的情况下，移动的套餐价格普遍偏高，且国内通话所需费用偏高。而在三种套餐中，全球通系列套餐价格明显较高。

调查结果

价格最低

移动　8元/月4G飞享套餐{包国内30分钟通话，超出部分每分钟0.6元；没流量，仅来电提示，}

电信　天翼大众套餐流量版（6元）{本地接听免费，市区内0.1元/分钟，市区外0.2元每分钟；5M上网流量，超出部分0.0003元每KB}

联通　联通6元畅听套餐{地区免费接听所有来电}

主打套餐

移动　18元/月4G飞享套餐{30分钟国内通话，100MB国内流量}

电信　天翼飞Young套餐（19元）{18分钟本地市话，国内长话；18条短信；200M国内上网流量}

联通　沃派16元套餐{省内流量100MB；国内短信条数100条本地电话拨打50分钟}

全球通

移动　全球通系列套餐（88元）{国内被叫免费，超出后0.19元/分钟}

电信　全球通套餐（88元）{基本通话时长500分钟，四项数据业务}

联通　全球通4G套餐（76元）{国内电话200分钟，国内流量400MB，国内电话免费}

*蓝色标出部分为同类套餐中价格最低或性价比最高的套餐

二、报告二

数学探究报告

探究电信、移动、联通三大运营商费用多少，怎样更省钱

一、基本信息

①电信：

基本资费 :18 元（含 100M 国内通用流量）
市话主叫: 0.25 元/分钟
被叫:本地接听免费 长途:0.25 元/分钟
漫游 主叫:0.25 元/分钟
被叫:免费

上海电信乐享4G套餐 资讯 讨论区 网上选号

基本资费 39元---599元 <

市话主叫 0.15元/分钟

被叫 全国接听免费

长途 0.15元/分钟

漫游

备注 <

<table>
<tr><th rowspan="2">月基本费</th><th colspan="2">套餐包含（全国接听免费）</th><th colspan="3">超出部分</th></tr>
<tr><th>国内流量</th><th>国内通话（分钟）</th><th>国内拨打</th><th>超出流量</th><th>国内短/彩信</th></tr>
<tr><td>39</td><td>300M</td><td>100</td><td rowspan="11">0.15元/分钟</td><td rowspan="11">每500M收30元;0-100MB按0.3元/MB收费，100MB-500MB免费</td><td rowspan="11">0.1元/条</td></tr>
<tr><td>59</td><td>500M</td><td>100</td></tr>
<tr><td>79</td><td>700M</td><td>200</td></tr>
<tr><td>99</td><td>1G</td><td>300</td></tr>
<tr><td>129</td><td>1G</td><td>500</td></tr>
<tr><td>169</td><td>2G</td><td>700</td></tr>
<tr><td>199</td><td>3G</td><td>700</td></tr>
<tr><td>299</td><td>4G</td><td>1500</td></tr>
<tr><td>329</td><td>5G</td><td>1500</td></tr>
<tr><td>399</td><td>6G</td><td>2000</td></tr>
<tr><td>599</td><td>11G</td><td>3000</td></tr>
</table>

②移动：

月费(元)	套餐包含			套餐超出及其他业务收费				包含增值业务
	国内语音拨打分钟数	国内流量	接听免费	国内语音拨打（元/分钟）	国内流量放心用功能(元/GB)	短、彩信（元/条）	其他业务	
56	100分钟	500MB	国内	0.15元/分钟	60元/GB	0.10元/条	标准资费	来电显示
76	200分钟	800MB						
106	300分钟	1GB						
136	500分钟	1GB						
166	500分钟	2GB						
196	500分钟	3GB						
296	1000分钟	4GB						
396	2000分钟	6GB						
596	3000分钟	11GB						

③联通：

月费	[illegible]		包含		[illegible]	[illegible]	[illegible]	
	4G[illegible]（元）	4G[illegible]（元）	[illegible]	[illegible]			国内[illegible]	流量
68	18	50	80分钟	3GB	全国	[illegible]	0.15元/分钟	0.29元/MB
98	26	72	150分钟	5GB				
138	38	100	220分钟	10GB				
158	86	100	700分钟	10GB				
238	88	150	700分钟	20GB				
238	86	200	700分钟	40GB				
398	88	300	700分钟	60GB				

[illegible]

[illegible]

[illegible]

[illegible]：

[illegible]

[illegible]：

[illegible]

[illegible]：

[illegible]

[illegible]

[illegible]

二、比较

①月费部分（函数及其图像）

结合一般使用情况，在当今社会，套餐中以流量的使用为主，通话一般不会很多，所以以流量为标准来比对。

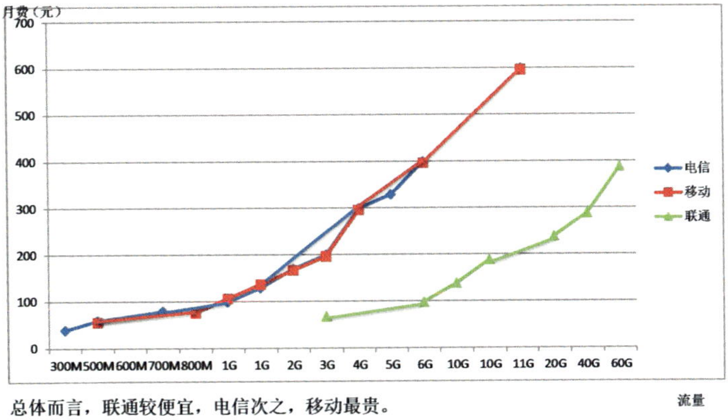

总体而言，联通较便宜，电信次之，移动最贵。

②超出部分（现实中一般很少超出，比套餐贵很多，作为辅助参考）

电话：电信和移动一样，联通较贵。

彩信、短信：电信和移动一样，联通的数据中彩信较贵，短信和另二个公司一样。

流量：电信和移动一样；联通最贵

三、总结

电信：在用量较少时较为便宜实惠（1G 及以下套餐）

移动：某些情况下便宜（3G 及以下套餐）

联通：套餐内便宜，超出则贵

套餐范围：

电信：偏向小额用量

联通：范围较广

移动：偏向大额用量

其实三家公司制式不一样，所以信号强弱、覆盖范围、基站数量、用户多少都有讲究，会影响到其价格。而每个人情况不同，各有所需，这里只是客观地比较一下，适合自己的才是最好的。

“小脚丫走大社区”活动剪影

开展“小脚丫走大社区”活动，通过行走，触摸历史、访古问今，了解徐汇区的历史变迁，了解社区里弄里的先贤事迹，了解市井百态，在活动中学会自我保护，提升团队合作能力。

一元走社区活动开始

第一站：寻找黄杨木浮雕

获得帮助

第二站：前往聋哑学校学习手语

与陌生人合读一段文字

第三站：购物中心

向路人兜售商品

享用午餐

第四站：前往交大

归营

（图文：周　婷）

附　录

自立自强的好少年

——上海市园南中学“最美少年”孙鹤安同学的事迹

“我是来自八（4）中队的孙鹤安，今天，我演讲的主题是：人生，爱与恨共鸣的交响曲……”。

这是园南中学 2015 学年读书节八年级专场中的一个节目，激昂的演讲背后，这个叫孙鹤安的女孩又有怎么样的故事呢？

她自小就患有脚部残疾，可她天性乐观，阳光，似乎这点磨难并没有什么，“我和别人没有两样，”对这点她一直深信不疑，“正常人能做到的，我也能做到。”

“一个，两个，三个！…….”这似乎是胜利的呐喊，倔强的她在努力学习跳绳。“我要像其他同学那样跳绳，跌倒了，爬起来，从一个开始，就知道，我可以的。”她说。

那天体育课，她拿来一根绳子，跳绳玩。正好那时有别的同学在一旁补测跳绳，体育老师说了句令她振奋不已的话：“你跳得比他好”。

她边跳，边问，“老师，我能合格吗？”

“这样不能。”老师实事求是地说。

她换了一种跳法，比原来快了些“这样呢？”

“这样行了。”

她笑了，抬头仰望天空，似乎天空也变得更蓝了，真美好。

某次去春游的时候，她突然冒出一句，“我也想去租辆自行车骑骑。”身旁的同学诧异地问，“你也会骑车吗？”“会呀，我还试过一只手骑呢。”她自豪地说，这个年纪难免有些轻狂，但是她没有说假话，在她的家里还有自己骑自行车的照片呢！

六年级的暑假，她去做了手术，医生说要休息三个月，可暑假只有两个月，怎么办呢，她可不愿意落下一个月的课。于是打着石膏的她还是来了，坐着轮椅进入了校园，拄着双拐进入了教室。没想到，开学后，她所在的班级移到了二楼。为了不给别人添麻烦，她攀着楼梯扶手，一个台阶又一个台阶地往上跳。很累，九月正是“秋老虎”肆虐的时候，每次上下楼，她都是满头大汗，二十多级台阶对她来说并不比登天容易，她勉勉强强跳完一半，右腿又酸又胀，险些摔倒，好不容易蹭到了二楼，还得单脚跳着进入教室。

她不在乎：“我能坚持下来。”她的确做到了，整整一个月，她没有落下一天的课，第一次阶段考试中，她取得年级第一的成绩。

“Everyone dies, not everyone really lives. 这是电影《勇敢的心》里的一句台词……”，她参加了竞选班干部。她成功了。她一直很愿意帮助同学，协助老师。身为语文课代表，她一直工作很努力。

“老师，下节语文课，要发什么东西吗？”她总是主动地问老师。

“哦，……有的……喏，这个卷子可以拿下去发了。”

“好的。”

“老师，我帮你把语文书放到办公室吧。”

“老师，我来找卷子吧。”

这是她经常对老师说的话，她知道，这些工作可以锻炼她的工作能力。“身体不便并不能妨碍我为班级做贡献”她说。

她不愿意向命运屈服，六年级的入学教育，在队列训练中，走得她双脚疼痛难忍，但她硬是咬牙坚持了下来，还和同学一起参加了班级评比。

那是来园南上学的第一天，全班同学都站在大厅前，阳光从树叶间的缝隙中洒下来，晒得人浑身发烫。

“向左转！向右转！齐步走！”年轻的军事教官，喊着口令，全班同学在指挥下步伐整齐如一地走着。她也不例外，时间不长，本来就走不远的她双脚疼痛难忍。可她没有和别人说，甚至眉头都不皱一下，只是在休息的时候，一个人默默地坐在树下，没歇多久就再次坚定地站起来，向前迈步。

生活中，难免也有人不理解，面对不理解的目光，她总是微笑着面对，她说：“但丁说过，走自己的路，让别人说去吧！”有时他人面对她的生理缺陷，会流露出异样的眼光。记得一次下楼梯，她的身后跟了一个男生，也许不是出自本意，他说：“果然是内八字啊。”她知道他在说自己，尽管心里十分不悦，她什么也没有说，只是心里默默承受，最后还是原谅了那个男生。

“我不想责怪谁，也不想怨恨谁，他们说的都是事实，没什么好回避，一味回避，怨恨别人，只会给自己徒增烦恼。”

作为班委的一员，她对于班级工作也一直尽职尽责。每周五，她会和另外两个值日班长一起看值日。周五的值日项目最多，也最繁琐，但她总是笑呵呵的，很有耐心。

“唉，孙鹤安，你来帮我看看这两组扫好了没。”“这里没有扫干净啊，你看，有垃圾呢。”

“哦……”即使戴着眼镜，她的眼睛还是很“尖”。这是因为她检查的时候，总是把腰弯得很深，仔仔细细地检查，从不马虎大意。不是对值日生苛刻，而是希望每个同学能享受一个干净，整洁的学习环境，来教室上课的老师也会对自己的班级留下个很好的印象。

她就是孙鹤安，尽管身有残疾，但她意志坚强，她用自己独特的方式，给周围的同学以激励，让周围的同学感受温暖。她的同学朋友这样评价她，“她的性格就像阳光一样。”这就是自立自强的少年，孙鹤安。

2020 年优秀毕业生
何诗喆同学的学习感悟

进入八月，热浪阵阵，不禁想起四年前那个同样炎热的夏天，高温持续不断，难受的日子仿佛望不到头。我就在那样的酷暑中迎来了来家访的班主任。我自信满满地说出了自己未来的目标，班主任老师给出了热情的鼓励。从那一刻起，我就成为了一名园南人。

还记得我第一次上台发言的时候，声音都是抖的；第一次完成老师托付的任务，手忙脚乱一团糟……其实今天想来，是园南给我这个平台，让我有了一次又一次尝试的机会。终于，我没让大家失望，实现了自己理想，见证了一步一个脚印的成长。

求学之路，很寻常，却不平坦；很辛苦，却不孤单。我也曾在放学时犹豫踯躅，被老师请去谈心；也曾在课上昏昏入睡，被同学善意地“戳戳”胳膊；还有初三一模的时候发挥不理想，在老师的帮助下卸下负担，继续为接下来的学习和自己的梦想加油努力。这些情景至今仍历历在目。很庆幸，有这么多人给我帮助和鼓励，让我摆脱了各种诱惑，一次次从低谷中走出来。在父母亲友和老师同学的支持与陪伴下，我终于一路凯歌，坚持到底。

最终的结果虽然重要，但更重要的是追逐梦想的过程。我并不后悔，当初看似“不平凡”的梦想，是我这四年求学路上永不停止，奋力追逐的动力之一。

这个夏天，回顾来路，四年最美好的时光属于最棒的园南，遇见了最美的你们。我的梦想已经从园南起飞，带着园南赠与我的礼物：既往不恋，守正出新；心无旁骛，久久为功；志在高远，笃实前行。

求学路漫漫，行行重行行。但无论走到哪里，我都是“向阳而立 各美其美”的园南人。

任课老师对何诗喆的评价

班主任、语文　严宁一

有梦想、能坚持，是何诗喆同学求学之路沉稳扎实的不二法宝。

她在师长的影响下，对古诗文产生了浓厚的兴趣，早在预初年级就有计划的熟读《古文观止》，为古诗文学习打下了坚实的基础，她在求学路上的刻苦钻研是老师最欣赏的一点。对于不懂的问题，她总是寻找一切机会，向老师询问，与同学探讨。日复一日的积累使得她对于作品有了自己的见解，并乐意与老师、同学分享。因为她的这种钻研、这份坚持，使得她在语文学习之路上渐渐领悟文学的真谛，体悟作品探讨的人生意义、生命价值。她把对生命的理解、价值的去取，融入了自己的实际行动中。四年来，看着她从一个天真活泼、自信满满的女孩成长为一名成熟睿智、谦虚豁达的少年，让师长惊艳，让同学钦佩。

每一个孩子的成长，都离不开父母师长的悉心引导，离不开校园文化的规划渗透，离不开同学之间的互相促进，期待这些“花朵”们在今后的人生之路上无畏风雨、向阳绽放！

数学　金　晔

何诗喆在数学学习上非常有韧劲，从不轻易放过任何一个知识点。她是一个很会思考的孩子，上课时始终紧跟老师的教学节奏，一下课经常围着老师探讨问题。她在课堂上听讲的同时还能做到同步消化，可见在上课之前就已经做好了充分预习，并及时解决了自学所得和听课收获之间的差异问题，所以在基础知识学习这块非常扎实。这是一种难能可贵的学习品质。

由于有着良好的学习习惯和扎实的知识储备，在初二初三阶段，何诗喆在数学学习上的潜力有了充分的挖掘。高年级的知识综合性强了、难度大了，而她游刃有余，还融会贯通将数学方法很好地运用到物理和化学当中。在碰到难度较大的综合题时，不满足于一种解题方法，哪怕自己做对的题也会认真听老师讲评和其他同学的不同思路。这让何诗喆学习效率得到大大提高，而她的数学成绩始终保持在名列前茅。

从刚进园南中学时踌躇满志到初三毕业时的从容淡定，何诗喆在园南中学这个美丽的校园里收获了属于勤奋者的成功，祝愿她未来的求学之路更宽广。

英语　许云竹

从英语学科的学习来讲，何诗喆同学表现突出。她勤学善思的良好学习品质使她能从点滴积累开始，在初中阶段打下了较为扎实的英语学习基础，养成了很好的英语学习习惯。课堂上，小何同学一定是那个第一位提笔记下重点的学生；将重点随时记录下来的好习惯伴随了她整个初中时光。她不但勤于记笔记，她还勤于复习笔记。每一次英语老师抽查笔记默写，她总是那个能掌握得最好的学生，多次让老师感动又佩服。说她善于思考，源于下课了她一次次从身后跑来的追问。英语老师总能体会到被她留在走廊讨论题目的幸福。有时她要表达的是对于试卷上某道题的不理解或者属于她的独到的见解；有时她要倾诉的是对笔记中某个知识点经过反复查资料后的仍不理解；有时她反映的是经过反复研读课文后觉得课本中某个代词她仍然不太赞同……总之，勤学善思的何诗喆同学在知识的海洋里快乐遨游，她的突出表现成就了她自己，也感动了老师和同学。

物理　曾玉琦

何诗喆是一名学习刻苦努力的学生。对待物理学习有一定的热情，课堂上专心听讲，积极思考并愿意与同学分享交流自己的想法。课后独立认真完成各类作业，及时订正。

在疫情期间上网课，仍能保持与线下学习一样的认真努力的状态，遇到问题或搞不明白的地方会主动通过微信与老师沟通交流，直至将心中疑惑解开。

在初三一模中虽然没有发挥出自己的最佳水平，但她并没有气馁。在原有的基础上还积极参加了物理学科的活动，如编制思维导图、整理实验、完成小实验、撰写小课题等。她编制的思维导图既能将知识点进行了很好的整理，形成网络；又能进行一定的设计美化，可以说是知识与美感并存。通过复习整理 14 个实验，她对物理实验有了更深入的理解。最终，在初三二模中表现出色，将自己在物理学科上的思维品质和科学素养展现出来。

化学　徐燕鸣

虽然作为任课老师，只教了她短短一年，但是她却给我留下了深刻的印象。这是一个言而有信的孩子！但凡是老师交给她的任何任务，只要是她接下的，她一定会一丝不苟认认真真地去完成，结果总会让老师感到惊喜。在课堂上，她的一双眼睛始终牢牢盯着老师，紧跟老师上课的节奏。哪怕是枯燥的试卷讲评课，即使她已获得了满分，可是一节课下来，你会发现她的试卷上还是会密密麻麻写满老师上课时讲到的知识要点，比班上任何一个同学都要认真努力。初三二模前，由于时间很紧张，来不及给学生做太多的二模真题卷，但是她早在家中自己认真完成，并会主动找老师问自己不会的地方，哪怕是一个小小的细节都不放过。她的努力认真使她二模化学取得了满分的好成绩！中考前，她给自己立下一定要过 600 分的誓言，最后阶段她的状态越来越好，事实一再证明，这是一个非常有潜力的孩子！

“满园春”课程纲要汇总

所属园	课程名称	适合年级	课时	教研组 / 部门	课程纲要编写者
总纲	上海市园南中学“满园春”课程总纲要				史晓燕 赵运高
语言交流园	引诗文之源、触经典之脉 筑人生之基（总纲）	6、7、8、9	20	语文	季　雯
	文言诗文课本剧	6、7、8	12	语文	臧云竹
	走进戏剧（社团）	8	12	综合文科	臧云竹 刘晓莺
	外国文学阅读	6、7	12	语文	郭婷婷
	悦读	6	12	语文	叶　楠
	诗文掠影	6、7	12	语文	史逸翔
	诗中有画	6、7	15	语文	程　琦 孟艳敏 徐　妍
	诗词鉴赏	7、8	12	语文	叶楠
	品音韵之美 诵中华经典	6、7	15	语文	孟艳敏 程　琦 徐　妍
	SSP 英语报刊读与说	8	12	英语	杨秋芸
	Side By Side 英语听与说	6、7	36	英语	章　雪
	英语影视欣赏	7	24	英语	孙妍雯
	英语语音正音	6	12	英语	戚文琦
	英语词汇巧记	7		英语	栾海霞
	英语多维畅读	8	24	英语	司韵韵 许云竹
	英语写作训练营	9	24	英语	叶姗姗 江　雁 周小平
	小小英语演说家	6	24	英语	刘虹利
	畦田英语	8	12	英语	杨秋芸

艺术 审美园	创意美术	6、7、8	16	艺体	嵇晓薇
	中国结	6、7、8	32	艺体	周　晴
	扎染	6、7、8	20	艺体	石峻丞
	色粉画	6、7	20	艺体	石峻丞
	剪纸	7	20	艺体	蔡德福
	说文解字 翰墨诗书	6、7、8、9	12	语文	花　汇
	合唱	7	16	艺体	宋斌胜
	古筝	6、7、8	16	艺体	嵇晓薇
人文 涵养园	环保小卫士	6、7	18	综合文科	徐英
	成语看历史 文物讲中国	7	18	综合文科	刘晓莺
	衣被天下——黄道婆	7	28	综合文科	练国伟
	黄道婆棉纺织技艺	6、7、8	20	语文	徐妍
	法律让生活更美好	6、7	16	综合文科	张丽娟 徐　英
	小脚丫走大社区	6	8	学生 工作部	唐宝文
	“四史”教育	6、7、8、9	16	学生 工作部	唐宝文 花　汇
	宪法征文演讲	6、7、8、9	16	综合文科	马云影
	时事政治	6、7、8、9	16	综合文科	张丽娟
	关爱心灵 表达自我	6、7、8	12	综合文科	李琛珏
	心灵维生素	6	12	综合文科	李琛珏

理工创意园	植物探究	6	16	综合理科	张行云
	格林部落	7	16	综合理科	张行云
	防震减灾	6、7	16	综合理科	杨燕文 唐露园
	校园地理	6	21	综合理科	杨燕文 陈旭栋
	机器人探究	7	17	理化	沈博维
	感受生命	7	14	综合理科	张行云
	跟着节气去探究	6、7	10	综合理科	杨燕文 张行云
	动手学物理	8、9	18	理化	曾玉琦 沈博维 张　悦 姚金健
	生活中的化学	9	15	理化	张　珏 赵　闻
	化学小实验	8	15	理化	张　珏
	桥梁承重	7、8	16	艺体	周　晴
	头脑奥林匹克	6、7、8	16	综合理科	陈旭栋
	PS 课程	6、7	16	综合理科	唐　峰
	动画制作	6、7	16	综合理科	刘佳宁
	航模制作	6、7	20	艺体	陈红卫
	中国结	7、8	16	艺体	周　晴
	土布纺织	6	30	数学	朱　麟
	中国象棋	6、7	16	综合理科	陈旭栋
	欣云社团棉田种植	6、7	15	综合理科	张行云
	身边的科学	6	15	综合理科	肇戎剑
	创意手作	6、7	26	数学	方　园

思维 益智园	几何画板	6、7	18	数学	赵　璞
	数学高阶思维	8	20	数学	方　园 姚春花
	益智思维	7	20	数学	顾之豪 傅登荣
	数学探秘	6	30	数学	张依云
	校园雨棚设计探究	7、8	8	数学	方　园
	数学初高中衔接	6、7、8、9	20	数学	姚春花 顾之豪
	为雨伞找个家	6、7	8	语文	史逸翔
运动 健康园	乒乓球	6、7、8、9	16	艺体	陈永华
	快乐足球	6、7、8、9	16	艺体	柴明辉 陈　瑶
	快乐篮球	6、7、8、9	16	艺体	施建东
	花球啦啦操	6、7	16	艺体	唐群英
	虚拟运动训练	6、7、8、9	20	艺体	顾　超 陈　瑶
	红十字急救包扎	6、7、8	12	学生 工作部	姚　虹
校园 五节	诗韵飘香 春满园南 ——校园文化读书节	6、7、8	15	语文	季　雯
	从这里出发，走向世界—走进非洲 ——校园文化英语节	6、7、8、9	15	英语	章　雪
	科技引领 智慧生活 ——校园文化科技节	6、7、8、9	64	艺体	嵇晓薇
	点点墨色 声声旋音 美哉园南 ——校园文化艺术节	6、7、8	12	艺体	宋斌胜
	活力园南 体育嘉年华 ——校园文化体育节	6、7、8、9	16	艺体	陈永华
德育	德育润泽班会启迪	6、7、8、9	16	语文	花　汇
	多元主体的少年团校课程	6、7、8、9	16	语文	花　汇

跋

一体化与个性化办学的园南模式

上海市园南中学不仅有“满园春”校本课程体系，还有比较完备的教育改革与发展规划；园南人在课程开发与实施过程中的优秀表现，仅凭文字和图片还无法准确表达。学校的办学模式独具特色，既重视一体化，又追求个性化；既不违背国家和地方的教育方针与教育政策，又能够因地制宜，走出一条适合自身发展的独特路径。

一、准确理解一体化办学的精神

2010年3月，《国家中长期教育改革和发展规划纲要(2010-2020年)》发布。当时，党和国家关于教育改革和发展有这样的定位：

> 坚持全面发展。全面加强和改进德育、智育、体育、美育。坚持文化知识学习与思想品德修养的统一、理论学习与社会实践的统一、全面发展与个性发展的统一。加强体育，牢固树立健康第一的思想，确保学生体育课程和课余活动时间，提高体育教学质量，加强心理健康教育，促进学生身心健康、体魄强健、意志坚强；加强美育，培养学生良好的审美情趣和人文素养。加强劳动教育，培养学生热爱劳动、热爱劳动人民的情感。重视安全教育、生命教育、国防教育、可持续发展教育。促进德育、智育、体育、美育有机融合，提高学生综合素质，使学生成为德智体美全面发展的社会主义建设者和接班人。[1]

全面发展，意味着全面加强德育、智育、体育、美育与劳动教育，理论与实践相结合，全面发展与个性化发展相结合。为了实现这样的目标，这份规划纲要还指出：

> 适应中国国情和时代要求，建设依法办学、自主管理、民主监督、社会参与的现代学校制度，构建政府、学校、社会之间新型关系。适应国家行政管理体制改革要求，明确政府管理权限和职责，明确各级各类学校办学权利和责任。探索适应不同类型教

---

1 教育部.国家中长期教育改革和发展纲要(2010-2020)[EB/OL]. http://www.moe.gov.cn/srcsite/A01/s7048/201007/t20100729_171904.html，2020-9-22.

育和人才成长的学校管理体制与办学模式，避免千校一面。完善学校目标管理和绩效管理机制。健全校务公开制度，接受师生员工和社会的监督。随着国家事业单位分类改革推进，探索建立符合学校特点的管理制度和配套政策，克服行政化倾向，取消实际存在的行政级别和行政化管理模式。[1]

只有构建政府、学校与社会之间的新型关系，探索出不同类型教育和人才成长的学校管理体制与办学模式，才能推动教育改革与发展，才能全面育人。园南中学在这方面十分自觉，很多工作都走到了同类学校的前列。学校的管理体制灵活，办学模式比较独特。无论是课程开发和实践，还是日常教学管理与服务，园南中学与其他同类学校都不太一样。这种不一样是主动求新求变的结果，是积极响应国家号召的结果，也是勇于改革并且大胆探索的结果。

园南中学在教育改革和发展过程中，决策程序比较规范，每项改革议程出台前都有公开讨论，充分听取全校师生及学生家长的意见。在此基础上，积极开门办学，请进来，走出去，加强了学校与专家、专业机构之间的互动，大大提升了相关决策的科学性，提升了全校师生参与校本课程开发与实践的积极主动性。学校的教职员工普遍有着较强的育人意识和能力，能够有效开发利用学校及其周边的课程资源，既追求分数和升学率，又注重培养学生的社会责任感、创新精神和实践能力。

园南中学"满园春"校本课程体系旨在培养全面发展的人。人的全面发展包括身体长养和智力培育，也包括心灵健康的呵护和个人特质的培植。为了实现这样的育人目标，我们追求五育融合，注重学生的心理健康教育，重视国防教育。这个课程体系梳理了所有学科的内容，加强了学科内容的系统性和适宜性，强化了学科之间的关联与融合。相应地，学校还真正改变了浮泛与陈旧的课程评价指标，研究制订了学生发展核心素养体系和学业质量标准，明确了不同学段、不同年级、不同学科应该达到的程度要求，用相应的考试招生、评价制度推进课程改革，推动课堂教学范式的转变。

这与 2014 年 3 月教育部发布的《关于全面深化课程改革落实立德树人根本任务的意见》精神高度一致。在这份文件中，教育部要求：

要增强科学性，客观反映人类探索自然和社会发展的规律，确保课程内容严谨准确。要增强时代性，充分体现先进的教育思想和教育理念，根据社会发展新变化、科

---

1 教育部.国家中长期教育改革和发展纲要（2010–2020）[EB/OL]. http://www.moe.gov.cn/srcsite/A01/s7048/201007/t20100729_171904.html，2020-9-22.

技进步新成果，及时更新教学内容。要增强适宜性，各学科的学习内容要符合学生不同发展阶段的年龄特征，紧密联系学生生活经验。要增强可操作性，进一步明确培养目标、教学内容，充实学业质量要求，对教学实施、考试评价提出具体建议。要增强整体性，强化各学段、相关学科纵向有效衔接和横向协调配合。[1]

上海市园南中学坚持一体化办学，“满园春”校本课程体系具有时代性、适宜性、可操作性和整体性。首先，理论与实践融为一体，能够体现先进的教育思想和教育理念，充分吸纳了社会发展新变化、科技进步新成果，及时更新了教学内容；其次，不同学科的学习融为一体，各学科和跨学科学习整体推进，高度融合，符合学生不同发展阶段的年龄特征，密切联系实际，贴合学生最近发展区；第三，课程目标鲜明，教学内容得体，学业质量要求细致准确，教学实施与考试评价方式相对合理，各个环节承接有序，融合无间；第四，整个课程体系强化了各学段、相关学科纵向有效衔接和横向协调配合。

二、在实践中形成了个性化办学新模式

园南中学因地处上海植物园之南而得名，阳光充足，植被丰茂。它们并不只是校园环境的组成要素，还是园南人精心呵护、细心整理、用心开发的课程资源。园南人对校园里的植物了如指掌，说起来如数家珍。

校园里的种子植物共有 2 门 7 纲 30 目 44 科 66 属 73 种。被子植物门种数占比高达 89.04%，包含 2 纲 24 目 38 科 58 属 65 种，其中双子叶植物纲占比 84.62%，包含 20 目 33 科 50 属 55 种。

能够说出这些也许并不稀奇，如何有效利用这些资源才能彰显园南人的课程开发与实践精神。学校设置了“植物探究”课程，引导学生关注身边的一草一木；有“跟着节气去探究”活动，运用实地考察法、文献调查法等多种方法进行调查研究，发现气象与动植物以及人类生活之间存在密切的关系，养成关注气象、关注节气、关注周围生物环境、农事等的习惯，并能够从中发现问题，在分析问题、解决问题的过程中，提升综合分析能力与科学素养，提升社会责任感。

由小见大，从寻常草木中感受生命的律动与尊严，感受到节气的变化与世界的消长，

1　教育部 . 关于全面深化课程改革落实立德树人根本任务的意见 [EB/OL]http://old.moe.gov.cn/publicfiles/business/htmlfiles/moe/s7054/201404/167226.html,2020-9-22.

进而感受到时代脉搏的跳动与历史的厚重身影，是学校此类课程的典型特点。前面我们介绍了“满园春”校本课程体系的“大”，此处要说的正是它的“小”。通过这样的“小”看见属于园南中学的个性以及属于园南中学“满园春”课程的个性。

在全面探究校内植物的同时，学校还开设有相应的专题探究课程，让“小”角度“小”到极致。“小”到专与精，也便有了学科内容的深化与学科间的协调、关联与融合。

学校组织的“欣云社团棉田种植”活动，社员们以自愿为原则、特长作为参考，由热爱植物观察、种植，在绘画、写作、演讲等不同方面有兴趣的学生组成，分成多个小组开展社团活动。其中，“棉田种植活动”与“自然笔记”活动最有趣味。社团成员在种植活动中可以体验棉花种子播种和棉花幼苗移栽的不同过程，通过定期的观察、除草、施肥、除虫等过程，了解棉花的生长过程，培养对于植物的兴趣和观察能力；在观察中比对种子播种和幼苗移栽的生长情况，了解两种不同栽培方式对于棉花（植物）生长的影响；通过对于土壤 pH 值的持续测定，了解在棉花生长过程中适合的土壤 pH 值，思考如何为棉花生长提供更加适宜的条件，培养科学探索能力。

在棉花生长期间，通过自然笔记的形式观察、记录棉花每个时期的变化，并留下自己的感悟。与一草一木的长时段交流，可以帮助社团成员慢慢感悟到生命的伟大和坚强。在多次观察实践中，引导社员们不仅着眼于棉花幼苗的观察，还将注意观察棉田里的其他植物、昆虫等，试着去了解棉花生长的环境。在自然笔记的记录过程中，社员逐渐着眼于细节，又可以增添自己的独特想法和感悟，有利于科学与艺术的融合。

在自然笔记培训以及后期实践的过程中，语文、生命科学、美术等学科的学习也融合进来。语文老师针对观察、描述、语言润色进行培训，可以带领社团成员查找、了解棉花有关的诗词；生命科学老师可以给社团成员讲授棉花的植物学知识，提升社团成员绘制、记录的科学性和准确性；美术老师可以在绘画过程中给予具体指导，提升社团成员把握和展现植物特点的能力，以便于准确记录棉花叶片、花、棉铃等代表性阶段，增强科学探究的美育功能。

学校还有新生态植物探究创新实验室。这是一间基于互联网 + 的智能生态教室，兼具创新实验室和生物实验室两个功能。在这个实验室中有多个种植区域，展现了植物的多样性，学生可以进一步学习和拓展植物乃至生物的实验课程，通过分区域、分品种种植植物，探究生命的成长变化，深入了解无土栽培系统、土培系统、沙培系统等。数字化技术如智能传感器、电子笔记等的应用，可以实现探究实验数据的可视化和实验过程跟踪，提供植物生长数据采集，数据分析，助力探究实践。这让学生充分回归自然，充分体验实验的乐趣、学习的乐趣、探究的乐趣，培养和提升他们的创新创造能力。

相关课程还有很多，“生活中的化学”与“蓝韵坊”活动值得关注。“生活中的化学”中讲衣服的面料、印染、洗涤和保存，同时畅想未来服装的样态。这其中，就涉及植物原料萃取和加工技艺。谈到植物颜料萃取和应用，“蓝韵坊”尤其值得称道。这个工作坊传授传统扎染技艺，让学生真实体验植物与姿色的关系，“在自然丰富的染色之旅中体验古老的染艺之美，感受蓝韵悠长的非遗文化”，感受传统技艺对天人合一的追求与实践。从本书第三部分关于白族扎染的大量图片及相应介绍中，我们可以看到“满园春”课程的细腻与精致。

古人对植物的加工与利用，最能体现中国传统文化的特色。学生通过对生活中的化学现象的再观察与再发现，可以充分体验世界的奇妙与古老技艺的美妙；通过了解植物深加工及其给人类带来的福音，可以切实感受到古人对自然界的观察、想象和创造力。

身教的功能大于言传，感受的震撼力大于语言的穿透力，“小”世界中闪现“大”世界里不易觉察的真理。园南人深切地体会到这一点，园南中学的“满园春”校本课程准确地抓到了这一点，个性化办学在这些方面也就有了非常充分的展现。

三、一体化与个性化的目标在于育人

关注“小”，由“小”见“大”，是园南中学的教育智慧。这种教育智慧强化了一所学校的办学能动性，形成了自己的特色与个性，积极响应了党和国家关于一体化办学暨注重时代性、适宜性、可操作性和整体性的号召。

园南中学之所以具有这种教育智慧，之所以取得了如此喜人的成绩，究其原因，根本不在教育理论的先进与办学硬件的现代化之上，而在于始终以人为本。办学之初，老师去家访吃了闭门羹，见不到人，是最悠久的警钟。园南人记住了这一记警钟。办学过程中，园南忘记了很多，包括获得种种荣誉的时间、地点，但是，始终没有忘记那个闭门羹，警钟始终在，长鸣在园南人的心头。

为了见到人，为了聚集人气，园南人付出了许多努力。这一点，前文中已经有了比较详细的记录，兹不赘述。就在本次“满园春”课程开发之初，学校开展了大规模的全员调查，目的也是在见人。每一位家长的意见都得到了学校的重视，每个学生的需求都受到了学校的尊重，每一位教职员工的诉求都得到了学校的回应。正因为如此，这个校本课程体系才会得以开发与实施，才能取得如此骄人的成绩。

在附录里，我们可以看见学校对人的重视。孙鹤安已经毕业数年，母校还记着她，将她的事迹展现在教学楼的门厅里，记诵于师生员工的心头与口头。何诗喆今年刚刚毕业，老师和同学对她同样念念不忘，念念不忘的不是她今年取得的中考成绩，而是她平时的自律、好学与深思。学习态度、学习方法与学习过程至为重要，有了这个，成绩自然傲人，那也是水到渠成的事情，体现着“久久为功”的办学精神。

一位同学，有态度，有方法，注重过程，就是一位好同学；一所学校，有态度，有方法，注重过程，就是一所好学校。

这是园南人的经验，说它独特，其实很普通；说它普通，其实又很独特。一个普通的道理，不被人重视，它就很独特；一旦受到了大家的重视，被普遍践行，那么，它就非常普通。我们希望园南的办学模式变得普通，而不是独特。